Langenscheidt
Komplett-Grammatik

Italienisch

Das Standardwerk zum Nachschlagen
und Trainieren

Von Dr. Umberto Gorini

Langenscheidt

Layout: Ute Weber
Projektmanagement: Eva Maria Weermann, TextMedia
Muttersprachliches Lektorat: Dott. Marie-Laure Di Gilio
Überarbeitung: Susanne Magnani

Basierend auf ISBN 978-3-12-563102-1.

5. Auflage 2025

www.langenscheidt.com/kontakt

Satz: Digraf.pl – dtp services
Druck und Bindung: Multiprint Ltd., Kostinbrod

ISBN 978-3-12-563468-8

Vorwort

Das Ziel

Für alle, die die italienische Grammatik von Grund auf lernen möchten, ist die *Komplett-Grammatik Italienisch* ideal.

Das Standardwerk zum Nachschlagen präsentiert alle wichtigen Grammatikthemen der Niveaustufen A1 bis C2 des Europäischen Referenzrahmens. Sie können sich Ihre Lernportionen individuell zusammenstellen, je nachdem, welches Sprachniveau Sie als nächstes erreichen wollen. Der Niveaustufentest zeigt Ihnen zu Beginn, auf welcher Stufe Sie stehen; am Ende können Sie hier überprüfen, welche Fortschritte Sie gemacht haben.
Die Gliederung der einzelnen Kapitel in sinnvolle Lerneinheiten ermöglicht schnelles und gezieltes *Nachschlagen*, sodass keine Grammatikfrage offenbleibt. Erklärungen und zahlreiche Beispiele helfen Ihnen dabei, schnell zu *verstehen* und leicht zu *lernen*. Wer mit den Grundregeln schon vertraut ist, sein Wissen aber noch *vertiefen* möchte, wird hier ebenfalls fündig. Sollten Ihre Italienischkenntnisse einfach nur etwas eingerostet sein, können Sie die Grammatikregeln systematisch *wiederholen* und Vergessenes ganz leicht *auffrischen*.
Mithilfe der Zwischentests am Ende eines jeden Kapitels können Sie *überprüfen*, ob Sie die behandelten Themen verstanden haben und welche Grammatikregeln noch nicht richtig sitzen, damit Sie sich konsequent *verbessern* können.

Aufgrund ihrer übersichtlichen, farbigen Gestaltung – fremdsprachliche Wörter und Beispielsätze sind blau hervorgehoben – ist die *Komplett-Grammatik Italienisch* besonders benutzerfreundlich.

Der Aufbau

Gleich zu Beginn eines Kapitels steht eine Grundregel, die das Wichtigste zum Thema zusammenfasst. Jedes Kapitel folgt einem klar strukturierten Aufbau: Zunächst werden die Formen dargestellt, im Anschluss daran wird ihr Gebrauch erörtert und durch Beispiele mit Übersetzung veranschaulicht. Am Ende des Kapitels finden Sie einen Zwischentest, um zu überprüfen, ob Sie mit den gelernten Regeln bereits vertraut sind. Die Lösungen finden Sie gleich unten auf der Seite, damit Sie nicht umständlich hin- und herblättern müssen.

Die Symbole

Die Verwendung von selbsterklärenden Symbolen trägt dazu bei, dass Sie sich innerhalb der Kapitel auf Anhieb gut zurechtfinden.
Folgende Symbole werden Ihnen in den einzelnen Kapiteln immer wieder begegnen:
Unter ℹ erhalten Sie Informationen zu den speziellen Spracheigenheiten des Italienischen sowie zum landestypischen Sprachgebrauch.
Unter 💡 finden Sie einen Merksatz, den Sie sich gut einprägen sollten.
Hier wird der Gebrauch der gesprochenen Sprache mit der italienischen Schriftsprache verglichen.

⚡ weist Sie auf Stolpersteine hin, damit Sie diese möglichen Fehlerquellen vermeiden können. Dabei handelt es sich zumeist um Unterschiede zwischen dem deutschen und dem italienischen Sprachgebrauch.
◐ signalisiert Ihnen, dass es sich hier um eine Ausnahme oder Sonderform handelt, die Sie sich besonders gut merken sollten.
L! hält einen Lerntipp für Sie bereit.
⊕ gibt Ihnen eine kleine Hilfestellung.
🔑 kennzeichnet die Lösungen.
Das Symbol ▷ verweist auf andere Kapitel im Buch, die Sie sich bei dieser Gelegenheit ansehen sollten. So können Sie auch gut nachvollziehen, wie die einzelnen Grammatikthemen zusammenhängen.

Die Niveaustufenangaben gemäß dem Europäischen Referenzrahmen
Neben den wegweisenden Symbolen warten in jedem Kapitel auch die Niveaustufenangaben A1, A2, B1, B2, C1, C2 auf Sie. Diese verraten Ihnen, welche Grammatikthemen und welche Regeln für Ihr Lernniveau relevant sind. Die Niveaustufen beziehen sich nicht nur auf das jeweilige Grammatikkapitel, sondern auch auf das in den Beispielsätzen verwendete Vokabular. So wissen Sie auch genau, dass Ihnen dieser Wortschatz bekannt sein sollte.
In der Praxis heißt das: Ist ein Grammatikkapitel beispielsweise der Niveaustufe A1 zugeordnet, so sind alle verwendeten Vokabeln A1, es sei denn, sie sind mit einer anderen Niveaustufe, z. B. A2 (direkt vor dem jeweiligen Wort oder Satz), versehen. Alle in diesem Kapitel enthaltenen Grammatikregeln sollten Sie dann beherrschen, es sei denn, eine Niveaustufenangabe am Rand weist Sie darauf hin, dass diese Regel für ein höheres Niveau, z. B. B1, bestimmt ist.

Hier eine kurze Erläuterung, welche Kenntnisse auf die einzelnen Niveaustufen des Europäischen Referenzrahmens zutreffen:

A1/A2: *Elementare Sprachverwendung*, d. h.
A1: Sie können einzelne Wörter und ganz einfache Sätze verstehen und formulieren.
A2: Sie können die elementaren Gesprächssituationen des Alltags bewältigen und kurze Texte verstehen oder selbst verfassen.

B1/B2: *Selbstständige Sprachverwendung*, d. h.
B1: Sie können sich in den Bereichen Alltag, Reise und Beruf schriftlich und mündlich gut verständigen.
B2: Sie verfügen aktiv über ein großes Repertoire an grammatikalischen Strukturen und Redewendungen und können im Gespräch mit Muttersprachlern bereits stilistische Nuancen erfassen.

C1/C2: *Kompetente Sprachverwendung*, d. h.
C1: Sie können sich spontan und fließend zu verschiedenen, auch komplexen oder fachspezifischen Sachverhalten äußern und sich schriftlich wie mündlich an die stilistischen Erfordernisse anpassen.
C2: Sie können mühelos jeder Kommunikationsform in der Fremdsprache folgen und sich daran beteiligen. Dabei verfügen Sie über ein umfassendes Repertoire an Grammatik und Wort-

schatz und beherrschen die verschiedenen Stilebenen von formell bis informell.

Der Niveaustufentest
Mit diesem Test können Sie vorab Ihre Sprachkompetenz einstufen und nach dem Studium der Grammatik die gemachten Fortschritte überprüfen. Die Lösungen hinten im Buch zeigen Ihnen nicht nur auf, wo Sie eventuell noch Schwachstellen haben oder welches Gebiet Sie schon sehr gut beherrschen, sondern geben auch Empfehlungen zur Verbesserung der Sprachkenntnisse.

Tipps & Tricks
Damit Ihnen der Einstieg in die italienische Grammatik leichter fällt, verraten wir Ihnen vorab in einem Extrateil ein paar Tipps & Tricks zum Grammatiklernen. Dadurch bleibt das Gelernte besser im Gedächtnis haften und Sie können sich auch schwierigere Konstruktionen schneller merken. Sie werden sehen, wie Erfolgserlebnisse Sie weiter motivieren!

Die Terminologie
Wenn Ihnen ein grammatikalischer Begriff im Deutschen oder im Italienischen nicht ganz klar ist, haben Sie im Terminologieverzeichnis die Möglichkeit, diesen in einer alphabetisch sortierten Liste nachzuschlagen.

Die unregelmäßigen Verben
Ferner finden Sie am Ende des Buches eine Übersicht über die wichtigsten unregelmäßigen italienischen Verben. Hier haben Sie alle Sonderformen auf einen Blick und können sich diese gut einprägen.

Die Musterkonjugationen
Auf diesen Seiten können Sie die Musterkonjugationen einiger wichtiger Verben nachschlagen. Für eine bessere Übersichtlichkeit sind hier die typischen Formen bzw. Endungen fett hervorgehoben, Ausnahmen sind blau.

Die Verben mit Präposition
Hier finden Sie eine Auflistung häufig benutzter italienischer Verben, die mit bestimmten Präpositionen verwendet werden.

Das Register
Um gezielt nach einzelnen Themen und Begriffen suchen zu können, haben wir im Register die wichtigsten Schlagwörter für Sie erfasst, sodass Sie mühelos und schnell den entsprechenden Eintrag finden.

Nun wünschen wir Ihnen viel Spaß und Erfolg beim Italienischlernen!
Ihre Langenscheidt-Redaktion

Inhaltsverzeichnis

Abkürzungen

bzw.	beziehungsweise	*Pl.*	Plural
d. h.	das heißt	*qc.*	qualcosa
etw.	etwas	*qu.*	qualcuno
f.	Femininum	*Sing.*	Singular
jdm.	jemandem	*u. a.*	unter anderem
jdn.	jemanden	*usw.*	und so weiter
m.	Maskulinum	*wörtl.*	wörtlich
Pers.	Person	*z. B.*	zum Beispiel

Terminologie

Italienisch	Deutsch
accento	*Akzent*
accusativo	*Akkusativ*
aggettivo	*Adjektiv*
alterazione	*Vergrößerung und Verkleinerung*
articolo	*Artikel*
articolo determinativo	*bestimmter Artikel*
articolo indeterminativo	*unbestimmter Artikel*
articolo partitivo	*Teilungsartikel*
avverbio	*Adverb*
comparativo	*Komparativ*
comparazione	*Vergleich*
complemento oggetto	*direktes Objekt*
concordanza	*Angleichung*
concordanza dei tempi	*Zeitenfolge*
condizionale	*Konditional*
condizionale passato	*Konditional II*
condizionale presente	*Konditional I*
congiuntivo	*Konjunktiv*
congiuntivo imperfetto	*Konjunktiv Imperfekt*
congiuntivo passato	*Konjunktiv Perfekt*
congiuntivo presente	*Konjunktiv Präsens*
congiuntivo trapassato	*Konjunktiv Plusquamperfekt*
congiunzione	*Konjunktion*
congiunzione coordinativa	*nebenordnende Konjunktion*
congiunzione subordinativa	*unterordnende Konjunktion*
coniugazione	*Konjugation*
dativo	*Dativ*
dimostrativo	*Demonstrativpronomen*
discorso indiretto	*indirekte Rede*
dittongo	*Diphthong (Doppellaut)*
domanda indiretta	*indirekte Frage*
frase dichiarativa	*Aussagesatz*
frase esclamativa	*Ausrufesatz*
frase interrogativa	*Fragesatz*
frase complessa	*zusammengesetzter Satz*
frase semplice	*einfacher Satz*
futuro	*Futur*
futuro composto	*Futur II*

Italienisch	Deutsch
futuro semplice	*Futur I*
genere grammaticale	*Genus*
genere naturale	*Sexus (natürliches Geschlecht)*
gerundio	*Gerund*
gerundio semplice	*Gerund der Gegenwart*
gerundio composto	*Gerund der Vergangenheit*
imperativo	*Imperativ*
imperfetto	*Imperfekt*
indicativo	*Indikativ*
infinito	*Infinitiv*
interiezione	*Interjektion*
inversione	*Inversion*
intransitivo	*intransitiv*
lettera (alfabeto)	*Buchstabe*
maiuscolo	*Großschreibung*
minuscolo	*Kleinschreibung*
modo	*Modus*
negazione	*Verneinung*
negazione doppia	*doppelte Verneinung*
numeri cardinali	*Grundzahlen*
numeri distributivi	*Distributivzahlen*
numeri collettivi	*Kollektivzahlen*
numeri frazionari	*Bruchzahlen*
numeri moltiplicativi	*Vervielfältigungsszahlen*
numeri ordinali	*Ordnungszahlen*
numero	*Numerus*
oggetto indiretto	*indirektes Objekt*
ortografia	*Rechtschreibung*
ordine delle parole	*Wortstellung*
participio	*Partizip*
passato prossimo	*Perfekt*
passato remoto	*historisches Perfekt*
passivo	*Passiv*
periodo ipotetico	*Bedingungssatz*
plurale	*Plural*
possessivo	*Possessivpronomen*
prefisso	*Präfix*
preposizione	*Präposition*
presente	*Präsens*

Italienisch	Deutsch
pronome	*Pronomen*
pronome dimostrativo	*Demonstrativpronomen*
pronome indefinito	*Indefinitpronomen*
pronome interrogativo	*Interrogativpronomen*
pronome personale	*Personalpronomen*
pronome relativo	*Relativpronomen*
pronome riflessivo	*Reflexivpronomen*
pronuncia	*Aussprache*
proposizione dipendente	*Nebensatz*
proposizione principale	*Hauptsatz*
singolare	*Singular*
soggetto	*Subjekt*
sostantivo	*Substantiv*
sostantivo composto	*Kompositum*
suffisso	*Suffix*
superlativo	*Superlativ*
transitivo	*transitiv*
trapassato prossimo	*Plusquamperfekt*
trapassato remoto	*historisches Plusquamperfekt*
trittongo	*Triphthong (dreifacher Laut)*
verbo	*Verb*
verbo ausiliare	*Hilfsverb*
verbo impersonale	*unpersönliches Verb*
verbo modale	*Modalverb*
verbo riflessivo	*reflexives Verb*
vocale/consonante iniziale	*Anlaut*
vocale/consonante finale	*Auslaut*

Tipps & Tricks zum Sprachenlernen: Grammatik lernen, fast kinderleicht

Beneiden Sie nicht auch manchmal Kinder, die eine Sprache so ganz einfach nebenbei lernen, ohne sich über lästige Grammatikregeln oder fehlerhafte Konstruktionen Gedanken zu machen? Ganz so sorglos können wir Ihnen die Grammatik nicht nahebringen, aber nichtsdestotrotz heißt Sprachenlernen und insbesondere Grammatiklernen nicht zwingend stures Auswendiglernen und langweiliges Regelpauken. Um Ihnen den Umgang mit Grammatik etwas zu erleichtern, verraten wir Ihnen hier einige praktische Tipps & Tricks zum Sprachenlernen.

Pioniergeist ist gefragt

Versuchen Sie, die Andersartigkeit der Fremdsprache und ihre grammatischen Eigenarten nachzuvollziehen. Sehen Sie das Erlernen der Sprachregeln, der verschiedenen Zeiten und Formen einer Fremdsprache als Chance, Ihren eigenen Erfahrungsschatz zu erweitern, als Einblick in Denkweisen, die Ihnen nicht vertraut sind, die für andere Menschen, die diese Sprache täglich sprechen, aber ganz selbstverständlich sind. Zeigen Sie Pioniergeist! Lassen Sie Ihrer Freude am sprachlich Neuen, Fremden und Andersartigen freien Lauf!

Das Gesetz der Regelmäßigkeit

Grammatik ist wie Sport. Wer nur einmal alle Jubeljahre trainiert, wird wohl kein Marathonläufer. Es ist sinnvoller, regelmäßig ein wenig als unregelmäßig viel zu lernen. Setzen Sie einen bestimmten Zeitpunkt fest, zu dem Sie sich ungestört dem Grammatiktraining widmen können, z. B. täglich eine Viertelstunde vor dem Einschlafen oder drei Mal wöchentlich in der Mittagspause. Wie immer Sie sich entscheiden: Lernen Sie kontinuierlich, denn nur so lässt sich auch Ihr Langzeitgedächtnis trainieren.

Aufwärmen lohnt sich

Gelernten Stoff zu wiederholen ist wie leichtes Joggen: Laufen Sie sich warm mit Altbekanntem, bevor Sie sich an Neues wagen. Auch wenn ständig neue Grammatikregeln auf Sie zukommen, darf das bereits Erlernte nicht vernachlässigt werden. Wiederholen Sie auch Themengebiete, die Sie schon gut können, das macht Spaß und hält fit.

Das Salz in der Suppe

Versuchen Sie niemals zu viele Grammatikregeln auf einmal zu lernen. Man verliert sonst schnell den Überblick und vergisst die Details. Verwenden Sie Grammatik wie das Salz in der „Fremdsprachen-Suppe". Ebenso wie man eine Suppe versalzen kann, kann man sich das Erlernen einer Fremdsprache erschweren, indem man versucht, sich zu viele Grammatikregeln auf einmal zu merken. Lernen Sie möglichst langsam, stetig und zielorientiert und verdauen Sie das Gelernte in kleinen Häppchen. Nur Geduld!

Eigenlob stinkt nicht immer
Schauen Sie auf das, was Sie bereits gelernt haben. Loben Sie sich für gemachte Fortschritte oder belohnen Sie sich für gute Leistungen. Lob motiviert und Motivation ist eine grundlegende Voraussetzung fürs Lernen.

Wer ist schon perfekt ...
Immer locker bleiben! Lassen Sie sich nicht von Perfektionsgedanken leiten. Perfektion ist nicht das vordergründige Ziel beim Erlernen einer Fremdsprache. Die Schönheit der Sprache sollte im Mittelpunkt stehen sowie das gute Gefühl, von seinem Gegenüber richtig verstanden zu werden.

Schluss mit dem Fachchinesisch
Wenn Sie etwas Neues lernen, kommen immer auch neue Fachbegriffe auf Sie zu, die Sie kennen sollten. Wählen Sie gezielt nach und nach einzelne Grammatikbegriffe aus (▶ Terminologie) und machen Sie sich mit ihrer Bedeutung vertraut. Sie werden sehen, dass es Ihnen im Laufe der Zeit leichter fallen wird, die Regeln einer Fremdsprache (auch die Ihrer Muttersprache) nachzuvollziehen und sich mit anderen darüber auszutauschen, wenn die Fachterminologie für Sie nicht mehr Fachchinesisch ist.

Hemmungslos werden
Auch wenn die Beschäftigung mit Grammatik nicht zu Ihren bevorzugten Freizeitaktivitäten gehört, sollten Sie, um Abneigungen, Hemmungen oder Widerwillen abzubauen, die Sprachregeln mit anderen, alltäglichen Regeln vergleichen. Straßenverkehrsregeln, mathematische Grundregeln, Regeln von Sportarten usw. sind Ihnen heute völlig vertraut, mussten jedoch erst einmal von Ihnen gelernt werden. Auch die Regeln der Grammatik werden Sie eines Tages verinnerlicht haben und, ohne darüber nachdenken zu müssen, intuitiv anwenden können.

Fehleranalyse gegen Fettnäpfchen
Haben Sie keine Angst vor Fehlern! Es ist nicht das Ziel des Lernens, keine Fehler zu machen, sondern gemachte Fehler zu bemerken. Nur wer einen Fehler im Nachhinein erkennt, kann ihn beim nächsten Mal vermeiden. Das Beherrschen grammatischer Grundregeln und das Verinnerlichen von Sonderformen und Ausnahmen ist zu diesem Zweck durchaus hilfreich: zum einen, um einen Fehler nachvollziehen zu können, und zum anderen, um nicht ein zweites Mal in dasselbe Fettnäpfchen zu treten.

Begeben Sie sich nicht ins Abseits
Grammatik ist spannend, wenn man sich einen Einblick in ihre Strukturen verschafft. Vergleichen Sie Grammatik auch in diesem Sinne mit Sport. Jede Sportart wird erst dann so richtig interessant, wenn man in der Lage ist, ihre Regeln nachzuvollziehen. Oder würden Sie auch Fußball oder Tennis anschauen, wenn es für Sie nur ein sinnfreies „Dem-Ball-Nachlaufen“ darstellen würde? Betrachten Sie eine Fremdsprache als eine Sportart, deren komplizierte Spielregeln Sie allmählich erlernen, um mitspielen und mitreden zu können, damit Sie nicht im Abseits landen.

Haben Sie einen Typ?

Finden Sie heraus, welcher Lerntyp Sie sind. Behalten Sie eine Regel schon im Gedächtnis, wenn Sie sie gehört haben *(Hörtyp)* oder müssen Sie sie gleichzeitig sehen *(Seh-/Lesetyp)* und dann aufschreiben *(Schreibtyp)*? Macht es Ihnen Spaß, Grammatikregeln, Zeit- und Wortformen in kleinen Rollenspielen auszuprobieren *(Handlungstyp)*? Die meisten Menschen tendieren zum einen oder anderen Lerntyp. Reine Typen kommen nur sehr selten vor. Sie sollten daher sowohl Ihren Typ ermitteln als auch Ihre Lerngewohnheiten Ihren Vorlieben anpassen. Halten Sie also Augen und Ohren offen und lernen Sie ruhig mit Händen und Füßen, wenn Sie der Typ dafür sind.

Sag's mit einem Post-it

Auf Post-its wurden schon Heiratsanträge gemacht oder Beziehungen beendet. Also ist es kein Wunder, dass man damit auch Grammatik lernen kann. Schreiben Sie sich einzelne Regeln (idealerweise mit Beispielen, s. u.) separat auf Blätter oder Post-its und hängen Sie sie dort hin, wo Sie sie täglich sehen können, z. B. ins Bad über den Spiegel, an den Computer, den Kühlschrank oder neben die Kaffeemaschine. So verinnerlichen Sie schwierige Regeln ganz nebenbei. Denn das Auge lernt mit.

Beispielsätze gegen Trockenfutter

Trockenfutter ist schwer verdaulich. Einzelne Grammatikregeln trocken aufzunehmen ebenso. Ergänzen Sie jede Regel mit Beispielsätzen. Wenn Ihnen die Beispiele, die Sie in den Lehrbüchern finden, nicht gefallen, formulieren Sie eigene! Fortgeschrittene können in Originaltexten (Zeitungen, Büchern, Filmen, Songtexten) nach konkreten Anwendungsbeispielen suchen. So wird Grammatik leicht bekömmlich.

Führen Sie Selbstgespräche

Wählen Sie besonders schwierige Grammatikphänomene aus, schreiben Sie dazu einzelne Beispielsätze auf und sprechen Sie diese laut vor sich hin, z. B. unter der Dusche, beim Spazierengehen oder während langer Autofahrten. Reden Sie mit sich selbst in der Fremdsprache, so prägen Sie sich auch komplizierte Formen und Wendungen ganz schnell ein.

Haben Sie einen Plan?

Schreiben Sie zusammengehörende Grammatikregeln auf einem großen Bogen Papier, knapp und präzise, eventuell mit Zeichnungen, Verweisen und kurzen Beispielen, überschaubar zusammen und erstellen Sie Ihren persönlichen Lageplan. Mithilfe sogenannter *mind maps* können Sie sich schon durch das bloße Erstellen des Plans ganz schnell Einblick in die Struktur der Sprache verschaffen und Sie gewinnen einen schnellen übersichtlichen Gesamtüberblick. Ob Sie dieses Papier dann auch irgendwo hinhängen oder nicht, ist nicht ausschlaggebend, denn Sie haben dann ja den Plan schon im Kopf.

Meerblick durch Auswendiglernen

Lernen Sie auch mal eine Grammatikregel mit dazugehörigen Beispielsätzen auswendig. Wenn Sie sich den Beispiel satz selbst ausgedacht haben, wird er Ihnen leichter als ein fremder im Gedächtnis bleiben, und Sie werden die entsprechende Regel auch schneller anwenden können. Lernen Sie auch situationsgebundene Phrasen auswendig. Feste Redewendungen mitsamt der jeweilig dahinterstehenden Grammatik parat zu haben, vereinfacht die Verständigung in den häufig wiederkehrenden Standardsituationen im Ausland. Denn wer will schon jedes Mal im Vorfeld das Kapitel Relativpronomen wiederholen, wenn er einfach nur ein Hotelzimmer buchen möchte, das Meerblick hat.

L! Denken Sie in Schubladen
Was im wahren Leben nicht unbedingt sinnvoll ist, kann beim Grammatiklernen hilfreich sein: Machen Sie sich gedankliche Schubladen, in die Sie die gelernten Formen und Ausnahmen einsortieren, und versehen Sie diese mit verschiedenen Etiketten: unregelmäßige Verben, Hilfsverben, Präpositionen usw.

L! Bleiben Sie in Bewegung
Sie müssen beim Lernen nicht am Schreibtisch sitzen. Stehen Sie doch auf und gehen Sie im Zimmer auf und ab oder wiederholen Sie beim Spazierengehen, Joggen oder Schwimmen die neu gelernten Regeln. Ihr Gehirn funktioniert nachweislich besser, wenn Ihr Körper in Bewegung ist. Und Ihr Kreislauf dankt es Ihnen auch.

L! Beweisen Sie Taktgefühl
Klopfen Sie im Takt dazu (z. B. auf die Tischplatte), wenn Sie sich Grammatikregeln, feste Wendungen oder Beispielsätze einprägen wollen. Takt und Rhythmus fördern Ihr Erinnerungsvermögen. Eventuell hilft auch musikalische Unterstützung in Form von Hintergrundmusik. Und beim Wiederholen der Regeln und Strukturen können Sie Ihr Taktgefühl und Ihr Gedächtnis unter Beweis stellen.

L! Grammatik aus dem Ei
Behelfen Sie sich beim Lernen von Grammatikregeln und -strukturen mit Eselsbrücken, Reimen, Merkhilfen und Lernsprüchen. „7-5-3 Rom schlüpft aus dem Ei“ – was bei historischen Jahreszahlen funktioniert, klappt auch beim Sprachenlernen.

L! Machen Sie Witze?
Merken Sie sich Witze, berühmte Zitate, Sprichwörter oder Redewendungen, in denen eine grammatikalische Struktur oder eine Regel Anwendung findet. Indem Sie sich beispielsweise einen Witz in der Fremdsprache einprägen und sich an diesen erinnern, prägen Sie sich auch das jeweilige Grammatikphänomen und die dazugehörige Regel gut ein. Aber denken Sie daran, dass sich weder Witze noch feste Wendungen immer wörtlich von einer Sprache in die andere übertragen lassen!

L! Setzen Sie Ihrer Fantasie keine Grenzen
Machen Sie sich im wahrsten Sinne ein Bild von der Situation, denn auch Bilder, die Sie im Kopf haben, dienen als Gedächtnisstützen. Versuchen Sie also, einen neuen grammatischen Begriff oder eine schwierige Regel gedanklich mit einem einfachen Bild zu verknüpfen. Vor allem das Erlernen der Zeiten funk-

tioniert besser, wenn Sie sich das, was die jeweilige Zeitform ausdrückt, visuell vorstellen. Diese Vorstellungen können abstrakt oder konkret sein. Je gefühlsintensiver ein Bild ist, desto einprägsamer ist der damit in Verbindung gebrachte grammatische Inhalt.

L! Gretchenfrage: Und wie steht's mit der Muttersprache?
Denken Sie über Ihre eigenen Sprechgewohnheiten nach und schauen Sie sich die Regeln Ihrer Muttersprache an. Die Gesetze der Fremdsprache sind viel einfacher nachvollzieh- und erlernbar, wenn man die Unterschiede zur eigenen Muttersprache kennt. Welche Zeitformen verwenden Sie wann, wie werden sie gebildet usw.? Indem Sie die Fremdsprache mit Ihrer Muttersprache vergleichen, machen Sie sich deren Parallelen und Unterschiede bewusster und prägen sich diese auch gleich viel besser ein.

L! Gebrauchsanweisung
Wenn Sie sich ein neues Grammatikphänomen einprägen, dann achten Sie auch darauf, den richtigen Gebrauch gleich mitzulernen. Denn nur so können Sie das Gelernte auch in der Praxis erfolgreich zur Anwendung bringen.

L! Wer liest, ist im Vorteil
Wagen Sie sich langsam an fremdsprachige Lektüre heran, sei es in vereinfachter Form mit Übersetzungshilfen, sei es in Form leichter Originaltexte, und schauen Sie sich insbesondere die grammatischen Feinheiten immer wieder bewusst an. Es zählt dabei nicht so sehr, wie viel Sie lesen, sondern dass Sie einzelne grammatische Strukturen im Kontext nachvollziehen können und verstehen, was ausgedrückt werden soll.

L! Haben Sie O-Töne?
Lernen Sie multimedial! Schauen Sie DVDs oder Kinofilme im Originalton und wenn möglich mit Originaluntertiteln an, also z. B. einen italienischen Film mit italienischen Untertiteln. Sie werden sehen, dass Sie durch das Mitlesen das Gesprochene wesentlich besser verstehen als ohne die Texthilfe. Halten Sie die DVD gelegentlich auch mal an und schreiben Sie sich interessante Wörter, Phrasen oder grammatische Strukturen auf. Ihren Fortschritt können Sie daran messen, je häufiger Ihnen Grammatikfehler von Seiten der Schauspieler auffallen.

L! Learning by doing in freier Wildbahn
Zu guter Letzt, wenden Sie die Fremdsprache und Ihr neu gelerntes Wissen aktiv an. Reisen Sie in Länder, in denen die Sprache gesprochen wird, genießen Sie es, mit Menschen in der Fremdsprache zu sprechen, die Sie gerade lernen oder dann auch schon können, und freuen Sie sich über die Anerkennung, die Sie dafür bekommen, und die Kontakte, die Sie dabei knüpfen können – weil Sprachen verbinden …

Viel Spaß und Erfolg beim Grammatiklernen
wünscht Ihnen
Ihre Langenscheidt-Redaktion

Niveaustufentest A1

Auf den folgenden Seiten stehen sechs Niveaustufentests von A1 bis C2 für Sie bereit – je eine Doppelseite pro Niveau. Sie sollten die Tests anfangs zur Einstufung Ihrer Sprachkompetenz durchführen und dann nach dem Studium der Grammatik, um Ihre Fortschritte festzustellen, die Sie sicherlich machen werden. Tragen Sie für jede richtige Antwort einen Punkt in das Kästchen am Ende der Zeile ein und addieren Sie die Punkte zum Schluss. Im Anhang finden Sie neben den Lösungen die Auswertung Ihrer Ergebnisse und Empfehlungen zur Verbesserung Ihrer Sprachkenntnisse.

1. Der Artikel
Fügen Sie den bestimmten Artikel (Singular oder Plural) ein.

a. .... fratello di Giorgio è bravo in chimica. ☐

b. .... zio di Katia fa il meccanico. ☐

c. Domani vado in piscina con .... miei amici. ☐

☐

2. Das Substantiv
Kreuzen Sie an, welche Substantive feminin (✓) sind und welche nicht (✗).

a. ☐ poeta ☐

b. ☐ mano ☐

c. ☐ tram ☐

☐

3. Das Adjektiv
Ergänzen Sie die passenden Adjektivendungen.

a. le situazioni stran...... ☐

b. le persone cordial...... ☐

c. il partito comunist...... ☐

☐

4. Präsens Indikativ
Wie heißen die jeweiligen Verbformen im Präsens Indikativ? Ergänzen Sie.

a. (io) scrivere .... ☐

b. (noi) fare .... ☐

c. (tu) finire .... ☐

☐

5. Infinitiv Präsens
Bilden Sie den Infinitiv Präsens zu den angegebenen Verbformen.

a. loro danno ....

b. tu chiedi ....

c. lui va ....

d. noi cantiamo ....

6. Präpositionen und bestimmter Artikel
Vervollständigen Sie die Sätze mit der angegebenen Präposition und dem passenden Artikel.

a. Ho dimenticato l'ombrello **(a)** .... ristorante.

b. Molti agrumi provengono **(da)** .... Sicilia.

c. Hanno fatto le vacanze **(con)** .... genitori.

d. Abbiamo messo i cappotti **(in)** .... armadio.

7. Das Personalpronomen
Betonen Sie die Person durch das passende Subjektpronomen.

a. .... ascoltiamo la radio e tu?

b. .... andate al cinema e loro a teatro.

c. Mi scusi Signor Arditi, ... è italiano?

d. .... sei di Roma, non è vero?

8. Die Verneinung
Ergänzen Sie non oder no.

a. Oggi .... ho proprio fame.

b. Hai visto Alberto? – .... !

c. Hai sete o .... ?

d. A Laura .... regalo niente!

Gesamtpunktzahl

Niveaustufentest A2

1. Der Artikel

In welchen Sätzen ist der bestimmte Artikel richtig (✓) und in welchen falsch (✗) gesetzt?

a. ▪ L'Italia è un bel paese. ☐

b. ▪ **La** Pantelleria è vicino alla Sicilia. ☐

c. ▪ **La** mia zia Luisa parla tedesco. ☐

d. ▪ **La** Signora Giacobbi ha un cagnolino. ☐

☐

2. Das Substantiv

Bilden Sie den Plural der Substantive.

a. lo psicologo .... ☐

b. la nave .... ☐

c. la paura .... ☐

d. lo studente .... ☐

☐

3. Das Adjektiv

Ergänzen Sie die passende Adjektivendung.

a. gli aerei nuov...... e veloc...... ☐

b. le segretarie brav...... e efficient...... ☐

c. l'attrice famos...... e interessant...... ☐

d. un film nuov...... e avvincent...... ☐

☐

4. Das Pronomen

Wählen Sie das passende Personalpronomen.

a. Tra un'ora **vi** / **voi** aspetto davanti al cinema. ☐

b. Allora, venite con **me** / **mi**? ☐

c. Non **te** / **ti** abbiamo chiesto niente. ☐

d. Luigi ha sempre un ombrello con **sé** / **si**. ☐

☐

5. Das Adverb
Setzen Sie ein passendes Adverb ein: lentamente, male, velocemente.

a. Oggi non vado in ufficio: mi sento proprio .... !

b. Il tempo passa .... per tutti.

c. Il treno si muove ....

6. Das Modalverb
Übersetzen Sie.

a. Tania darf heute nicht ausgehen.

....

b. Du musst zum Arzt gehen.

....

c. Kann er auch Deutsch sprechen?

....

7. Imperfetto
Ergänzen Sie mit dem Imperfetto von: raccontare, fare, bere.

a. Lo scorso inverno (noi) .... lunghe passeggiate.

b. Mio nonno mi .... sempre delle favole.

c. In Italia (io) .... sempre un limoncello dopo cena.

8. Partizip Präsens
Ersetzen Sie den Relativsatz durch ein Partizip Präsens.

a. I relatori che partecipano al congresso sono tutti inglesi.

....

b. L'aereo che proviene da Milano atterrerà tra poco.

....

c. Qui ci sono informazioni che riguardano il tuo lavoro.

....

Gesamtpunktzahl

Niveaustufentest B1

1. Der relative Superlativ
Bilden Sie mit den angegebenen Wörtern Sätze mit dem relativen Superlativ. Ergänzen Sie wo nötig die Artikel.

a. Edith è / cuoca / brava / tutte le sue amiche.

....

b. Sicilia è / isola / grande / Mediterraneo.

....

c. Da qui si vede / panorama / bello / città.

....

2. Imperfetto oder Passato prossimo?
Ergänzen Sie die Sätze mit einem Verb in der passenden Zeitform.

a. Da bambino **(lui, giocare)** .... agli indiani.

b. Stamattina **(io, andare)** .... al mercato.

c. Un anno fa **(noi, fare)** .... un viaggio in Brasile.

3. Das Modalverb
Setzen Sie das Modalverb ins Passato remoto.

a. Tempo fa **(io, dovere)** .... ricorrere all'aiuto di amici.

b. Allora **(noi, potere)** non .... fare di più per lui.

c. Loro **(volere)** .... comprare un televisore nuovo.

d. Tu **(potere)** .... studiare grazie alla borsa di studio.

4. Das Pronomen
Übersetzen Sie das in Klammern angegebene Pronomen.

a. Vuoi *(etwas)* .... da bere?

b. *(Jeder)* .... ha il suo posto a sedere.

c. *(Wer)* .... parla bene l'italiano, supera l'esame.

5. Das Passiv
Wandeln Sie die Sätze in das Präsens Passiv (mit essere) um.

a. Molti turisti visitano Firenze.

....

b. Parecchi studenti stranieri frequentano queste trattorie.

....

c. La nostra associazione organizza il viaggio.

....

6. Nebenordnende Konjunktionen
Ergänzen Sie die Sätze mit: tuttavia, ma, cioè, invece.

a. Lucio non è bello, ... interessante.

b. Ti aspetto alle sei, ... tra un'ora precisa.

c. L'offerta non è entusiasmante, ... accetto.

d. Silvio ama la musica rap, io .... quella classica.

7. Indikativ oder Konjunktiv?
Wählen Sie die richtige Verbform.

a. Mi dispiace che tu non **hai** / **abbia** superato l'esame.

b. Secondo la nostra opinione l'albergo **è** / **sia** troppo caro.

c. Pensi veramente che lei **deve** / **debba** venire?

d. È impossibile che voi non **abbiate** / **avete** freddo.

8. Präpositionale Fügungen
Übersetzen Sie die in Klammern angegebenen Wörter ins Italienische.

a. Il bar è rimasto chiuso *(bis)* .... mese scorso.

b. *(Vor)* .... incrocio gira a destra.

c. Salerno è *(in der Nähe von)* .... Napoli.

d. Nostro figlio non abita *(weit von)* .... noi.

Gesamtpunktzahl

Niveaustufentest B2

1. Konditional I
Übersetzen Sie.

a. Wir würden gerne ins Kino gehen.

....

b. Ich möchte reich werden.

....

c. Würdest du bitte das Fenster aufmachen?

.... ?

2. Konditional II
Bilden Sie den Konditional II der Verben in Klammern.

a. A me (piacere) .... andare in montagna.

b. Ti (chiamare) .... io, ma non potevo proprio.

c. Noi (aiutare) .... Luigi, ma lui non ha voluto.

d. Lei (venire) .... anche in aereo.

3. Zahlen, Mengen und Maße
Übersetzen Sie die Angaben in Klammern ins Italienische.

a. Una *(etwa zwanzig)* .... di persone sta aspettando.

b. Bastano poche *(einige Tausende)* .... di euro.

c. Il corso dura un *(zwei Jahre)* ....

4. Unterordnende Konjunktionen
Verbinden Sie die Satzteile, die zusammengehören.

a. Non vado a scuola	anche se il mare è molto mosso.
b. Voi fate il bagno	sebbene faccia molto freddo.
c. Non mi metto il cappotto	non parlo bene il tedesco.
d. Da quando imparo l'inglese	perché sto male.

5. Die Zeitenfolge im Konjunktiv
Welche Konjunktivform ist richtig (✓), welche falsch (✗)?

a. ☐ Dubitavo che lui arrivasse in tempo. ☐

b. ☐ Pensavi che sia sufficiente per essere felici? ☐

c. ☐ Credevano che lei fosse partita ieri. ☐

d. ☐ Eravamo sicuri che ci venga a prendere. ☐

☐

6. Das Adjektiv
Bello oder buono? Setzen Sie das jeweils passende Adjektiv ein.

a. Quella ragazza ha un .... viso regolare. ☐

b. Marco non ha .... maniere. ☐

c. I Napoletani hanno un .... stadio. ☐

d. Qui tutto è a .... prezzo. ☐

☐

7. Der absolute Superlativ
Bilden Sie den absoluten Superlativ der Adjektive in Klammern.

a. Mio zio è un uomo **(forte)** .... ☐

b. La pizza a Napoli è **(buona)** .... ☐

c. Li ho trovati **(arrabbiato)** .... ☐

d. Quelle ragazze sono **(giovani)** .... ☐

☐

8. Trapassato prossimo
Ergänzen Sie das passende Verb im Trapassato prossimo: partire, andare, scoppiare, dire.

a. Quando sono arrivato all'aeroporto l'aereo .... ☐

b. Ieri ho incontrato degli amici che .... in Africa. ☐

c. Dopo che la crisi .... tutti l'avevano prevista. ☐

d. (io) Vi .... di rispondere alle mail. ☐

☐

Gesamtpunktzahl ☐

Niveaustufentest C1

1. Das Adjektiv
Ersetzen Sie das Adjektiv durch die unregelmäßige Steigerungsform.

a. Mario gode di **grandissima** stima. ....

b. Per noi è stato un **cattivissimo** affare. ....

c. Lui vuole superare l'esame con un **piccolissimo** sforzo. ....

d. È stato un pranzo **buonissimo**. ....

2. Passato prossimo, Passato remoto oder Imperfetto
Setzen Sie die Verben in Klammern ins Passato prossimo, Passato remoto oder Imperfetto.

a. Da giovani **(noi, andare)** .... al mare ogni estate.

b. La prima guerra punica **(scoppiare)** .... nel 264 a. C.

c. Nel 1944 la seconda guerra mondiale **(durare)** .... già da cinque anni.

d. Un anno fa **(io, fare)** .... una promessa che non ho mantenuto.

3. Kombinierte Personalpronomen
Ergänzen Sie die fehlenden Personalpronomen (im deutschen Satz hervorgehoben).

a. Und die Bücher? Wann bringst du **sie mir** zurück?

E i libri? Quando .... riport...... ?

b. Ich habe **es ihm** sofort gesagt.

Io .... ho detto subito.

c. Was für eine Blamage! Schämt ihr **euch** nicht **dafür**?

Che figuraccia! Non .... vergognate?

d. Warum erzählst du **es uns** nicht?

Perché non .... racconti?

e. Und die Fotos? Hat Anna **sie dir** zurückgebracht?

E le foto? Anna .... ha riportate?

4. Das Partizip
Setzen Sie das Verb in Klammern ins Partizip Präsens oder Perfekt.

a. Le decisioni **(prendere)** .... non si discutono.

b. Durante la guida non parlare al **(condurre)** ....

c. I cibi **(precuocere)** .... si diffondono sempre di più.

d. Chi assiste gli anziani si chiama **(badare)** ....

5. Satzanschlüsse
Vervollständigen Sie die Sätze mit einer passenden Präposition.

a. Sono venuto .... vedere come stai.

b. È andato via .... salutare nessuno.

c. Finiamo .... studiare e poi usciamo.

d. Continui .... imparare l'arabo?

e. Non posso venire: ho molto .... fare.

6. Das Adverb
Übersetzen Sie die Sätze.

a. Maria spricht sehr überzeugend.

....

b. Ich habe viele Gedichte auswendig gelernt.

....

c. Mein Vater telefoniert gerade.

....

d. Wir trinken lieber Wein.

....

e. Wir hoffen, rechtzeitig anzukommen.

....

Gesamtpunktzahl

Niveaustufentest C2

1. Das Substantiv

Bildet Sie die Pluralform mit dem passenden bestimmten Artikel.

a. uovo ....

b. vaglia ....

c. bar ....

d. cassaforte ....

2. Die Zeitenfolge

Ergänzen Sie die passende Tempusform. Beachten Sie dabei: (=) Gleichzeitigkeit, (–) Vorzeitigkeit, (+) Nachzeitigkeit.

a. Sono sicuro che Natalia **(+, partire)** .... domani sera.

b. Pensiamo che loro **(=, arrivare)** .... oggi.

c. Credo che lui **(–, essere assunto)** .... l'altro ieri.

d. Non sapevo che lei **(–, aver dato)** .... l'esame.

3. Die Präposition

Welche Präposition passt? Ergänzen Sie, wenn nötig, den Artikel.

a. .... mare e monti preferisco il mare.

b. Ho dimenticato la borsa .... cassetto.

c. Il bar è sempre aperto, ... il martedì.

d. Stamani ci siamo alzati .... alba.

4. Das Gerund

Ersetzen Sie den Nebensatz durch ein Gerund der Gegenwart oder Vergangenheit.

a. **Poiché è ben allenato**, Carlo vuole correre la maratona. ....

b. **Mentre parlava**, Sandra giocava con il telefonino. ....

c. **Dato che non furono puntuali**, persero il treno. ....

d. **Anche se aveva lavorato tutto il giorno**, Carla non era stanca. ....

5. Die indirekte Rede
Wandeln Sie die Sätze in die indirekte Rede um.

a. Sergio dice: «Oggi sto meglio.»

Sergio dice ....

b. I miei amici mi chiesero: «Vai veramente in Norvegia?»

I miei amici mi chiesero ....

c. Alfredo obiettò: «Per me hanno ragione.»

Alfredo obiettò ....

d. Carla mi confessò: «Non andrò in ferie quest'anno.»

Carla mi confessò ....

6. Die Wortbildung
Bilden Sie, wo es möglich ist, die Vergrößerung (+), die Verkleinerung (–), oder ein Wort mit negativer Bedeutung (x).

		(+)	(–)	(x)
a.	ragazzo	....	....	....
b.	uomo	....	....	....
c.	casa	....	....	....
d.	tempo	....	....	....

7. Adjektive mit wechselnder Bedeutung
Übersetzen Sie.

a. Mein Onkel ist ein großartiger Mensch.

....

b. Ein Detektiv muss eine neugierige Person sein.

....

c. Ein Freund von mir ist pleite, er ist jetzt ein armer Mann.

....

Gesamtpunktzahl

A1

1 Die Aussprache und die Rechtschreibung

Das Wichtigste in Kürze

Im Italienischen werden die meisten Wörter auf der vorletzten Silbe betont, während im Deutschen gewöhnlich die erste Silbe die Betonung trägt. Vor allem in der Aussprache von **c**, **g** und **h** vor Vokalen unterscheidet sich die italienische von der deutschen Sprache.

1.1 Das Alphabet

A1

Das italienische Alphabet besteht aus 21 Buchstaben:

Buchstabe	Aussprache	buchstabiert wie	Buchstabe	Aussprache	buchstabiert wie
A a	a [a]	Ancona	**N n**	enne ['enne]	Napoli
B b	bi [bi]	Bologna	**O o**	o [o]	Otranto
C c	ci [tʃi]	Catania	**P p**	pi [pi]	Palermo
D d	di [di]	Domodossola	**Q q**	qu [ku]	Quarto
E e	e [e]	Empoli	**R r**	erre ['erre]	Roma
F f	effe ['effe]	Firenze	**S s**	esse ['esse]	Savona
G g	gi [dʒi]	Genova	**T t**	ti [ti]	Torino
H h	acca ['akka]	Acca	**U u**	u [u]	Udine
I i	i [i]	Imola	**V v**	vu/vi [wu/wi]	Venezia
L l	elle ['elle]	Livorno	**Z z**	zeta ['dzeta]	Zara
M m	emme ['emme]	Milano			

C1

Weitere fünf Buchstaben kommen nur in Eigennamen oder in Fremdwörtern vor. Es sind:

- **J j (i lunga)**: **juventino** [juven'tino] *Spieler oder Fan der Juventus-Fußballmannschaft von Turin*, **Yemen** ['jɛːmen] *Yemen*
- **K k (cappa)**: in Abkürzungen wie **km** für **chilometro** [ki'lɔːmetro] *Kilometer*, **kg** für **chilogrammo** [kilo'grammo] *Kilogramm* sowie in Fremdwörtern wie **kimono** [ki'mɔːno] *Kimono*, **kermesse** [ker'mɛs] *Kirmes*
- **W w (vu doppia)**: in Fremdwörtern aus dem Englischen und Deutschen wie **week-end** [ui'kɛnd] *Wochenende*, **sandwich** ['sendwitʃ] *Sandwich*
- **X x (ics)**: meist in Wörtern griechischen Ursprungs wie **xenofobo** [kse'nɔːfobo] *fremdenfeindlich*, **xilofono** [ksi'lɔfono] *Xylophon* oder in fremden Eigennamen wie z. B. **Marx** [marks] und dessen Ableitungen **marxismo** *Marxismus*, **marxista** *Marxist*
- **Y y (i greca** oder **ipsilon)**: Dieser Buchstabe wird wie **i** ausgesprochen und kommt ebenfalls in einigen Fremdwörtern vor: **brandy** ['brɛndi] *Brandy*, **derby** ['derbi] *Derby*, **yoga** ['jɔːga] *Yoga*, **yogurt** ['jɔːgurt] *Joghurt*

⚡ Die italienischen Buchstaben sind im Gegensatz zum Deutschen weiblich: **la u** *das U*, **la erre** *das R*, **la esse** *das S* usw.

A1 1.2 Die Aussprache

Die Buchstaben **c**, **g**, **s** und **z** werden unterschiedlich ausgesprochen, je nachdem welcher Vokal oder welche Buchstabenkombination ihnen folgt:

Position von c + g	Aussprache		Beispiele
gefolgt von a, o, u und Konsonanten	c [k]	stimmlos wie in *Kuchen*	**ca**mera *Zimmer* **co**mpleanno *Geburtstag* B2 **cu**ltura *Kultur*
	g [g]	stimmlos wie in *Garten*	**ga**binetto *Toilette* B2 **go**mito *Ellbogen* **gu**ida *Führer*
gefolgt von i, e	c [tʃ]	wie in *Tschüss*	**ci**nema *Kino* **ce**llulare *Handy*
	g [dʒ]	wie in *Dschungel*	**ge**lato *Eis* A2 **gi**ro *Runde*
gefolgt von hi, he	[k, g]	stimmlos wie in *Kuchen* oder *Guss*	**chi**esa *Kirche* C1 **che**la *Schere* (von Schalentieren) B2 **ghi**ro *Siebenschläfer* B2 **ghe**tto *Ghetto*

Die Buchstaben **s** und **z** werden regional unterschiedlich ausgesprochen. Grundsätzlich können sie stimmhaft oder stimmlos sein:

Position von s	Aussprache		Beispiele
zwischen zwei Vokalen	[z]	stimmhaft wie in *Sahne*	ca**s**a *Haus*
gefolgt von stimmhaften Konsonanten wie z. B. b, d, g, m, n, v	[z]	stimmhaft wie in *singen*	B2 **sb**agliare *irren* C1 **sg**abello *Hocker* C1 **sm**acchiare *Flecken entfernen* B2 **sn**ello *schlank* **sv**egliare *wecken*
am Wortanfang	[s]	stimmlos wie in *Gras*	**s**ale *Salz* **s**ole *Sonne*
nach stimmlosem Konsonant	[s]	stimmlos wie in *Hals*	B2 cor**s**a *Rennen* B2 fal**s**o *falsch*
bei Verdoppelungen	[s]	stimmlos wie in *nass*	B2 ge**ss**o *Kreide* A2 ta**ss**a *Steuer*

Position von z	Aussprache		Beispiele
am Wortanfang	[dz]	d gefolgt von stimmhaftem s	A2 zio *Onkel* B2 zabaione *Zabaione*
zwischen zwei Vokalen	[dz]	d gefolgt von stimmhaftem s	C1 **ozo**no *Ozon*
vor Vokalkombinationen ia, ie, io	[ts]	stimmlos wie in *Zoll*	gra**zie** *danke* B2 spa**zio** *Raum*
nach dem Buchstaben l	[ts]	stimmlos wie in *Malz*	B1 a**lz**are *heben* A2 ca**lz**a *Socke*

- Die Verbindungen **ei** und **eu** werden wie zwei getrennte Vokale gesprochen, das **e** dabei sehr offen, wie ein deutsches **ä**: **sei** ['sɛ:i] *du bist*, **Europa** [eu'rɔ:pa] *Europa*.
- **gl** gefolgt von i wird meistens [ʎ] wie die spanische Stadt Sevilla und ähnlich wie „lj" in *Million* ausgesprochen: B2 **aglio** ['aʎʎo] *Knoblauch*, A2 **miglio** ['miʎʎo] *Meile*, **figlio** ['fiʎʎo] *Sohn*. Gefolgt von **a**, **o**, **u** wird **gl** als [gl] wie in *Globus* ausgesprochen: C1 **gladiatore** [gladja'to:re] *Gladiator*, B2 **globale** [glo'ba:le] *global*, C2 **glutine** ['glu:tine] *Gluten*. ⚡ Die gleiche Aussprache wie in *Globus* findet sich auch in einigen wenigen Wörtern mit der Kombination [gli]: C1 **negligenza** [negli'dʒɛntsa] *Nachlässigkeit*, **glicemia** [glitʃe'mi:a] *Blutzucker* oder C2 **glicine** ['gli:tʃine] *Glyzinie*.
- **gn** [ɲ] wird wie in *Kampagne* ausgesprochen: B2 **agnello** [a'ɲɛllo] *Lamm*, A2 **assegno** [a'sse:ɲo] *Scheck*, **bagno** ['ba:ɲo] *Bad*.
- **qu** wird [ku] und nicht wie im Deutschen [kw] ausgesprochen: **acqua** ['akkua] *Wasser*, B2 **aquila** ['a:kuila] *Adler*, **cinquanta** [tʃi'ŋkuanta] *fünfzig*.
- **h** wird nicht ausgesprochen: **loro hanno** ['anno] *sie haben*, B2 **hinterland** ['hinterland] Hinterland, B2 **hip-hop** [i:p-ɔ:p] *Hip-Hop*.
- **v** wird [w] wie in *Wagen* ausgesprochen: **volere** [vo'le:re] *wollen*, **vacanza** [va'kantsa] *Ferien*.
- Doppelkonsonanten (**bb**, **cc**, **ff**, **gg**, **ll**, **mm**, **nn**, **pp**, **rr**, **ss**, **vv** und **zz**) werden länger und härter gesprochen, während der vorangehende Vokal kurz ist. Die richtige Aussprache der Doppelkonsonanten ist zur Unterscheidung einiger Wörter wichtig, wie z. B.: **casa** ['ka:sa] *Haus*, **cassa** ['kassa] *Kiste, Kasse* oder C1 **pala** ['pa:la] *Schaufel*, B2 **palla** ['palla] *Ball* sowie **caro** ['ka:ro] *teuer*, B2 **carro** ['karro] *Karren*.
- Die Aussprache von **sc** folgt den gleichen Regeln wie beim **c**. Es heißt [k] in: **scala** ['ska:la] *Treppe*, **scuola** ['skuɔ:la] *Schule*, C2 **schiena** ['skjɛ:na] *Rücken*; [ʃ] wie in *schwer*: **scendere** ['ʃendere] *hinuntergehen*, C1 **fascino** ['faʃʃino] *Zauber, Charme*, C1 **cuscino** [ku'ʃʃi:no] *Kissen*.

C1
1.3 Die Betonung

Die Betonung der Silben

Im Italienischen können die Wörter höchst unterschiedlich betont werden. Je nachdem auf welche Silbe die Betonung fällt, wird folgende Einteilung vorgenommen:

Parole tronche: → Betonung der letzten Silbe: **città** *Stadt*
Parole piane: → Betonung der vorletzten Silbe: man**gia**re *essen*
Parole sdrucciole: → Betonung der drittletzten Silbe: **mo**bile *mobil*
Seltener gibt es:
Parole bisdrucciole: → Betonung auf der viertletzten Silbe: **sci**volano *sie rutschen*
Parole trisdrucciole: → Betonung auf der fünftletzten Silbe: **re**citamelo! *Spiele es mir vor!*

Die Mehrheit der italienischen Wörter wird auf der vorletzten Silbe betont: lavo**ra**re *arbeiten*, an**da**re *gehen*, ba**ga**glio *Gepäck*.

A1
Der Akzent

Das Italienische kennt zwei Akzente. Den Accento grave (`) wie in **città** *Stadt* und den Accento acuto (´) wie in **perché** *warum, weil*. Während Akzente im Wortinneren nur gesetzt werden, um zwischen ansonsten gleich geschriebenen Wörtern zu unterscheiden (C1 **bótte** ['botte] *Fass* – C1 **bòtte** ['bɔtte] *Schläge*, **légge** ['leddʒe] *Gesetz* – **lègge** ['lɛddʒe] *er/sie liest*), müssen sie jedoch in folgenden Fällen gesetzt werden:

- bei der Betonung auf der letzten Silbe wie **però** [pe'rɔ] *aber* und bei Wörtern, die aus einer Silbe bestehen: **già** [dʒa] *schon*, **può** [puɔ] *er/sie kann*, **più** [pju] *mehr*
- bei Wörtern, die aus einer Silbe bestehen und mit gleich geschriebenen oder gleich ausgesprochenen Wörtern zu verwechseln wären:

dà [da] *er/sie gibt* – **da** [da] *aus, seit*
è [ɛ] *er/sie ist* – **e** [e] *und*
là [la] *dort* – **la** [la] *die*
sì [si] *ja* – **si** [si] *sich*
né [ne] *und nicht* – **ne** [ne] *davon*

C1
1.4 Die Silbentrennung

Die Silbentrennung folgt im Italienischen dem allgemeinen Prinzip der Silbenintegrität, d. h. die Einheit der Silbe bleibt bestehen. Dementsprechend wird nach folgenden Regeln getrennt:

- Ein Vokal im Anlaut gefolgt von einem Konsonanten bildet eine eigenständige Silbe: **a-mico** *Freund*, **i-sola** *Insel*, **o-livo** *Olivenbaum*.
- Einfache Konsonanten bilden eine Silbe mit dem nachfolgenden Vokal: **li-bro** *Buch*, **se-ra** *Abend*.
- Doppelkonsonanten werden getrennt: **piz-za** *Pizza*, **set-te** *sieben*.
- Eine Trennung erfolgt vor Gruppen von zwei verschiedenen Konsonanten, wenn diese Konsonanten auch am Wortanfang stehen können (wie **tr**, **cr** oder **dr**: **treno** *Zug*, **cresta** *Kamm*, **droga** *Droge*): **ca-tra-me** *Teer*, **mi-cro-bo** *Mikrobe*, **pule-dro** *Fohlen*. Genauso verhält sich das **s** gefolgt von einem Konsonanten (s impura): **ce-sti-no** *Korb*.
- Können Konsonantenkombinationen (wie **tm**, **gm**) nicht am Wortanfang stehen, bildet der erste Konsonant mit dem vorangehenden Vokal eine Silbe und der zweite Konsonant mit dem nachgestellten Vokal: **a-rit-me-tica** *Arithmetik*, **pa-ra-dig-ma** *Paradigma*.
- Diphtonge und Triphtonge werden nicht getrennt: **pau-sa** *Pause*, **pian-ta** *Pflanze*, **a-iuo-la** *Beet*.
- Der Apostroph kann am Ende einer Zeile stehen: **... sull' - armadio** *... auf dem Schrank*, eine bei Zeitungen praktizierte Trennungsweise. Oft wird aber auch das Wort mit dem Apostroph getrennt: **sul - l'armadio**.

1.5 Die Groß- und Kleinschreibung

A1

Im Gegensatz zum Deutschen werden Substantive im Italienischen kleingeschrieben. In folgenden Fällen schreibt man jedoch den Anfangsbuchstaben eines Wortes groß:

- am Satzanfang, nach einem Punkt, einem Ausrufe- oder Fragezeichen: **Lo conosci? Chi è?** *Kennst du ihn? Wer ist er?*
- in der direkten Rede: **Dove vai? – A casa.** *Wohin gehst du? – Nach Hause.*
- Eigennamen von Personen, Städten, Regionen, Ländern, Flüssen, Bergen, Denkmälern, Sehenswürdigkeiten, Automarken, Fußballmannschaften: **Garibaldi**, **Roma**, **la Liguria**, **l'Italia**, **il Po**, **le Alpi**, **il Colosseo**, **l'Arena di Verona**, **Fiat**, **Juventus**
- Buchtitel (**«I Promessi Sposi»** *„Die Verlobten"*) und Zeitungen/Zeitschriften (**«Il Messaggero»**, **«la Repubblica»**)
- Feste und Feiern: **Natale** *Weihnachten*, **Pasqua** *Ostern*, **il Primo Maggio** *der 1. Mai*
- historische Epochen: **il** B2 **Cinquecento** *das 16. Jahrhundert*, **il** B2 **Rinascimento** *die Renaissance*

B1

1.6 Die Zeichensetzung

Die Zeichensetzung verdeutlicht die Pausen zwischen Sätzen oder Satzteilen sowie die Intonation.

Satz- und typografische Zeichen

.	**il punto**	*der Punkt*
,	**la virgola**	*das Komma*
;	**il punto e virgola**	*das Semikolon*
:	**i due punti**	*der Doppelpunkt*
?	**il punto interrogativo**	*das Fragezeichen*
!	**il punto esclamativo**	*das Ausrufezeichen*
...	**i puntini di sospensione**	*die Auslassungspunkte*
«»	**le virgolette**	*die Anführungszeichen*
–	**il trattino**	*der Gedankenstrich*
_	**il trattino basso**	*der Unterstrich*
*	**l'asterisco**	*der Asterisk, das Sternchen*
@	**la chiocciola**	*das At-Zeichen*
/	**la sbarretta**	*der Schrägstrich*
( )	**le parentesi tonde**	*die runden Klammern*
[ ]	**le parentesi quadre**	*die eckigen Klammern*
{ }	**le parentesi graffe**	*die geschweiften Klammern*

Im Allgemeinen werden die Satzzeichen wie im Deutschen verwendet. Nur das Komma unterliegt im Italienischen einer weniger strengen Regelung als im Deutschen. Meist wird es gesetzt, um grafisch eine kurze Pause zu verdeutlichen. Es steht:

- bei Aufzählungen:
  Carlo, Sergio, Antonio e Giulio stanno lavorando. *Carlo, Sergio, Antonio und Giulio arbeiten gerade.*
- vor unterordnenden Konjunktionen wie **quando** *als*, **se** *wenn*, **mentre** *während*, **sebbene** *obwohl*:
  Non avevo freddo, sebbene fossi vestito leggero. *Es war mir nicht kalt, obwohl ich leicht angezogen war.*
- bei der Anrede:
  Signor Rossi, come sta? *Wie geht es Ihnen, Herr Rossi?*
- nach oder vor einem Einschub:
  Ti ho visto, per la prima volta, quando sono venuto a Roma. *Ich habe dich zum ersten Mal gesehen, als ich nach Rom kam.*

⚡ Ohne Komma stehen im Italienischen aber:

- die meisten Konjunktionen wie **che** *dass*, **perché** *weil*:
  Ti ho già detto che arriverò tardi. *Ich habe dir schon gesagt, dass ich spät ankommen werde.*

- Relativsätze:
  Il disco rigido che ho comprato non funziona bene. *Die Festplatte, die ich gekauft habe, funktioniert nicht richtig.*
- indirekte Fragen:
  Tutti mi hanno domandato se mi fossi innamorato. *Alle haben mich gefragt, ob ich mich verliebt habe.*

Der Apostroph

A2

Der Apostroph kennzeichnet den Wegfall eines unbetonten Vokals am Wortende, wenn das darauffolgende Wort mit einem Vokal anfängt. Dadurch wird das Zusammentreffen zweier Vokale vermieden. Er steht nur im Singular:

- bei den Artikeln **lo** *der*, **la** *die* und der Verbindung Präposition + Artikel:
  l'amore *die Liebe*, B2 **all'orizzonte** *am Horizont*, B1 **dell'amicizia** *von der Freundschaft*
- bei dem unbestimmten Artikel **una** *eine*:
  un'amica *eine Freundin*, **un'altra settimana** *noch eine Woche*
- bei den Adjektiven **questo** *dieser*, **quello** *jener*, **bello** *schön* und B1 **santo** *heilig*:
  a quest'ora *um diese Uhrzeit*, **quell'orologio** *jene Uhr*, **un bell'uomo** *ein schöner Mann*, **Sant'Ignazio** *der heilige Ignatius*
- bei dem Ortsadverb **ci** *dort* in Verbindung mit dem Verb **essere** *sein*:
  c'è *es gibt*, **c'era, c'erano** *es gab*
- bei adverbialen Ausdrücken wie B2 **d'accordo** *einverstanden*, B2 **d'altronde** *im Übrigen*, B2 **senz'altro** *ohne Weiteres*, B2 **tutt'altro** *alles andere* usw.

B2

⚡ Im Italienischen gibt es das Phänomen des Troncamento, das im Deutschen der Apokope entspricht. Beim Troncamento entfällt ein Vokal oder eine Silbe am Wortende, wenn das darauffolgende Wort mit einem Konsonanten oder einer Konsonantenkombination (außer **gn**, **ps**, **s** + Konsonant, **x** oder **z**) anfängt: **un bel posto** *ein schöner Platz*, aber: **un bello** C1 **zaffiro** *ein schöner Safir.*

Der Troncamento erfolgt:

- bei **uno** *ein(e)*, **alcuno** *irgendein(e)*, **nessuno** *kein(e)*, **ciascuno** *jede(r, s)*:
  un albero *ein Baum*, **nessun architetto** *kein Architekt*, **ciascun abito** *jedes Kleid*
- bei **bello** *schön*, **grande** *groß*, **santo** *heilig*:
  un bel giovane *ein schöner Jüngling*, **una gran macchina** *ein großartiges Auto*, **San Romolo** *der heilige Romulus*
- bei **suora** *Nonne, Schwester* und **frate** *Bruder* vor Eigennamen:
  suor Francesca *Schwester Francesca*, **fra Cristoforo** *Bruder Cristoforo*
- bei Titeln wie **dottore** *Doktor* und **professore** *Professor*:
  dottor Fiorini *Doktor Fiorini*, **professor Rossi** *Professor Rossi*

In wenigen Fällen steht der Troncamento mit Apostroph: **po'** für **poco** *wenig* oder bei den Imperativformen wie **di'!** *sage!* **da'!** *gib!* **va'!** *gehe!*

Zwischentest 1

A1 **1. Wie spricht man im Italienischen den Buchstaben h aus?**

- ☐ a. selten
- ☐ b. nie
- ☐ c. immer
- ☐ d. nur bei dem Verb avere

C1 **2. Was fehlt am Wortanfang?**

......enofobo *fremdenfeindlich*

- ☐ a. w
- ☐ b. x
- ☐ c. k
- ☐ d. j

A1 **3. Wo wird c wie [k] ausgesprochen?**

- ☐ a. casa
- ☐ b. cibo
- ☐ c. cellulare
- ☐ d. ciabatta

A1 **4. Wie beginnt das Wort?**

......occolata *Schokolade*

- ☐ a. schi
- ☐ b. sci
- ☐ c. sc
- ☐ d. ci

A2 **5. Welche Schreibweise ist richtig?**

- ☐ a. iogurt
- ☐ b. iougurt
- ☐ c. yogurt
- ☐ d. jogurt

B2 **6. Welches Wort gehört in die Lücke?**

Voglio prendere un .... lungo.

- ☐ a. caffe
- ☐ b. caffé
- ☐ c. kaffee
- ☐ d. caffè

A2 **7. Wie lautet die richtige Übersetzung?**

Wir sind einverstanden.

- ☐ a. Siamo del accordo.
- ☐ b. Siamo daccordo.
- ☐ c. Siamo d'accordo.
- ☐ d. Siamo d'accordi.

C1 **8. Welche zwei Wörter sind richtig getrennt?**

- ☐ a. i-so-la
- ☐ b. l-imo-ne
- ☐ c. sc-ato-la
- ☐ d. se-ra

9. Welche Ergänzung passt? B2

Roma è anche detta la .... eterna.

- ☐ a. cità
- ☐ b. città
- ☐ c. citta
- ☐ d. cittá

10. Wie muss das Wort getrennt werden? C1

ragno *Spinne*

- ☐ a. r-agno
- ☐ b. rag-no
- ☐ c. ra-gno
- ☐ d. r-agn-o

11. Welche Angabe ist orthografisch nicht korrekt? B2

- ☐ a. il natale
- ☐ b. l'albero
- ☐ c. i regali
- ☐ d. la festa

12. Was gehört in die Lücke? A2

Il .... è un'importante epoca storica.

- ☐ a. seicenta
- ☐ b. seicento
- ☐ c. Seicento
- ☐ d. Seicento secolo

13. Welches Satzzeichen ist zu ergänzen? A2

Poi ho detto .... «Ci salutiamo?»

- ☐ a. !
- ☐ b. …
- ☐ c. ;
- ☐ d. :

14. Welcher Satz ist richtig? B1

- ☐ a. Lucia è un'amica napoletana.
- ☐ b. Lucia è una amica napoletana.
- ☐ c. Lucia è uno amica napoletana.
- ☐ d. Lucia è amica napoletana.

15. In welchen zwei Sätzen ist alles richtig geschrieben? B1

- ☐ a. Alberto è un buono ragazzo.
- ☐ b. Ecco il professor Angelini.
- ☐ c. Non ho nessun amico.
- ☐ d. Dottore Gervasi, come va?

Lösungen

1 b. 2 b. 3 a. 4 d. 5 c. 6 d. 7 c. 8 a., d. 9 b.
10 c. 11 a. 12 c. 13 d. 14 a. 15 b., c.

A1

2 Der Artikel

Das Wichtigste in Kürze

Der Artikel steht im Italienischen nur im Maskulinum oder Femininum, aber nicht wie im Deutschen im Neutrum, das es im Italienischen nicht gibt.

Sowohl der
- bestimmte Artikel (**il** *der*, **la** *die*) als auch der
- unbestimmte (**un** *ein*, **una** *eine*) richten sich in

Genus und **Numerus** nach dem Substantiv, das sie begleiten.
Sie sind wie dieses entweder **maskulin** oder **feminin**.

Zudem richtet sich die Form des Artikels – im Unterschied zum Deutschen – nach dem Anlaut des nachfolgenden Substantivs,
z. B. **l'isola, lo zio**

2.1 Der bestimmte Artikel

A1

Der bestimmte Artikel verweist auf etwas Bekanntes, schon Genanntes oder als bekannt Vorausgesetztes.

Formen

	Maskulinum	Femininum
Singular	**il** libro *das Buch* **l'**albero *der Baum* **lo** studente *der Student*	**la** tazza *die Tasse* **l'**isola *die Insel*
Plural	**i** libri *die Bücher* **gli** alberi *die Bäume* **gli** studenti *die Studenten*	**le** tazze *die Tassen* **le** isole *die Inseln*

Der bestimmte Artikel **il** oder **la** wird vor Substantiven, die mit Vokal anfangen, zu **l'**.

Der bestimmte Artikel **lo** wird vor Substantiven verwendet, die mit **s** + Konsonant, **z**, **ps**, **pn**, **gn**, **x** oder mit unbetontem **i** + Vokal beginnen:

lo studente *der Student*
lo psicologo *der Psychologe*
lo B2 iodio *das Jod*
lo zio *der Onkel*
lo xilofono *das Xylofon*

Der Plural der Maskulinum-Formen **l'** und **lo** lautet **gli**.

Gebrauch

In den meisten Fällen wird der bestimmte Artikel im Italienischen wie im Deutschen verwendet:

Domani prendo **il** treno per Roma. *Morgen nehme ich* ***den*** *Zug nach Rom.*

Anders als im Deutschen steht der bestimmte Artikel aber auch in folgenden Fällen:

- bei Personennamen und Titeln:
  Il signor Rossi è ingegnere. *Herr Rossi ist Ingenieur.*
  La professoressa Gervasi è malata. *Frau Professorin Gervasi ist krank.*
  Il generale Cordani adesso è in pensione. *General Cordani ist jetzt im Ruhestand.*
  La principessa Salina è il personaggio di un romanzo. *Prinzessin Salina ist eine Romanfigur.*

  In der direkten Anrede fällt der bestimmte Artikel wie im Deutschen jedoch weg:
  Buongiorno, Signora Piccioni! *Guten Tag, Frau Piccioni!*
  Buonasera, architetto Maugeri! *Guten Abend, Herr (Architekt) Maugeri!*

B1 • bei geografischen Namen (Kontinenten, Ländern, Regionen, großen Inseln):
L'Asia è un continente molto vasto. *Asien ist ein großflächiger Kontinent.*
La Germania è al centro dell'Europa. *Deutschland liegt in der Mitte Europas.*
La Baviera è un „Land" tedesco. *Bayern ist ein deutsches Bundesland.*
La Sardegna è una regione autonoma. *Sardinien ist eine autonome Region.*

⚡ Immer ohne Artikel stehen: **Israele** *Israel*, **Cuba** *Kuba*, **San Marino**, **Monaco**, **Andorra**, **Haiti** sowie kleine Inseln wie **Capri**, **Pantelleria** oder **Lampedusa**.

• bei Possessivpronomen:
Non trovo la mia borsa. *Ich finde meine Tasche nicht.*
I miei libri sono rimasti in Italia. *Meine Bücher sind in Italien geblieben.*

⚡ Bei Verwandtschaftsbezeichnungen im Singular wird der Artikel wie im Deutschen weggelassen:

mia madre *meine Mutter*	**mia sorella** *meine Schwester*
mio zio *mein Onkel*	**mio nonno** *mein Großvater*

◐ Eine Ausnahme bilden jedoch Kosenamen oder Verkleinerungsformen wie:
la mia mamma *meine Mama*, **il mio nonnino** *mein Opilein.*

B2 • bei Stoffnamen, Sammel- und abstrakten Begriffen:
Il rame è più leggero del ferro. *Kupfer ist leichter als Eisen.*
La verdura è un alimento sano. *Gemüse ist eine gesunde Nahrung.*
La matematica è una materia difficile. *Mathematik ist ein schwieriges Fach.*
L'amore è un sentimento meraviglioso. *Liebe ist ein wunderbares Gefühl.*

⚡ In der Regel entfällt der Artikel, wenn die Präpositionen **in** oder **di** vorausgehen:
Io mi interesso di matematica. *Ich interessiere mich für Mathematik.*
Sono molto bravo in italiano. *Ich bin sehr gut in Italienisch.*

B2 • bei Körperteilen, Krankheiten, Farbbezeichnungen, Musikinstrumenten, Sportmannschaften und bei Prozentangaben:
Lucia ha i capelli biondi. *Lucia hat blondes Haar.*
Il morbillo è una malattia infantile. *Masern sind eine Kinderkrankheit.*
Il rosso dei semafori significa stop! *Rot bei Ampeln bedeutet stopp!*
La chitarra si impara facilmente. *Gitarrespielen ist leicht zu erlernen.*
La Juventus è una squadra forte. *Juventus ist eine starke Mannschaft.*
Nel Lazio vive il 9,3 per cento degli Italiani. *Im Latium leben 9,3 Prozent der Italiener.*

• bei Angabe der Uhrzeit:
Sono le tre del pomeriggio. *Es ist drei Uhr nachmittags.*
⚡ aber: **È mezzogiorno/mezzanotte.** *Es ist (zwölf Uhr) Mittag/Mitternacht.*

- bei Angabe des Alters:
  Tra i cinquanta e i sessanta anni molti uomini perdono i capelli. *Zwischen fünfzig und sechzig (Jahren) verlieren viele Männer ihre Haare.*

- nach **tutti** *alle, jeder*:
  Quasi tutti i giovani amano la musica pop. *Fast alle Jugendlichen mögen Popmusik.*

- in Verbindung mit **giocare con/su** *spielen mit*:
  Mia figlia gioca ancora con le bambole. *Meine Tochter spielt noch mit Puppen.*
  Marcello gioca spesso sulle (con le) parole. *Marcello spielt oft mit Worten.*
  ⚡ Bei **giocare a** wird der bestimmte Artikel manchmal verwendet:
  Gioco spesso al computer. *Ich spiele oft am Computer.*
  Gioco spesso al lotto. *Ich spiele oft Lotto.*

Im Gegensatz zum Deutschen fehlt im Italienischen der bestimmte Artikel:

- häufig bei Orts- und Richtungsangaben, Räumlichkeiten und bei Transportmitteln, wenn sie in Verbindung mit der Präposition **in** verwendet werden: 
  Domani vado subito in ufficio. *Morgen gehe ich sofort ins Büro.*
  Mio fratello lavora in ospedale. *Mein Bruder arbeitet im Krankenhaus.*
  Passo sempre le vacanze in montagna. *Ich verbringe den Urlaub immer in den Bergen.*
  Andiamo in cucina a preparare il pranzo. *Gehen wir in die Küche, um das Mittagessen vorzubereiten.*
  Arrivo a Palermo in aereo. *Ich komme mit dem Flugzeug in Palermo an.*

  ⚡ Aber: Wenn die Angaben nicht in einem allgemeinen Zusammenhang genannt werden, sondern bei der Darstellung einer konkreten Situation, steht der Artikel:
  Dopo la pausa tutti gli impiegati sono ritornati nella banca. *Nach der Pause sind alle Angestellten **in die** Bank zurückgegangen.*

- bei einigen Orts- und Richtungsangaben mit der Präposition **a**: 
  Da lunedì a venerdì vado a scuola. *Von Montag bis Freitag gehe ich in die Schule.*
  In genere alle dieci sono già a letto. *Normalerweise bin ich um zehn Uhr schon im Bett.*
  Sabato sera andiamo a teatro. *(Am) Samstagabend gehen wir ins Theater.*

- bei Namen von Straßen, Plätzen oder Gebäuden: 
  Scusi, dov'è via Garibaldi? *Entschuldigung, wo ist die Via Garibaldi?*
  Allora, ci incontriamo dopo a piazza Venezia? *Also, treffen wir uns später auf der Piazza Venezia?*

- **Scusi, mi sa dire se Palazzo Rondini è molto lontano?** *Entschuldigung, können Sie mir sagen, ob der Palazzo Rondini weit entfernt ist?*

  ⚡ Eigennamen von Denkmälern werden mit Artikel verwendet: **il Colosseo** ***das*** *Kolosseum*, **la Zisa di Palermo** ***das*** *Schloss La Zisa von Palermo*, **l'Arena di Verona** ***die*** *Arena von Verona*.

- bei Wochentagen, Monatsnamen und Jahreszeiten:
  Mercoledì (prossimo) vado dal barbiere. *Am (nächsten) Mittwoch gehe ich zum Friseur.*
  Febbraio può avere 28 o 29 giorni. *Der Februar kann 28 oder 29 Tage haben.*
  In estate la temperatura in Sicilia è molto alta. *Im Sommer ist die Temperatur in Sizilien sehr hoch.*
  ⚡ Aber mit Artikel bzw. Präposition + Artikel stehen:
  - Wochentage, wenn sie zur Beschreibung regelmäßiger Handlungen und Gewohnheiten dienen:
    Il sabato vado sempre in discoteca. *Samtags gehe ich immer in die Disko.*
  - Monatsnamen oder Jahreszeiten, wenn sie näher bestimmt sind:
    L'America fu scoperta nell'ottobre del 1492. *Amerika wurde im Oktober 1492 entdeckt.*
    Nella primavera del 1821 Alessandro Manzoni cominciò a scrivere il romanzo «Fermo e Lucia». *Im Frühling 1821 begann Alessandro Manzoni den Roman „Fermo e Lucia" zu schreiben.*

- bei Mahlzeiten, wenn sie mit der Präposition **a** oder **dopo** verbunden sind:
  Dopo cena vado al bar. *Nach dem Abendessen gehe ich in die Bar.*
  La domenica tutta la famiglia si ritrova a pranzo. *Sonntags versammelt sich die ganze Familie zum Mittagessen.*
  Stasera siamo invitati a cena. *Heute Abend sind wir zum Abendessen eingeladen.*

B2 Der bestimmte Artikel bei Vornamen

In der Regel fehlt der Artikel wie im Deutschen bei den Vornamen:
Sabrina è una persona curiosa. *Sabrina ist eine neugierige Person.*

Der Artikel wird aber abweichend von dieser Regel immer dann gesetzt, wenn der Name näher bestimmt wird:
Ho rivisto il Piero dei suoi tempi migliori. *Ich habe Piero wie zu seinen besten Zeiten wiedererlebt.*

🛈 Vor allem in den Regionalsprachen Norditaliens und in der Toskana werden sowohl männliche als auch weibliche Vornamen mit dem Artikel verwendet:
Hai sentito che fine ha fatto il Giuseppe? *Hast du gehört, was mit (**dem**) Giuseppe passiert ist?*
La Gina è sempre stata una gran bella donna. *(**Die**) Gina ist immer eine bildschöne Frau gewesen.*

2.2 Der unbestimmte Artikel A1

Der unbestimmte Artikel verweist auf Unbekanntes und Unbestimmtes oder auf etwas, das zum ersten Mal erwähnt wird. Dies können Personen, Gegenstände und Sachverhalte sein.

Formen

	Maskulinum	Femininum
Singular	**un** albero *ein Baum* **uno** studente *ein Student*	**una** tazza *eine Tasse* **un'**isola *eine Insel*

Der unbestimmte Artikel **una** wird vor Substantiven, die mit Vokal anfangen, zu **un'**.

Gebrauch

In den meisten Fällen wird der unbestimmte Artikel wie im Deutschen verwendet:
In Italia un caffè è sempre un espresso. *In Italien ist **ein** Kaffee immer **ein** Espresso.*

Im Gegensatz zum Deutschen wird der unbestimmte Artikel bei Folgendem jedoch nicht verwendet:

- in Ausrufen wie: B1
  Che piacere vedervi! *Was für eine Freude, euch zu sehen!*
  Che bella sorpresa! *Welch eine schöne Überraschung!*
  Ma che combinazione! *Was für ein Zufall!*

- vor **mezzo** *halb*: 
  Vorrei mezzo chilo di ricotta. *Ich hätte gern ein halbes Kilo Ricotta.*
  Il mio treno ha mezz'ora di ritardo. *Mein Zug hat eine halbe Stunde Verspätung.*

🛈 In manchen Fällen kennzeichnet der unbestimmte Artikel einen Typus, eine Kategorie oder Art und ist mit dem bestimmten Artikel austauschbar:
Un oder **il cane è il migliore amico dell'uomo.** *Der Hund ist der beste Freund des Menschen.*

A1

2.3 Präposition und bestimmter Artikel

Die Präpositionen di, a, da, in und su verschmelzen mit einem nachfolgenden bestimmten Artikel zu einem einzigen Wort, ähnlich wie bei den deutschen Formen *aufs*, *am*, *zum* usw.:
Mi accompagni **alla** fermata del taxi? *Begleitest du mich **zum** Taxistand?*
Ieri sono andato **dal** medico. *Gestern bin ich **zum** Arzt gegangen.*
Tutti i miei vestiti invernali sono **nell'**armadio. *Alle meine Winterkleider sind **im** Schrank.*
I turisti giapponesi sono saliti **sul** treno. *Die japanischen Touristen sind **in den** Zug gestiegen.*

Formen

	Singular				Plural		
Präposition	**il**	**lo**	**l'**	**la**	**i**	**gli**	**le**
di	del	dello	dell'	della	dei	degli	delle
a	al	allo	all'	alla	ai	agli	alle
da	dal	dallo	dall'	dalla	dai	dagli	dalle
in	nel	nello	nell'	nella	nei	negli	nelle
su	sul	sullo	sull'	sulla	sui	sugli	sulle

ℹ Obwohl auch die Präposition con eine Verbindung mit dem Artikel eingehen kann, werden die daraus entstehenden Formen wie col/colla/coi/cogli nur in der gesprochenen Sprache verwendet:
Il mio professore ha avuto sempre un buon rapporto **con gli** (= cogli) studenti.
Mein Professor hat immer ein gutes Verhältnis zu den Studenten gehabt.

A2

2.4 Der Teilungsartikel

Der Teilungsartikel entsteht durch die Verschmelzung der Präposition di mit dem bestimmten Artikel. Er wird verwendet, um eine unbestimmte Menge oder Anzahl von Dingen, Gegenständen und Abstrakta auszudrücken. Er bleibt in der Regel unübersetzt.

Im Singular bedeutet der Teilungsartikel *ein wenig, etwas*:
Vado a comprare **del** pane. *Ich gehe Brot einkaufen.*
Scusi, dove posso comprare **dello** zucchero? *Entschuldigung, wo kann ich Zucker kaufen?*

Im Plural steht der Teilungsartikel in der Bedeutung von *etwas, einige*:
Senti anche tu dei rumori? *Hörst du auch Geräusche?*
Vado a comprare delle cartoline. *Ich gehe (ein paar) Postkarten kaufen.*
Ci sono delle novità. *Es gibt (einige) Neuigkeiten.*

Der Teilungsartikel entfällt:

- bei verneinten Sätzen: B1
  Non ho soldi. *Ich habe kein Geld.*
  Non c'è più pane in casa. *Es gibt kein Brot mehr im Haus.*

- bei Aufzählungen:
  Vado a comprare cartoline, francobolli e carta da lettere. *Ich gehe Postkarten, Briefmarken und Briefpapier kaufen.*

- nach Wendungen mit der Präposition **di**:
  Ho bisogno di soldi. *Ich brauche Geld.*
  Mi interesso molto di chimica. *Ich interessiere mich sehr für Chemie.*

Die Verwendung des Teilungsartikels unterliegt im Italienischen keinen strengen Regeln. In manchen Fällen ist seine Verwendung auch fakultativ:

Vorrei del vino.
Vorrei un po' di vino. } *Ich möchte Wein.*
Vorrei vino.

Zwischentest 2

A1 **1. Welcher bestimmte Artikel passt?**

.... camera da letto è molto grande.

☐ a. il ☐ c. i
☐ b. la ☐ d. le

A1 **2. Was gehört in die Lücke?**

Ana Rosa è .... amica spagnola di mia figlia.

☐ a. uno ☐ c. un'
☐ b. una ☐ d. un

A2 **3. Welcher Satz ist richtig?**

☐ a. Lingue straniere sono difficili.
☐ b. Una lingue straniere sono difficili.
☐ c. La lingue straniere sono difficili.
☐ d. Le lingue straniere sono difficili.

A1 **4. Welcher Satz ist falsch?**

☐ a. Buongiorno, ingegner Ferro! ☐ c. Ingegner Ferro, buongiorno!
☐ b. Buongiorno, l'ingegner Ferro! ☐ d. Il signor Ferro è ingegnere.

B1 **5. Vor welchem Substantiv steht der bestimmte Artikel la?**

☐ a. .... Cuba è nel Mar dei Caraibi.
☐ b. .... Andorra è un paradiso fiscale.
☐ c. .... Pantelleria si trova nel canale di Sicilia.
☐ d. .... Sicilia è nel Sud Italia.

A1 **6. Wo steht der bestimmte Artikel il nicht?**

☐ a. .... mio papà è avvocato.
☐ b. .... mio zio Luigi vive in Australia.
☐ c. .... tuo cappotto è molto pesante.
☐ d. .... mio compleanno è il primo aprile.

A2 **7. Vor welchen zwei Substantiven steht die Artikelform uno?**

☐ a. specchio ☐ c. psicologa
☐ b. zolla ☐ d. studente

8. Welche Ergänzung passt? A1

In campagna .... tipico è l'ulivo.

- ☐ a. una pianta
- ☐ b. una olio
- ☐ c. un coltivazione
- ☐ d. un albero

9. Welcher Teilungsartikel gehört in die Lücke? A2

Vado a prendere .... latte.

- ☐ a. dello
- ☐ b. dell'
- ☐ c. del
- ☐ d. dei

10. Wo entfällt der Teilungsartikel del? A2

- ☐ a. Vado a comprare .... pane.
- ☐ b. Portami .... sale per favore.
- ☐ c. Non ho più .... latte in casa.
- ☐ d. Lucia, puoi prestarmi .... denaro?

11. Welche Präposition + Artikel ergänzt den Satz? A1

Quest'anno andiamo in Italia .... macchina di mio zio.

- ☐ a. nella
- ☐ b. con la
- ☐ c. sulla
- ☐ d. nell'

12. In welchen zwei Sätzen steht die Präposition + Artikel al? A1

- ☐ a. Spesso andiamo .... cinema.
- ☐ b. Mia moglie ritorna sempre .... verso mezzogiorno.
- ☐ c. A noi piace ascoltare .... musica rock.
- ☐ d. Tutti i turisti sono andati .... mercato.

13. Welche zwei Sätze sind richtig? A1

- ☐ a. I miei vestiti sono nell'armadio.
- ☐ b. La macchina di zio è molto vecchia.
- ☐ c. I figli dei miei vicini sono educati.
- ☐ d. La camera con la vista è più cara.

Lösungen

1 b. 2 c. 3 d. 4 b. 5 d. 6 b. 7 a., d. 8 d. 9 c.
10 c. 11 b. 12 a., d. 13 a., c.

A1

3 Das Substantiv

Das Wichtigste in Kürze

Substantive können im Italienischen nur **maskulin** oder **feminin** sein.
Substantive,
die auf **-o** enden, sind in der Regel maskulin,
die auf **-a** hingegen feminin.

Substantive auf **-e** können entweder maskulin oder feminin sein, z. B. **il pane, la chiave**.

In der Regel enden Substantive auf **-o** und **-e** im Plural auf **-i**, Substantive auf **-a** enden im Plural in der Regel auf **-e**.

Es gibt jedoch einige Besonderheiten.

3.1 Der Singular

A1

Formen

Substantive, die im im Singular auf **-o** enden, sind in der Regel maskulin (**il naso** *die Nase*), Substantive, die auf **-a** enden, feminin (**la sera** *der Abend*). Die Substantive, die im Singular auf **-e** enden, können feminin (**la torre** *der Turm*) oder maskulin (**il sole** *die Sonne*) sein.

3.2 Das Genus

Bei der Genusbestimmung eines italienischen Substantivs sind Bedeutung und Wortendung hilfreich, da diese häufig Rückschlüsse auf das Genus eines Substantivs zulassen.

Das Genus der deutschen Entsprechungen zu italienischen Substantiven führt oft zu falschen Schlussfolgerungen, wie exemplarisch **il latte** *die Milch* zeigt: Im Italienischen ist sie maskulin, im Deutschen aber feminin.

Das Genus bei Lebewesen

Bei Lebewesen besteht weitgehend eine Übereinstimmung von Genus und Sexus, d. h. grammatischem und natürlichem Genus. Demgemäß sind Substantive, die männliche Lebewesen bezeichnen, maskulin:

l'uomo *der Mann*, **il fratello** *der Bruder*, B2 **l'attore** *der Schauspieler*, B2 **il leone** *der Löwe*, **il gatto** *der Kater*

Substantive, die weibliche Lebewesen bezeichnen, sind feminin:

la donna *die Frau*, **la madre** *die Mutter*, **la sorella** *die Schwester*, B2 **la leonessa** *die Löwin*, **la gatta** *die Katze*

Ausnahmen bei der Bezeichnung von Lebewesen:
Bei einigen Berufsbezeichnungen wird üblicherweise die maskuline Form auch für weibliche Personen verwendet: **il medico** *der Arzt/die Ärztin*, **il giudice** *der Richter/die Richterin*, **l'architetto** *der Architekt/die Architektin*.

Auch gibt es im Bereich der Musik maskuline Substantive, wie z. B. **il soprano** *der Sopran/die Sopranistin* oder **il contralto** *der Alt/die Altistin*, die sich sowohl auf Frauen als auch auf Männer beziehen. In diesen Fällen vollzieht sich die Angleichung nach dem grammatikalischen Genus:
Maria Callas era un soprano eccezionalmente bravo. *Maria Callas war eine außerordentlich gute Sopranistin.*

B1 Das Genus bei Sachnamen und Abstrakta

Das grammatische Genus bei Sachnamen lässt sich in einigen Fällen aus der Zugehörigkeit zu einer bestimmten Gruppe erschließen. Demnach sind der Bedeutung nach maskulin:

	Maskuline Substantive	Ausnahmen
Bäume	B2 l'arancio *der Orangenbaum* B2 il melo *der Apfelbaum* C1 il pino *die Pinie* l'ulivo *der Olivenbaum*	C1 la palma *die Palme* B2 la vite *der Weinstock*
Berge + Vulkane	il Cervino *das Matterhorn* l'Etna *der Ätna*	la Maiella *die Maiella*
Meere	il Pacifico *der Pazifik* il Tirreno *das Tyrrhenische Meer*	
Flüsse	il Tevere *der Tiber* il Po *der Po*	la Senna *die Seine*
Seen	il Garda *der Gardasee*	
Metalle + chemische Elemente	l'oro *das Gold* il ferro *das Eisen* C1 il rame *das Kupfer*	
Himmelsrichtungen	B2 il sud *der Süden* C1 l'oriente *das Morgenland*	
Monatsnamen + Wochentage	il gennaio *der Januar* il dicembre *der Dezember* il sabato *der Samstag*	la domenica *der Sonntag*

Der Wortendung nach sind maskulin:

- Substantive auf **-o**:
  il tempo *die Zeit*, **l'orologio** *die Uhr*, B2 **il cardiologo** *der Kardiologe.*
  Ausnahme: **la mano** *die Hand*, **la foto(grafia)** *das Foto*, **la radio** *das Radio*, B2 **l'auto(mobile)** *das Auto(mobil)*
- viele Substantive auf **-e**:
  il dente *der Zahn*, **il pane** *das Brot*, **il monte** *der Berg*, **il ponte** *die Brücke*, **l'amore** *die Liebe.*
  L! Wörter, die auf **-ore**, **-ale** und **-ile** enden, sind immer maskulin: B2 **il muratore** *der Maurer*, B2 **l'impermeabile** *der Regenmantel.*
- Substantive, die auf einen Konsonanten enden und im Plural unverändert bleiben:
  il bar *die Bar* → **i bar, il tram** *die Straßenbahn* → **i tram, il film** *der Film* → **i film.**

Der Bedeutung nach feminin sind:

	Feminine Substantive	Ausnahmen
Früchte	B2 la ciliegia *die Kirsche* la mela *der Apfel* la pera *die Birne* la banana *die Banane*	il limone *die Zitrone, der Zitronenbaum* C1 il mandarino *die Mandarine, der Mandarinenbaum*
Wissenschaften	B2 la chimica *die Chemie* B2 la fisica *die Physik*	
Abstrakta	B2 la giustizia *die Justiz, die Gerechtigkeit* B2 la fede *der Glauben*	
Kontinente	l'Europa *Europa* l'Africa *Afrika*	
Staaten	l'Italia *Italien* la Germania *Deutschland*	il Belgio *Belgien* l'Egitto *Ägypten*
Regionen	la Toscana *die Toskana* la Lombardia *die Lombardei*	il Piemonte *Piemont* il Lazio *Latium*
Inseln	la Sardegna *Sardinien* la Sicilia *Sizilien*	C1 il Madagascar *Madagaskar*
Städte	Roma *Rom* Berlino *Berlin*	il Cairo *Kairo*

Der Wortendung nach sind feminin:

- Substantive auf **-a**:
  la casa *das Haus*, **la sedia** *der Stuhl*, **la terra** *die Erde*
  Ausnahme: Maskuline Substantive, die meist aus dem Griechischen stammen, wie B2 **il diploma** *das Diplom*, B2 **il problema** *das Problem*, B2 **il poeta** *der Dichter*
- Substantive auf **-i**:
  B2 **la crisi** *die Krise*, B2 **la tesi** *die These*, C1 **l'oasi** *die Oase*
  Ausnahme: B2 **il brindisi** *der Trinkspruch*
- Substantive auf **-tà** und **-tù**, die unveränderlich sind:
  B2 **la mentalità** *die Mentalität*, C1 **la schiavitù** *die Sklaverei*
- einige Substantive auf **-e**:
  la notte *die Nacht*, B2 **la mente** *der Geist, Verstand*, B2 **la passione** *die Leidenschaft*

L! Wörter, die auf **-essa**, **-ice** und **-ione** enden, sind immer feminin:
la studentessa *die Studentin*, B1 **l'attrice** *die Schauspielerin*, **la colazione** *das Frühstück*.

B2

Besonderheiten

Einige Substantive, die formal identisch, d. h. sowohl maskulin als auch feminin endungsgleich sind, haben genusabhängig eine unterschiedliche Bedeutung:

il capitale *das Kapital*	–	**la capitale** *die Hauptstadt*
il fine *der Zweck*	–	**la fine** *das Ende*
C1 **il fonte** *das Taufbecken*	–	C1 **la fonte** *die Quelle*
il fronte *die Front*	–	**la fronte** *die Stirn*
il radio *das Radium*	–	**la radio** *das Radio*

C1 Eine andere Gruppe von Substantiven wechselt die Endung genuskonform und hat eine voneinander unabhängige Bedeutung:

il **buco** *das Loch*	–	la **buca** *die Grube*
il **foglio** *das Blatt (Papier)*	–	la **foglia** *das Blatt (einer Pflanze)*
il **panno** *das Tuch*	–	la **panna** *die Sahne*
il **pezzo** *das Stück*	–	la **pezza** *der Flicken*
il **pianto** *das Weinen*	–	la **pianta** *die Pflanze*
il **porto** *der Hafen*	–	la **porta** *die Tür*
il **regolo** *der Rechenschieber*	–	la **regola** *die Regel*

A1

3.3 Der Plural

Formen

Der Plural der Substantive wird durch die Änderung der Singularendung (▷ 3.1) gebildet. Es gibt nur die zwei Pluralendungen **-i** und **-e**.

Endung	Singular	Plural
-o → i	il gatt**o** *die Katze*	i gatt**i**
	il tavol**o** *der Tisch*	i tavol**i**
-a → e	la cart**a** *das Papier*	le cart**e**
	l'autostrad**a** *die Autobahn*	le autostrad**e**
-e → i	la nav**e** *das Schiff*	le nav**i**
	B2 la canzon**e** *das Lied*	le canzon**i**
	il pesc**e** *der Fisch*	i pesc**i**

B2

Besonderheiten

Bei der Bildung des Plurals gibt es zahlreiche Sonderfälle:
Maskuline Substantive auf **-a** bilden den Plural auf **-i**: **il problema** *das Problem* → **i problemi**, **il giornalista** *der Journalist* → **i giornalisti**.

Substantive auf **-ca/-ga** bilden den Plural auf **-chi/-ghi**, wenn sie maskulin sind, feminine Substantive entsprechend auf **-che/-ghe**:

Endung -ca/-ga	Singular	Plural
maskulin	C1 il patriar**ca** *der Patriarch*	i patriar**chi**
	il colle**ga** *der Kollege*	i colle**ghi**
feminin	la bar**ca** *das Boot*	le bar**che**
	la botte**ga** *das Geschäft*	le botte**ghe**

Substantive auf **-cia/-gia** verhalten sich bei der Pluralbildung unterschiedlich:

Endung -cia/-gia	Singular	Plural
betontes i und/oder vorangehender Vokal	la farma**cia** *die Apotheke*	le farma**cie**
	la vali**gia** *der Koffer*	le vali**gie**
vorangehender Konsonant	la provin**cia** *die Provinz*	le provin**ce**
	la spiag**gia** *der Strand*	le spiag**ge**

Die Pluralbildung der Substantive auf **-co/-go** hängt von der betonten Silbe ab:

Endung -co/-go	Singular	Plural
vorletzte Silbe betont	il cuo**co** *der Koch*	i cuo**chi**
	il tedes**co** *der Deutsche*	i tedes**chi**
	l'alber**go** *das Hotel*	gli alber**ghi**
	C1 il ma**go** *der Zauberer*	i ma**ghi**
drittletzte Silbe betont	il medi**co** *der Arzt, die Ärztin*	i medi**ci**
	l'austria**co** *der Österreicher*	gli austria**ci**
	C1 l'aspara**go** *der Spargel*	gli aspara**gi**

Ausnahmen: **l'ami*co*** *der Freund* → **gli amici**, **il gre*co*** *der Grieche* → **i greci**, C1 **il vali*co*** *der Bergpass* → **i valichi**, C1 **il profu*go*** *der Flüchtling* → **i profughi**.

Einige Substantive können im Italienischen aber auch beide Pluralformen haben:
il chirurgo *der Chirurg* → **i chirurgi/chirurghi**, **il manico** *der Griff* → **i manichi/manici**, **lo stomaco** *der Magen* → **gli stomachi/stomaci**

Merken Sie sich bei Substantiven, die auf **-logo** enden, folgende Regel: Die Endung wird im Plural zu **-logi** bei Substantiven, die Personen bezeichnen, und zu **-loghi** bei denen, die Sachen benennen:
il radiologo *der Radiologe* → **i radiologi**, C1 **il decalogo** *die Zehn Gebote* → **i decaloghi**

B1 Einige Gruppen von Substantiven bleiben im Plural unverändert. Die Verwendung im Plural ist hier nur an Begleitwörtern wie z. B. dem Artikel erkennbar:

- maskuline Substantive auf **-a**:
  C1 **il vaglia** *die Postanweisung* → **i vaglia** / **il cinema** *das Kino* → **i cinema**
- feminine Substantive auf **-o**:
  la radio *das Radio* → **le radio** / **la foto** *das Foto* → **le foto**
- Substantive auf **-ie** (die alle feminin sind):
  la serie *die Serie* → **le serie** / B2 **la barbarie** *die Barbarei* → **le barbarie**
  Ausnahme: **la moglie** *die Ehefrau* → **le mogli**
- Substantive auf **-i**:
  C1 **l'oasi** *die Oase* → **le oasi**
- Substantive mit betonter Endsilbe:
  il caffè *der Kaffee* → **i caffè**
- Substantive, die auf einen Konsonanten enden:
  il goal *das Tor* → **i goal**

Einige Substantive werden nur im Plural verwendet:
i soldi *das Geld*, **gli occhiali** *die Brille*

B2 Eine Reihe von Substantiven wird nie im Plural verwendet (wie beispielsweise im Deutschen *Leute*):

- abstrakte Substantive:
  il coraggio *der Mut*, **la superbia** *der Hochmut*, **l'umiltà** *die Demut*
- Kollektivnamen:
  la roba *die Sachen*, **la gente** *die Leute*
- Krankheiten:
  il tifo *der Typhus*, **la malaria** *die Malaria*
- chemische Elemente und Metalle:
  l'ossigeno *der Sauerstoff*, **il piombo** *das Blei*

C1 Substantive, die zwei Pluralformen mit unterschiedlicher Bedeutung haben:

il braccio *der Arm*	→	**le braccia** *die Arme*, **i bracci** *die Armlehnen*
il cervello *das Gehirn*	→	**i cervelli** *die besten Köpfe*, **le cervella** *die Hirnmasse*
il ciglio *der Rand*	→	**i cigli** *die Ränder*, **le ciglia** *die Wimpern*
il frutto *die Frucht*	→	**i frutti** *die Früchte*, **la frutta** *das Obst*
il muro *die Mauer*	→	**i muri** *die Mauern (eines Hauses)*, **le mura** *die Stadtmauern*

Einige Substantive bilden eine eigenständige Pluralform, die erheblich vom Singular abweichen kann: **l'uomo** *der Mann* → **gli uomini**, B1 **il dio** *der Gott* → **gli dei**.

3.4 Die Komposita

A2

Komposita können sich im Italienischen aus zwei Substantiven, Substantiv plus Adjektiv oder Verb oder auch Verbindungen von Verben und anderen Wortarten zusammensetzen. Wie im Deutschen gibt es auch im Italienischen zusammengesetzte Substantive, die aus einem Wort bestehen, d. h. zusammengeschrieben werden: **il capostazione** *der Bahnhofvorsteher*. Die meisten Komposita sind jedoch mehrteilig. Sie werden in der Regel mit einer Präposition wie **di**, **da** oder **a** gebildet: **la stanza da pranzo** *das Esszimmer*, **il ferro da stiro** *das Bügeleisen*, **la strada a senso unico** *die Einbahnstraße*.

Bei der Pluralbildung der einteiligen Komposita gibt es mehrere Möglichkeiten, die meist von der Art der Zusammensetzung des Kompositums abhängig sind. In den meisten Fällen wird das zweite Element in den Plural gesetzt:

Substantiv + Substantiv:	**la ferrovia** *die Eisenbahn*	→ **le ferrovie**
Adjektiv + Substantiv:	**il francobollo** *die Briefmarke*	→ **i francobolli**
Verb + maskulines Substantiv im Singular:		
	il passatempo *der Zeitvertreib*	→ **i passatempi**

Auch beide Elemente können den Plural bilden:

Substantiv + Adjektiv:	C1 **la cassaforte** *der Geldschrank*	→ **le casseforti**

Unveränderlich im Plural sind beispielsweise:

Verb + Verb:	C1 **il dormiveglia** *der Halbschlaf*	→ **i dormiveglia**
Verb + Adverb:	C2 **il posapiano** *der träge Mensch*	→ **i posapiano**
Verb + Substantiv im Plural:		
	C1 **il cavatappi** *der Korkenzieher*	→ **i cavatappi**
Verb + feminines Substantiv im Singular:		
	C1 **il salvagente** *der Rettungsring*	→ **i salvagente**

Ausnahmen: C1

- Zusammensetzungen mit **alto** *hoch* und **basso** *tief* haben zwei Pluralformen: C2 **il bassorilievo** *das Basrelief* → **i bassorilievi** oder **i bassirilievi, l'altopiano** *die Hochebene* → **gli altopiani** oder **gli altipiani**
- Zusammensetzungen mit dem Adjektiv **mezza** *halb* verändern in der Regel auch das Adjektiv: C2 **mezzaluna** *Halbmond* → **mezzelune**.
- Bei **il palcoscenico** *die Bühne* steht trotz der Zusammensetzung aus Substantiv und Adjektiv nur das zweite Element im Plural: **i palcoscenici**.

Bei mehrteiligen Komposita, die getrennt geschrieben oder durch eine Präposition verbunden werden, setzt man das erste Element in den Plural: C1

il vagone letto *der Schlafwagen*	→	**i vagoni letto**
la bolletta di consegna *der Lieferschein*	→	**le bollette di consegna**

Zwischentest 3

A2 **1. Welches Substantiv ist feminin?**

- [ ] a. cavallo
- [ ] b. attore
- [ ] c. radio
- [ ] d. diploma

A2 **2. Wie lautet der Plural von mano?**

- [ ] a. i mani
- [ ] b. le mani
- [ ] c. le mane
- [ ] d. i mane

B1 **3. Welche Form stimmt?**

- [ ] a. uno problemo
- [ ] b. una problema
- [ ] c. un problema
- [ ] d. un problemo

C1 **4. Wie heißt *die Götter* auf Italienisch?**

- [ ] a. gli dei
- [ ] b. i dii
- [ ] c. le dee
- [ ] d. i divi

B1 **5. In welcher Reihe ist ein feminines Substantiv enthalten?**

- [ ] a. abete, melo, pino, pioppo
- [ ] b. Tevere, Garda, Tirreno, Adriatico
- [ ] c. ferro, argento, oro, zinco
- [ ] d. lunedì, domenica, sabato, giovedì

B2 **6. Welche Endung muss das Wort im Singular erhalten?**

l'oas......

- [ ] a. -a
- [ ] b. -o
- [ ] c. -i
- [ ] d. -e

B1 **7. Welche Regel trifft zu?**

- [ ] a. Substantive auf -tà sind feminin.
- [ ] b. Substantive auf -tù sind maskulin.
- [ ] c. Substantive auf -ore sind feminin.
- [ ] d. Substantive auf -ale sind feminin.

A1 **8. Wie lautet der Plural von il collega?**

- [ ] a. colleghe
- [ ] b. collegi
- [ ] c. colleghi
- [ ] d. college

9. Welche Ergänzung passt zum Satz? B2

Roma è .... d'Italia.

- ☐ a. il capitale
- ☐ b. la capitale
- ☐ c. il capoluogo
- ☐ d. la capoluogo

10. Welche Pluralbildung stimmt nicht? B2

- ☐ a. la bottega → le botteghe
- ☐ b. il patriarca → i patriarchi
- ☐ c. la banca → le banche
- ☐ d. il banco → i banci

11. Wie heißt die weibliche Form von studente? A2

- ☐ a. studenta
- ☐ b. studentessa
- ☐ c. studentrice
- ☐ d. studessa

12. Was passt in die Lücke? C1

Molte città italiane sono circondate da .... medievali.

- ☐ a. mure
- ☐ b. muro
- ☐ c. mura
- ☐ d. muri

13. Was ist die Pluralform des Kompositums? B2

- ☐ a. vagoni ristoranti
- ☐ b. vagone ristoranti
- ☐ c. vagone ristorante
- ☐ d. vagoni ristorante

14 Welche Endung ist zu ergänzen? B1

Mio fratello ha il diplom...... di tecnico elettronico.

- ☐ a. -i
- ☐ b. -a
- ☐ c. -o
- ☐ d. -e

15. Wie lautet die richtige Pluralendung? C1

gli uom......

- ☐ a. -ini
- ☐ b. -i
- ☐ c. -ine
- ☐ d. -ino

Lösungen

1c. 2b. 3c. 4a. 5d. 6c. 7a. 8c.
9b. 10d. 11b. 12c. 13d. 14b. 15a.

A1

4 Das Adjektiv

Das Wichtigste in Kürze

Die Mehrheit der Adjektive
- endet genusabhängig auf **-o** bzw. **-a** und
- passt sich in **Genus** und **Numerus**

an das Substantiv an, das sie begleitet.

Sie sind ihrem Bezugswort in der Regel nachgestellt.

Einige Adjektive wie **bello** und **buono** haben vor einem Substantiv unregelmäßige Endungen, die vom Anfangsbuchstaben des folgenden Wortes abhängen.

Adjektive lassen sich der Form nach in zwei Gruppen einteilen:

- 1. Gruppe: Adjektive, die im Singular und im Plural je eine maskuline und eine feminine Form besitzen.
- 2. Gruppe: Adjektive, die im Singular nur eine Form für Maskulinum und Femininum und dementsprechend eine einzige Pluralform haben.

Formen

Der Singular

	Singularendung		Beispiele
1. Gruppe	maskulin:	-o	un libro strano *ein merkwürdiges Buch*
	feminin:	-a	B2 una situazione strana *eine sonderbare Situation*
2. Gruppe	maskulin + feminin	-e	un saluto C1 cordiale *ein herzlicher Gruß*
			una persona cordiale *eine freundliche Person*

Der Plural

Die Pluralbildung der Adjektive folgt den gleichen Regeln wie denen der Substantive (▷ 3):

Singularendung **-o**: → Pluralendung **-i**

Singularendung **-a**: → Pluralendung **-e**

Singularendung **-e**: → Pluralendung **-i**

	Pluralendung		Beispiele
1. Gruppe	maskulin:	-i	libri strani *merkwürdige Bücher*
	feminin:	-e	situazioni strane *sonderbare Situationen*
2. Gruppe	maskulin + feminin	-i	saluti cordiali *herzliche Grüße*
			persone cordiali *freundliche Personen*

⚡ Adjektive mit der Endung **-ista** haben nur eine Singularform: **una persona** B1 **egoista** *eine egoistische Person*, B1 **il partito socialista** *die sozialistische Partei*.

Im Plural unterscheiden sich aber die Maskulinum- und die Femininumform dieser Adjektive voneinander:
le persone egoiste *die egoistischen Personen*, **i partiti socialisti** *die sozialistischen Parteien*.

Stellung

Anders als im Deutschen steht das Adjektiv im Italienischen meistens nach dem Substantiv, auf das es sich bezieht:

Una macchina **nera** li seguì. *Ein **schwarzer** Wagen folgte ihnen.*

Marco non è contento del lavoro d'ufficio **faticoso** e **monotono**. *Marco ist mit der **anstrengenden** und **eintönigen** Arbeit im Büro nicht glücklich.*

B2 Folgende Adjektive werden immer nachgestellt:

- Farbe: un quaderno **bianco** *ein **weißes** Heft*
- Form: un tavolo **quadrato** *ein **viereckiger** Tisch*
- Nationalität: la (squadra) nazionale **italiana** *die **italienische** Nationalmannschaft*
- Zugehörigkeit (geografisch, politisch, religiös): un vino **toscano** *ein **toskanischer** Wein*, il partito **liberale** *die **liberale** Partei*, nella chiesa **cattolica** *in der **katholischen** Kirche*
- C1 adjektivisch verwendete Partizipien: un lavoro **interessante** *eine **interessante** Arbeit*, foto **ritoccate** ***retuschierte** Fotos*
- C1 mehrere hintereinander stehende Adjektive, die sich auf das gleiche Wort beziehen: scarpe **leggere** e **comode** ***leichte** und **bequeme** Schuhe*

C1 ⚡ Bei einigen Adjektiven kann ein Wechsel der Position zu einer Bedeutungsverschiebung führen. Steht das Adjektiv vor dem Substantiv, hat es eine allgemein beschreibende Funktion, steht es danach, hat es eine unterscheidende Funktion.

C2 Völlig unterschiedliche Bedeutung haben folgende Adjektive, je nachdem, ob sie dem Substantiv voran- oder nachgestellt sind:

	vorangestelltes Adjektiv	nachgestelltes Adjektiv
grande	un **grand**'uomo *ein **großartiger** Mensch*	un uomo **grande** *ein **großer** Mensch*
curioso	una **curiosa** persona *eine **seltsame** Person*	una persona **curiosa** *eine **neugierige** Person*
caro	una **cara** zia *eine **liebe** Tante*	una vacanza **cara** *ein **teurer** Urlaub*
semplice	un **semplice** saluto ***nur ein** Gruß*	un concetto **semplice** *ein **einfacher** Begriff*
povero	un **pover**'uomo *ein **bedauernswerter** Mann*	un uomo **povero** *ein **mittelloser** Mann*
solo	una **sola** parola *ein **einziges** Wort*	una parola **sola** ***nur ein** Wort*
certo	un **certo** aiuto *eine **gewisse** Hilfe*	un aiuto **certo** *eine **sichere** Hilfe*

4.1 Das unveränderliche Adjektiv

B1

Folgende Adjektive sind unveränderlich:

- pari *gleich/gerade*, impari *ungleich/ungerade* und dispari *ungerade*:
  il numero **dispari** *die ungerade Zahl*, i numeri **dispari** *die ungeraden Zahlen*
- Adjektive, die aus einer Fremdsprache übernommen wurden, wie super *super*, chic *schick*:
  un **super** quiz *ein Superquiz*, una gonna **chic** *ein schicker Rock*
- Farbadjektive wie rosa *rosa*, blu *blau*, beige *beige*, viola *lila*:
  il cielo **rosa** *der rosa Himmel*, il mare **blu** *das blaue Meer*, due maglioni **beige** *zwei beige Pullover*
- Farbadjektive, die zusammen mit chiaro *hell*, scuro *dunkel* oder mit Substantiven auftreten:
  dei pantaloni **verde scuro** *dunkelgrüne Hosen*, una giacca **rosso fuoco** *eine feuerrote Jacke*

4.2 Besonderheiten

B1

Die Adjektive bello *schön*, quello *jener*, buono *gut*, grande *groß* und santo *heilig* haben vor einem Substantiv, Zahlwort oder Possessivpronomen unregelmäßige Endungen, die vom Anfangsbuchstaben des folgenden Wortes abhängen. Attributiv verwendet verhalten sich bello *schön* und quello *jener* wie der bestimmte Artikel (▷ 2.1):

	Singular	Plural
maskulin	un bel viso *ein schönes Gesicht*	bei visi *schöne Gesichter*
	un bell'uccello *ein schöner Vogel*	begli uccelli *schöne Vögel*
	un bello stadio *ein schönes Stadium*	begli stadi *schöne Stadien*
feminin	una bella stagione *eine schöne Jahreszeit*	belle stagioni *schöne Jahreszeiten*
	una bell'abitudine *eine schöne Gewohnheit*	belle abitudini *schöne Gewohnheiten*

Quello verhält sich analog: quel giovane *jener junge Mann*, quello studente *jener Student* usw.

Im Singular verhält sich buono *gut* vor einem Substantiv wie der unbestimmte Artikel (▷ 2.2):

	Singular	Plural
maskulin	un buon libro *ein gutes Buch*	buoni libri *gute Bücher*
	un buon obiettivo *ein gutes Ziel*	buoni obiettivi *gute Ziele*
	un buono spettacolo *eine gute Vorstellung*	buoni spettacoli *gute Vorstellungen*
feminin	una buona soluzione *eine gute Lösung*	buone soluzioni *gute Lösungen*
	una buon'amica *eine gute Freundin*	buone amiche *gute Freundinnen*

Die Adjektive **grande** *groß* und B2 **santo** *heilig* können vor einem Substantiv im Singular zu **gran** und **san** gekürzt werden. Bei **santo** geschieht das vor Eigennamen und bei **grande** vor allem, wenn der unbestimmte Artikel vorausgeht. Diese Veränderung unterbleibt vor Substantiven, die mit **s** + Konsonant, **z**, **gn**, **pn**, **ps** anfangen:

- **grande**: **un grande** B2 **psicologo** *ein großer Psychologe*, **un grande** B2 **pneumatico** *ein großer Reifen*, **un grande** C2 **gnostico** *ein großer Gnostiker*, **un grande** C1 **zaino** *ein großer Rucksack*
- **santo**: **San Giovanni** *der heilige Johannes*, **Sant'Anna** *die heilige Anna*

A1 4.3 Die Angleichung des Adjektivs

Das Adjektiv kann attributiv oder prädikativ gebraucht werden. Attributiv steht es bei einem Substantiv. In prädikativer Verwendung steht es hingegen in Verbindung mit Verben wie **essere** *sein*, **diventare** *werden* und **sembrare** *scheinen*. In beiden Fällen richtet sich das Adjektiv nach dem Substantiv.

Die Angleichung an ein Substantiv

Das attributiv oder prädikativ gebrauchte Adjektiv passt sich in Genus und Numerus dem Substantiv an, auf das es sich bezieht:

	Angleichung im Singular	Angleichung im Plural
attributiv	Un B2 virus **pericoloso** ha bloccato il nostro computer. *Ein **gefährliches** Virus hat unseren PC lahmgelegt.* Un motorino **veloce** ci superò. *Ein **schnelles** Moped überholte uns.*	Virus **pericolosi** hanno bloccato i nostri computer. ***Gefährliche** Viren haben unsere PCs lahmgelegt.* Motorini **veloci** ci superarono. ***Schnelle** Mopeds überholten uns.*
prädikativ	Questo virus potrebbe essere **pericoloso**. *Dieses Virus könnte **gefährlich** sein.* Il motorino sembrava molto **veloce**. *Das Moped sah sehr **schnell** aus.*	Questi virus potrebbero essere **pericolosi**. *Diese Viren könnten **gefährlich** sein.* I motorini sembravano molto **veloci**. *Die Mopeds sahen sehr **schnell** aus.*

B2 Bezieht sich ein Adjektiv auf ein unbestimmtes Subjekt, wie dies in unpersönlichen Ausdrücken der Fall ist, steht es im Maskulinum Plural:
Ci sono molti modi per diventare B1 **famosi.** *Es gibt viele Wege, **berühmt** zu werden.*

A2 Die Angleichung an mehrere Substantive

Bezieht sich ein Adjektiv auf mehrere Substantive, gibt es zwei Möglichkeiten:

- Bei Substantiven mit gleichem Genus erhält das Adjektiv dieses Genus und steht im Plural:
  una sciarp**a** e una B1 bors**a** car**e** *ein **teurer** Schal und eine **teure** Tasche*,
  un B2 cappell**o** e un B1 cappott**o** ner**i** *ein **schwarzer** Hut und ein **schwarzer** Mantel.*
- Bei Substantiven mit unterschiedlichen Genera steht das Adjektiv im Maskulinum Plural:
  una camici**a** e un giubbott**o** nuov**i** *ein **neues** Hemd und eine **neue** Sportjacke*
  Ausnahme: un corso di lingua e B2 letteratur**a** italian**a** *ein **italienischer** Sprach- und Literaturkurs*.

Die Angleichung bei mehreren Adjektiven

A2 

Beziehen sich mehrere Adjektive auf ein Substantiv, wird jedes Adjektiv gemäß seiner Endung angeglichen:

Angleichung im Singular	Angleichung im Plural
un uomo presuntuos**o** e arrogant**e**	uomini presuntuos**i** e arrogant**i**
ein eingebildeter und arroganter Mann	*eingebildete und arrogante Männer*
una giornalista brav**a** e interessant**e**	giornaliste brav**e** e interessant**i**
eine gute und interessante Journalistin	*gute und interessante Journalistinnen*

C1

Bei zusammengesetzten Adjektiven wird – analog zu den Substantiven (▶ 3.4) – nur das zweite in den Plural gesetzt:
una salsa agro**dolce** *eine süßsaure Soße*, salse agro**dolci** *süßsaure Soßen*, il diritto sacro**santo** *das unantastbare Recht*, leggi sacro**sante** *unantastbare Gesetze*

4.4 Die Substantivierung

C1

Im Italienischen können fast alle Adjektive in Verbindung mit dem Artikel, einem anderen Adjektiv oder einem Zahlwort wie Substantive gebraucht werden:
i ricchi *die Reichen*, gli italiani *die Italiener*
Die Grundform des Adjektivs im Maskulinum Singular kann abstrakte Begriffe ersetzen:
il **bello** *das Schöne* = la **bellezza** *die Schönheit*
il **giusto** *das Richtige* = la **giustizia** *die Gerechtigkeit*

Der adjektivische Ursprung mancher Substantive ist teilweise nicht mehr zu erkennen: il giornale *die Zeitung*, la metropolitana *die U-Bahn*, il sonnifero *das Schlafmittel*, la circolare *der Rundbrief*.

Zwischentest 4

A1 **1. Welche Adjektivform ergänzt den Satz?**

Vorrei comprare un giubbotto di pelle ....

- a. neri
- b. nere
- c. nero
- d. nera

A2 **2. Welche beiden Adjektive passen in die Lücke?**

Un computer e un monitor ....

- a. vecchi
- b. vecchio
- c. nuovi
- d. vecchie

A1 **3. Wo steht das Adjektiv in der Regel?**

- a. nach dem Substantiv
- b. vor dem Substantiv
- c. am Satzanfang
- d. am Satzende

B1 **4. Welche beiden Ausdrücke sind korrekt?**

- a. la islamica comunità
- b. la comunità islamica
- c. un prodotto tedesco
- d. un tedesco prodotto

A2 **5. Wie heißt die passende Adjektivendung?**

Vorrei comprare una maglietta marron...... .

- a. -a
- b. -e
- c. -i
- d. -o

A1 **6. Welches Adjektiv fehlt?**

Fare il dj è faticoso, ma ....

- a. pesante
- b. stancante
- c. contento
- d. interessante

B1 **7. In welchem Satz stimmt die Adjektivstellung?**

- a. Ho amici pochi.
- b. Ho pochi amici.
- c. Pochi amici ho.
- d. Pochi ho amici.

B1 **8. Welcher Ausdruck ist nicht korrekt?**

- a. bello volto
- b. bell'unione
- c. bei film
- d. begli sportivi

9. Wie muss die Adjektivendung ergänzt werden? B2

Ho un motorino e una bici ross...... .

- ☐ a. -a
- ☐ b. -e
- ☐ c. -i
- ☐ d. -o

10. Welches Adjektiv steht immer vor dem Substantiv? B2

- ☐ a. beige
- ☐ b. terzo
- ☐ c. cattolico
- ☐ d. romano

11. Wie ist Carlo? B2

Carlo si interessava di tutto e di tutti.

- ☐ a. interessant
- ☐ b. vielbeschäftigt
- ☐ c. neugierig
- ☐ d. zurückhaltend

12. Was gehört in die Lücke? B2

In fase di decollo è meglio rimanere ....

- ☐ a. tranquille
- ☐ b. tranquilli
- ☐ c. tranquilla
- ☐ d. tranquillo

13. Was ist *ein seltsamer Mensch*? C2

- ☐ a. una persona appariscente
- ☐ b. una persona estranea
- ☐ c. una curiosa persona
- ☐ d. una persona discreta

14. Wie lautet die richtige Übersetzung? B1

scarpe a strisce gialle

- ☐ a. Schuhe mit gelben Streifen
- ☐ b. gelbe Schuhe
- ☐ c. gestreifte Schuhe
- ☐ d. graugestreifte Schuhe

15. Welches Wort ist bedeutungsgleich mit il bello? C1

- ☐ a. le belle maniere
- ☐ b. il bello stile
- ☐ c. il bel modo
- ☐ d. la bellezza

16. Welches Wort ergänzt die Regel? B1

.... kann keinen Plural bilden.

- ☐ a. chic
- ☐ b. elegante
- ☐ c. bello
- ☐ d. superiore

Lösungen

1 d. 2 a., c. 3 a. 4 b., c. 5 b. 6 d. 7 b. 8 a.
9 c. 10 b. 11 c. 12 b. 13 c. 14 a. 15 d. 16 a.

A1

5 Das Adverb

Das Wichtigste in Kürze

Das Adverb ist eine unveränderliche Wortart und dient dazu, Verben, Substantive, Adjektive, andere Adverbien und auch ganze Sätze näher zu bestimmen.

Anders als im Deutschen haben die meisten Adverbien im Italienischen eine eigene Form, die sie von den Adjektiven unterscheidet:
Sie enden vorwiegend auf **-mente**.

5.1 Das ursprüngliche und das abgeleitete Adverb

Der Form nach werden Adverbien entweder in einfache bzw. ursprüngliche und in abgeleitete eingeteilt. Zur ersten Gruppe zählen Adverbien wie **già** *schon*, **più** *mehr*, **mai** *nie*, **bene** *gut*, **forse** *vielleicht*, die nicht von Adjektiven abgeleitet und nicht an der Endung erkennbar sind. Die zweite Gruppe umfasst in der Regel von Adjektiven abgeleitete Adverbien, die größtenteils auf das Suffix **-mente** enden.

⚡ Es gibt darüber hinaus eine Gruppe von Adverbien, die aus zwei oder mehr Wörtern zusammengesetzt sind – wie **dappertutto (da per tutto)** *überall*, **almeno (al meno)** *mindestens*, **infatti (in fatti)** *in der Tat*, **perfino (per fino)** *sogar* – sowie adverbiale Ausdrücke bzw. feste Redewendungen wie **di rado** *selten* und **con piacere** *mit Freude* (▶ 5.2), die einen adverbialen Charakter haben.

Unabhängig von ihrer formalen Struktur teilt man Adverbien auch ihrer Bedeutung nach folgendermaßen ein:

Adverbarten	
Adverbien des Ortes (lokal)	qui *hier*, davanti *vor*, lì *dort*, vicino *nah*
Adverbien der Zeit (temporal)	ora *jetzt*, prima *erst*, dopo *danach*, presto *früh*, tardi *spät*
Adverbien der Art und Weise (modal)	volentieri *gern*, calorosamente *warmherzig*, bene *gut*, male *schlecht*
Adverbien der Menge	poco *wenig*, abbastanza *genug*, molto *viel*, niente *nichts*
Adverbien der Bejahung, der Verneinung und des Zweifels	sì *ja*, proprio *gerade*, sicuro *sicher*, no *nein*, non *nicht*, nemmeno *nicht einmal*, forse *vielleicht*, probabilmente *wahrscheinlich*
Frageadverbien	come? *wie?* dove? *wo?* perché? *warum?*

Stellung

Adverbien stehen in ihrer Funktion, Adjektive, Adverbien, Verben, Satzteile und ganze Sätze näher zu bestimmen, entweder direkt vor oder nach ihrem Bezugselement.

A2

Im Allgemeinen gelten für die Position des Adverbs folgende Regeln:

- Das Adverb steht vor einem Adjektiv oder einem anderen Adverb:
  È troppo bello per essere vero! *Es ist **zu** schön, um wahr zu sein!*
  Barbara parla **discretamente bene** l’italiano. *Barbara spricht **ziemlich gut** Italienisch.*
- Das Adverb steht am Satzanfang, wenn es sich auf den ganzen Satz bezieht:
  Generalmente mio padre va in ufficio alle otto. *Gewöhnlich geht mein Vater um acht (Uhr) ins Büro.*
  Casualmente ho visto un vecchio compagno di scuola. *Zufällig habe ich einen alten Schulkameraden gesehen.*

- Adverbien des Ortes können entweder am Satzanfang oder am Satzende stehen:
  Lì c'è un bar. ***Dort** ist eine Bar.*
  Sandro, per favore vieni **qui**! *Sandro, komm bitte **hierher**!*
- Adverbien der Art und Weise werden bei den einfachen Zeiten direkt hinter das Verb, bei den zusammengesetzten Zeiten hinter das Partizip Perfekt gestellt.
  Andreas parla **bene** l'italiano. *Andreas spricht **gut** Italienisch.*
  Hai risposto **velocemente** alle domande. *Du hast die Fragen **schnell** beantwortet.*
- Adverbien der Zeit mit bestimmter Zeitangabe können am Anfang (bei Hervorhebung durch den Sprecher) oder am Ende eines Satzes stehen:
  Alle tre di pomeriggio sono arrivato alla stazione. ***Um drei Uhr nachmittags** bin ich am Bahnhof angekommen.*
  Domani vado a giocare a pallone con gli amici. ***Morgen** gehe ich mit meinen Freunden Fußball spielen.*
  Partiamo per gli Stati Uniti **fra un paio di giorni**. ***In ein paar Tagen** reisen wir in die Vereinigten Staaten.*
- Adverbien der Zeit mit unbestimmter Zeitangabe, wie già *schon*, quasi *fast*, sempre *immer*, mai *nie*, stehen bei den einfachen Zeiten in der Regel nach dem Verb:
  Vai **sempre** al cinema di domenica? *Gehst du sonntags **immer** ins Kino?*
  Ma è **quasi** sera! *Aber es ist **fast** Abend!*
  ⚡ In Sätzen mit zusammengesetzten Zeiten stehen sie jedoch zwischen Hilfsverb und Partizip:
  Aspetta un attimo, ho **quasi/già** finito. *Warte einen Augenblick, ich bin **fast**/**schon** fertig.*
- Adverbien der Menge stehen nach dem Verb bzw. bei zusammengesetzten Zeiten nach dem Partizip Perfekt:
  Stai ingrassando da un mese, perché mangi **troppo**! *Du nimmst seit einem Monat zu, weil du **zuviel** isst.*
  In due giorni abbiamo visto **poco** di Roma. *In zwei Tagen haben wir **wenig** von Rom gesehen.*

C1 ⚡ Anche/pure *auch* und solamente/soltanto *nur* stehen vor dem Wort, das hervorgehoben wird:

Anche il tuo amico Carlo ha telefonato ieri. ***Auch** dein Freund Carlo hat gestern angerufen (= unter den Anrufern war auch Carlo).*

Il tuo amico Carlo ha **anche** telefonato. *Dein Freund Carlo hat **auch** telefoniert (u. a. hat Carlo auch telefoniert).*

Solamente un impiego deciso delle energie alternative potrà diminuire in futuro il ricorso al carbone e al petrolio. ***Nur** ein entschiedener Einsatz erneuerbarer Energien wird in Zukunft die Abhängigkeit von Kohle und Erdöl verringern können.*

Das abgeleitete Adverb

B2

Die abgeleiteten Adverbien gehören alle zu den Modaladverbien. Sie werden bis auf Ausnahmen durch Anhängen des Suffixes **-mente** an das Adjektiv gebildet. Hierbei bestimmt die Form des Adjektivs die Adverbbildung.

Formen

Adjektive, die auf **-o** enden, bilden das Adverb durch Anhängen des Suffixes **-mente** an die feminine Form:

lent**o**	→	lent**a**	→	lenta**mente** *langsam*
coraggios**o**	→	coraggios**a**	→	coraggiosa**mente** *mutig*

Lui parlava sempre **lentamente.** *Er sprach immer **langsam**.*
Lei ha agito **coraggiosamente.** *Sie hat **mutig** gehandelt.*

Bei Adjektiven mit einer einzigen Singularendung (**-e**) für beide Genera wird zur Adverbbildung **-mente** angehängt:

veloce	→	veloce**mente** *schnell*
paziente	→	paziente**mente** *geduldig*

In bici mi sposto **velocemente.** *Mit dem Rad bin ich **schnell** unterwegs.*
Bruno non era il tipo che aspettava **pazientemente.** *Bruno war nicht ein Typ, der **geduldig** wartete.*

Bei Adjektiven, die auf **-le** oder **-re** enden, entfällt das **-e**:

particola**re**	→	particolar**mente** *besonders*
genera**le**	→	general**mente** *gewöhnlich, im Allgemeinen*

Ieri è stata una giornata **particolarmente** sfortunata. *Gestern war ein **besonders** unglücklicher Tag.*
Generalmente Luisa non risponde così. ***Gewöhnlich** antwortet Luisa nicht so.*

C1

Ausnahme: Mit dem Suffix **-oni** werden Adverbien gebildet, die eine besondere Körperstellung bezeichnen. Sie sind im Unterschied zu den auf **-mente** endenden Adverbien meist von anderen Wortarten wie Verben und Substantiven abgeleitet:

la bocca *der Mund*	→	bocc**oni** *auf dem Bauch, bäuchlings*
ciondolare *hängen*	→	ciondol**oni** *baumelnd*
tastare *(be)tasten*	→	tast**oni** *tastend*

Di solito lei dormiva **bocconi.** *Gewöhnlich schlief sie **auf dem Bauch**.*
Mi metto seduto e lascio le braccia **ciondoloni.** *Ich setze mich hin und lasse die Arme **baumeln**.*
Nella camera era così buio che ci muovevamo **tastoni.** *Im Zimmer war es so dunkel, dass wir uns **tastend** vorwärtsbewegten.*

C1

Das unregelmäßige Adverb

Zu dieser Gruppe zählen die abgeleiteten Adverbien mit unregelmäßiger Bildung wie etwa **leggermente** *leicht* – das den Regeln entsprechend **leggera + -mente** heißen müsste – sowie **bene** *gut* oder **male** *schlecht* (die sich vom Lateinischen ableiten).

Formen

Adjektiv			Adverb	
leggero	+ -mente	→	leggermente	*leicht*
ridicolo		→	ridicolmente	*lächerlich*
benevolo		→	benevolmente	*wohlwollend*
violento		→	violentemente	*gewaltsam*
buono		→	bene	*gut*
cattivo		→	male	*schlecht*

Mi sono ferito **leggermente** in un incidente con la bicicletta. *Ich habe mich bei einem Fahrradunfall **leicht** verletzt.*
Lui urtò **violentemente** contro la mia gamba. *Er stieß **gewaltsam** gegen mein Bein.*
Lei ha sorriso **benevolmente.** *Sie hat **wohlwollend** gelächelt.*
L'esame andrà **bene.** *Die Prüfung wird **gut** laufen.*
Oggi sto proprio **male.** *Heute geht es mir wirklich **schlecht.***

C1

5.2 Der adverbiale Ausdruck

Feste Wendungen, die einem Adverb gleichkommen, sind z. B.:

- in fretta *rasch/schnell*: Sbrighiamo la cosa **in fretta!** *Lasst uns die Sache **schnell** erledigen!*
- d'ora in poi *von jetzt an*: **D'ora in poi** si parla italiano. ***Von jetzt an** wird Italienisch gesprochen.*
- a piedi *zu Fuß*: Se conosco Silvio, sicuramente non andrà a casa **a piedi.** *Wie ich Silvio kenne, wird er sicherlich nicht **zu Fuß** nach Hause gehen.*
- di corsa *schnell*: Quando faccio tardi, vado **di corsa.** *Wenn ich zu spät dran bin, dann gehe ich **schnell.***
- a memoria *auswendig*: Ai suoi tempi le poesie si imparavano **a memoria.** *Zu seiner/ihrer Zeit wurden Gedichte **auswendig** gelernt.*
- a poco a poco *nach und nach*: **A poco a poco** Marcello è diventato ricco. ***Nach und nach** ist Marcello reich geworden.*

Manche dieser adverbialen Ausdrücke können Adverbien auf **-mente** ersetzen. Sie bestehen meist aus einer Präposition und einem Substantiv:

- raramente → di rado *selten*:
  Sono spesso in internet, ma **di rado** leggo un blog. *Ich bin oft im Internet, aber **selten** lese ich ein Blog.*
- frequentemente → di frequente *oft/häufig*:
  Maria si svegliava **di frequente** durante la notte. *Maria wachte **oft** nachts auf.*
- casualmente → per caso *zufällig*:
  Ieri ho incontrato **per caso** il mio ex-ragazzo. *Gestern habe ich **zufällig** meinen Ex-Freund getroffen.*
- sicuramente → di sicuro *sicherlich*:
  Di sicuro hai fatto una bella B2 crociera. *Du hast **sicherlich** eine schöne Kreuzfahrt gemacht.*
- personalmente → di persona *persönlich*:
  Giuseppe andrà **di persona** e pagherà l'affitto. *Giuseppe wird **persönlich** hingehen und die Miete bezahlen.*
- regolarmente → con regolarità *regelmäßig*:
  Mia figlia è online **con regolarità**: dalle dieci di sera a mezzanotte. *Meine Tochter ist **regelmäßig** online: von zehn Uhr abends bis Mitternacht.*
- generalmente → in genere *im Allgemeinen, gewöhnlich*:
  In genere mio figlio si alza verso le sette. ***Gewöhnlich** steht mein Sohn gegen sieben Uhr auf.*
- telefonicamente → per telefono *telefonisch*:
  Gli ho spiegato tutto **per telefono**. *Ich habe ihm alles **telefonisch** erklärt.*
- indubbiamente → senza dubbio *zweifellos*:
  Senza dubbio Corinna è una donna interessante. *Corinna ist **zweifellos** eine interessante Frau.*
- seriamente → sul serio *im Ernst*:
  Stai dicendo **sul serio**? *Sagst du das **im Ernst**?*

5.3 Besonderheiten

C1

Einige Adverbien können in Verbindung mit dem bestimmten Artikel substantiviert werden:

bene *gut*	dopo *nachher*	quando *wann*
male *schlecht*	dove *wo*	più *mehr*
prima *vorher/erst*	come *wie*	meno *weniger*

Il filo conduttore di molti film di Hollywood è l'eterna lotta **del bene** contro **il male**. *Der rote Faden vieler Hollywood-Filme ist der ewige Kampf **des Guten** gegen **das Böse**.*

Adjektive als Adverbien

Adjektive, die in adverbialer Funktion auftreten können, sind z. B.:

forte *stark, laut*	Pietro ha dovuto gridare **forte** per farsi sentire. *Pietro musste **laut** schreien, um sich Gehör zu verschaffen.*
piano *langsam, leise*	Ho visto un autovelox, vai **piano**! *Ich habe eine Radarfalle gesehen, fahr **langsam**!*
caro *teuer*	Questo volo per Roma costa **caro**. *Dieser Flug nach Rom ist **teuer**.*
fisso *fest, fix, starr*	Per un po' lei mi ha guardato **fisso**. *Sie schaute mich für eine Weile **starr** an.*
sano *gesund*	Antonio cercava di mangiare **sano**. *Antonio versuchte, sich **gesund** zu ernähren.*

⚡ Manche der als Adverbien gebrauchten Adjektive sind veränderlich, sie richten sich nach dem Subjekt:

- caro *teuer*:
  Queste ferie in Sicilia costano **care**. *Diese Ferien in Sizilien sind **teuer**.*
- veloce *schnell*:
  Le ore con te scorrono **veloci**. *Die Stunden mit dir vergehen **schnell**.*
- buono *gut*:
  Qui stanno tutti **buoni**. *Hier sind alle **brav/nett**.*

Unveränderlich sind jedoch:

- duro *hart*:
  Erano stanchi, ma tenevano **duro**. *Sie waren müde, aber sie blieben **hart** (= sie hielten durch).*
- fisso *fest*:
  I fidanzati si guardavano **fisso**. *Die Verlobten schauten sich **starr** an.*
- piano *leise/langsam*:
  Parlate **piano** per favore! *Sprecht **leise**, bitte!*
- forte *laut, stark*:
  Gianna Nannini, una cantante Rock famosa, canta proprio **forte**. *Gianna Nannini, eine berühmte Rocksängerin, singt wirklich **laut**.*

In der gesprochenen Sprache verwendet man anstelle des Adverbs solamente *einzig, allein* zumeist das Adjektiv solo:
Salvatore deve essere innamorato del colore rosso: si mette **solo** quel maglione rosso di lana. *Salvatore muss wohl in die Farbe Rot verliebt sein: Er zieht (immer)* ***nur*** *den einen roten Wollpullover an.*

Alternativformen

Adverbien können in manchen Fällen durch Umschreibungen wie in modo/maniera... *auf ... Art/Weise* durch einen adverbialen Ausdruck oder durch ein Gerund wiedergegeben werden:
Lui si muoveva **in modo insicuro/in maniera insicura**. *Er bewegte sich* ***unsicher****.*
Rita impara tutto **a memoria**. *Rita lernt alles* ***auswendig****.*
Sto parlando al telefono. *Ich spreche* ***gerade*** *am Telefon.*

In manchen Fällen lassen sich Adverbien auch durch einen verbalen Ausdruck ersetzen:
Preferisco mangiare carne. *Ich esse* ***lieber*** *Fleisch.*
Guarda, **continua** a piovere! *Schau, es regnet* ***immer noch****!*

Es ist nützlich, die verschiedenen alternativen Ausdrucksmöglichkeiten zu kennen, da es für deutsche Adverbien nicht in jedem Fall eine italienische Entsprechung gibt.

Das Adverb ecco

Ecco erfüllt verschiedene Funktionen im Satz. Es dient vor allem der Präsentation, Ankündigung und Eröffnung. Seine Wiedergabe im Deutschen ist vom Kontext abhängig, wie folgende Beispiele zeigen:

- **Ecco** il fratello di Mario (= Questo è il fratello di Mario). ***Hier/Gerade*** *kommt Marios Bruder.*
- **Ecco** qui quello che mi hai chiesto. ***Hier*** *ist das, worum du mich gebeten hast.*
- Martina stava passeggiando, quand'**ecco** che arrivò il temporale. *Martina ging gerade spazieren, als (**gerade**) das Gewitter begann.*
- Giulio, vieni subito qui! – **Ecco**mi! *Giulio komm sofort hierher! –* ***Hier*** *bin ich!*
- Alle cinque in punto **ecco** uscire da casa una signora con un cane...
Da kommt um Punkt fünf Uhr eine Frau mit einem Hund aus dem Haus ...

Zwischentest 5

B2 **1. Welches Adverb leitet sich von einem Adjektiv ab?**

- ☐ a. davanti
- ☐ b. brevemente
- ☐ c. abbastanza
- ☐ d. presto

B2 **2. Welches ist ein Adverb der Menge?**

- ☐ a. lontano
- ☐ b. dopo
- ☐ c. probabilmente
- ☐ d. poco

C1 **3. Die Fernbedienung funktioniert nicht richtig, wie sagen Sie das?**

- ☐ a. Funziona bene.
- ☐ b. Funziona troppo bene.
- ☐ c. Non funziona male.
- ☐ d. Funziona male.

B2 **4. Welches Adverb passt in die Lücke?**

Quando c'è molto traffico le auto viaggiano ....

- ☐ a. lentamente
- ☐ b. lente
- ☐ c. lentamenti
- ☐ d. lenta

B2 **5. Welches Suffix wird zur Bildung der Adverbien verwendet?**

- ☐ a. -elmente
- ☐ b. -almente
- ☐ c. -ente
- ☐ d. -mente

C1 **6. Was entspricht dem Ausdruck *auf dem Bauch*?**

Il mio compagno dorme ....

- ☐ a. ventroni
- ☐ b. stomaconi
- ☐ c. pancioni
- ☐ d. bocconi

B2 **7. Wie drückt man aus, dass sich jemand lächerlich verhält?**

- ☐ a. Si comporta ridicolo.
- ☐ b. Si comporta ridicolmente.
- ☐ c. Si comporta ridicolamente.
- ☐ d. Si comporta ridicoloni.

C1 **8. Was entspricht dem hervorgehobenen Ausdruck?**

Io e mia sorella parliamo sempre **sottovoce**.

- ☐ a. piani
- ☐ b. piano
- ☐ c. piane
- ☐ d. piana

9. Welche zwei Sätze stimmen? C1

- ☐ a. Come passa velocemente il tempo!
- ☐ b. Come passa veloci il tempo!
- ☐ c. Come passa di veloce il tempo!
- ☐ d. Come passa veloce il tempo!

10. Welche Entsprechung ist falsch? C1

- ☐ a. personalmente → di persona
- ☐ b. generalmente → in genere
- ☐ c. sicuramente → di sicuro
- ☐ d. violentemente → di violento

11. Wie lautet das Adverb zu cattivo? C1

- ☐ a. per cattivo
- ☐ b. di cattivo
- ☐ c. male
- ☐ d. cattivamente

12. Welche Form ist richtig? A2

- ☐ a. un prezzo in fisso
- ☐ b. il fissa prezzo
- ☐ c. a prezzo fisso
- ☐ d. a prezzo fissamente

13. Wo war Laura in Bari? B2

Laura è andata a Bari così spesso che è stata dappertutto.

- ☐ a. in allen Geschäften
- ☐ b. überall
- ☐ c. in vielen Kirchen
- ☐ d. in Hotels

14. Welche Bedeutung hat das Adverb abbastanza? A2

- ☐ a. zu wenig
- ☐ b. zu viel
- ☐ c. wenig
- ☐ d. genug

15. Welche zwei Umschreibungen können sicuramente ersetzen? C1

- ☐ a. in modo sicuro
- ☐ b. al modo di sicuro
- ☐ c. con modo sicuramente
- ☐ d. in maniera sicura

Lösungen

1b. 2d. 3d. 4a. 5d. 6d. 7b. 8b. 9a.,d.
10d. 11c. 12c. 13b. 14d. 15a.,d.

B1

6 Der Vergleich

Das Wichtigste in Kürze

Mit Adjektiven und Adverbien können Personen, Sachen, Begriffe oder Handlungen miteinander verglichen werden.
Im Unterschied zum Deutschen werden gesteigerte Adjektive immer an das Substantiv angeglichen.

Den Komparativ bildet man mit den Vergleichspartikeln **più** und **meno**, den absoluten Superlativ mit dem Suffix **-issimo**.

6.1 Die Grundstufe des Adjektivs

B1

Der Positiv als Grundstufe des Adjektivs bringt zum Ausdruck, dass Substantive in Bezug auf eine Eigenschaft oder ein Merkmal gleichrangig sind:

(così) + Adjektiv + come	**Vera è (così) brava come sua sorella.** *Vera ist (eben)so tüchtig **wie** ihre Schwester.*
(tanto) + Adjektiv + quanto	**Sono (tanto) alto quanto Luigi.** *Ich bin (eben)so groß **wie** Luigi.*

In der Schriftsprache wird eher **tanto... quanto** verwendet.

In der Regel kann **così/tanto** *(eben)so* entfallen, nicht jedoch dann, wenn durch zwei Adjektive Eigenschaften miteinander verglichen werden:
Il treno è tanto veloce quanto sicuro. *Der Zug ist **genauso** schnell **wie** sicher.*

6.2 Die Steigerung des Adjektivs

Der Komparativ

Der regelmäßige Komparativ wird mit **più** *mehr* bzw. **meno** *weniger* und dem Adjektiv (im Positiv) gebildet.

Formen

Komparativ – Aufwärtssteigerung	Komparativ – Abwärtssteigerung
più caro *teurer*	**meno** caro *weniger teuer*
più difficile *schwieriger*	**meno** difficile *weniger schwer*

Das gesteigerte Adjektiv gleicht sich dem Substantiv, auf das es sich bezieht, im Genus und Numerus an:
La giacca di mio fratello è meno leggera della mia. *Die Jacke meines Bruders ist **weniger leicht** als meine.*
I B2 **grattacieli di New York sono più alti.** *Die Wolkenkratzer von New York sind **höher**.*

B2 ⚡ Wenn das Vergleichsadjektiv bereits genannt wurde, d. h. wenn es vor dem eigentlichen Vergleich steht und daher in einem folgenden Vergleich nicht wieder aufgegriffen wird, verwendet man di più *mehr* bzw. di meno *weniger*:
Ieri Sandro è stato gentile ma suo fratello Rocco **di più.** *Gestern ist Sandro höflich gewesen, sein Bruder Rocco aber (noch)* ***mehr.***
Chiara è simpatica, la sua amica **di meno.** *Chiara ist nett, ihre Freundin aber* ***weniger*** *(nett).*

Gebrauch

Der deutschen Vergleichspartikel *als* entsprechen im Italienischen di oder che. Die Wahl zwischen diesen zwei Partikeln hängt vom nachfolgenden Wort ab.

Verwendung der Präposition di

B2 Di wird verwendet, wenn es vor Nomen oder Pronomen steht, denen keine Präposition und kein Adverb vorangeht:

- Mio padre è più giovane **di** mia **madre.** *Mein Vater ist jünger* ***als*** *meine Mutter.*
- Mio nonno è meno grasso **di te.** *Mein Großvater ist weniger dick* ***als*** *du.*

Verwendung der Konjunktion che

B2 Che wird verwendet,

- wenn es vor Nomen oder Pronomen steht, denen eine Präposition vorangeht:
  È più comodo e sicuro viaggiare in treno **che in** macchina. *Es ist bequemer und sicherer im Zug* ***als*** *im Auto zu reisen.*
- wenn zwei Adjektive miteinander verglichen werden, die sich auf dasselbe Nomen beziehen:
  Le poltrone sono più **costose che comode.** *Die Sessel sind eher teuer* ***als*** *bequem.*
- wenn Verben, Adverbien und mengenmäßig auch Substantive miteinander verglichen werden:
  Di sicuro è più facile **ingrassare che dimagrire.** *Es ist sicher leichter zuzunehmen* ***als*** *abzunehmen.*
  Leggo piu **romanzi che saggi.** *Ich lese mehr Romane* ***als*** *Sachbücher.*

⚡ Vor Zeitadverbien wie oggi *heute*, ieri *gestern* und prima *vorher, früher* kann di oder che stehen:
Adesso siamo più tranquilli **di/che** prima. *Jetzt sind wir ruhiger* ***als*** *vorher.*

C1 Die Vergleichspartikeln di quanto/di quel(lo) che *als* leiten im Italienischen einen Nebensatz ein:
Quel politico era più furbo **di quello che** sembrava. *Jener Politiker war durchtriebener* ***als*** *es schien.*

Bei **di quanto** steht das Verb in der gehobenen Schriftsprache im Konjunktiv:
I ragazzi si sono comportati meglio **di quanto credessi**/credevo. *Die Jungs haben sich besser benommen, **als** ich **dachte**.*

Die deutsche Vergleichspartikel *so … wie* + Verbform wird im Italienischen mit così come wiedergegeben: C1
Il mandante ha fatto **così come** l'abbiamo consigliato. *Der Mandant hat **so** gehandelt, **wie** wir ihm geraten haben.*

Der Superlativ B1

Im Italienischen wird wie im Deutschen zwischen dem absoluten und dem relativen Superlativ unterschieden.

Der absolute Superlativ, auch Elativ genannt, bezeichnet einen sehr hohen Grad außerhalb eines Vergleichs:
Venezia è **bellissima**. *Venedig ist **wunderschön**.*

Der relative Superlativ bezeichnet den höchsten bzw. niedrigsten Grad einer Eigenschaft in Relation zu etwas anderem:
Roma è **la più grande** città italiana. *Rom ist **die größte** italienische Stadt.*

Das gesteigerte Adjektiv steht in der Regel vor dem Substantiv, kann aber auch nach dem Substantiv eingefügt werden. Folgt dem Superlativ ein Relativsatz, steht das Verb im Konjunktiv:
Firenze è la città **più bella che** io **abbia** mai **visto**. *Florenz ist die **schönste Stadt, die** ich je gesehen habe.*

Der relative Superlativ

Der relative Superlativ setzt sich aus dem bestimmten Artikel und dem Komparativ des Adjektivs zusammen, dem die Vergleichspartikeln di bzw. tra/fra und das Vergleichssubstantiv folgen:

bestimmter Artikel	Komparativ des Adjektivs	Vergleichs-partikel	Beispielsatz mit Vergleichssubstantiv
il, lo, la …	più + Adjektiv meno + Adjektiv	+ di	Lei era **la più** brava **di** tutta la squadra. *Sie war die beste (Spielerin) der ganzen Mannschaft.*
		+ tra/fra	Lui era **il meno** simpatico **tra** i miei amici. *Er war der am wenigsten sympathische unter meinen Freunden.*

Der absolute Superlativ

Der absolute Superlativ wird gebildet, indem man das Suffix **-issimo** an den Stamm des Adjektivs hängt:

piccol-o *klein*	+ **issimo**	→ picco**lissimo** *sehr klein*
grand-e *groß*		→ gran**dissimo** *sehr groß*
lent-o *langsam*		→ len**tissimo** *sehr langsam*

Palermo è una città **antichissima**. *Palermo ist eine **sehr alte** Stadt.*

Die Adjektive auf **-co/-go** bilden den Superlativ entsprechend den Regeln für die Pluralbildung der Substantive (▶ 3.3). Vor das Suffix **-issimo** wird ein **h** gesetzt:

ricco *reich* → ricc**h**issimo *sehr reich*

lungo *lang* → lung**h**issimo *sehr lang*

Aber: Bei Adjektiven auf **-co**, die nicht auf der vorletzten Silbe betont werden, entfällt das **h**:

pratico *praktisch* → praticissimo *sehr praktisch*

Die Mehrheit der Adjektive mit unbetontem **i** im Auslaut verliert das **i** beim Superlativ:

gonfio *geschwollen* → gonfissimo *sehr geschwollen*

C2 Einige Adjektive bilden den Superlativ jedoch nicht mit der Endung **-issimo**, sondern mit **-entissimo** und **-errimo**.

Diese aus dem Lateinischen abgeleiteten Formen werden meist in der gehobenen Schriftsprache verwendet:

Adjektiv	Superlativ auf -errimo	
acre *scharf, schlimm*	**acerrimo**	Gambadilegno è l'**acerrimo** nemico di Topolino. *Kater Karlo (wörtl.: Holzbein) ist der **schlimmste** Feind von Micky Maus (wörtl.: Mäuschen).*
aspro *hart, erbittert*	**asperrimo/ asprissimo**	La Grande Guerra è stata un conflitto **asperrimo**. *Der Erste Weltkrieg war ein **sehr erbitterter** Konflikt.*
celebre *berühmt*	**celeberrimo**	Totò è un comico **celeberrimo** in Italia. *Totò ist ein **sehr berühmter** Komiker in Italien.*
misero *arm, elend, gering*	**miserrimo**	Gli stranieri hanno spesso un salario **miserrimo**. *Die ausländischen Arbeitnehmer haben oft einen **sehr geringen** Lohn.*

Adjektiv	Superlativ auf -entissimo	
benefico *wohltätig, wohltuend*	**benificentissimo**	Mia nonna era una persona **benificentissima**. *Meine Großmutter war eine **sehr wohltätige** Person.*
malefico *giftig, schädlich*	**maleficentissimo**	Il veleno del cobra è **maleficentissimo**. *Das Gift der Kobra ist **äußerst giftig**.*
malevolo *böswillig, feindselig*	**malevolentissimo**	Cani selvatici sono spesso **malevolentissimi**. *Wilde Hunde sind oft **sehr feindselig**.*
benevolo *wohlwollend*	**benevolentissimo**	La professoressa è stato **benevolentissima** nei miei confronti. *Die Professorin/Lehrerin ist mir gegenüber **sehr wohlwollend** gewesen.*

🛈 Diese Formen werden jedoch immer mehr durch molto *sehr* + Adjektiv ersetzt: **celeberrimo = molto celebre** *sehr berühmt*.

C1

Außer den beschriebenen gibt es noch weitere Möglichkeiten, den Superlativ zu bilden:

- mit Adverbien wie molto/tanto/assai *sehr*, proprio *wirklich*, estremamente *extrem/sehr*: **proprio** noioso ***wirklich** langweilig*.
- durch die Wiederholung des Adjektivs: un cane **piccolo piccolo** *ein **sehr kleiner** Hund*.
- durch Vorsilben wie iper-, stra-, ultra-, mega- und arci- in der Umgangssprache: un giornalista **ipercritico** *ein **überkritischer** Journalist*.
- durch verstärkende Ausdrücke wie bello **da impazzire** *irre schön*, pazzo **furioso** *durchgedreht, völlig von Sinnen*, ricco **sfondato** *steinreich*, ubriaco **fradicio** *sturzbetrunken*.

Die unregelmäßige Steigerung

B2

Die Adjektive buono *gut* und cattivo *schlecht* haben neben der regelmäßigen eine unregelmäßige Steigerungsform, die auf das Lateinische zurückgeht:

Positiv	Komparativ	relativer Superlativ	absoluter Superlativ
buono *gut*	**migliore**/più buono *besser*	**il migliore**/il più buono *der beste*	**ottimo**/buonissimo *sehr gut*
cattivo *schlecht, böse*	**peggiore**/più cattivo *schlechter, schlimmer*	**il peggiore**/il più cattivo *der schlechteste, der schlimmste*	**pessimo**/cattivissimo *sehr schlecht, sehr schlimm*

Il caffè del Bar Centrale era più **buono.** *Der Kaffee der Bar Centrale war **besser**.*
La mia amica è **buonissima,** ma sua madre è **cattiva.** *Meine Freundin ist **herzensgut**, aber ihre Mutter ist **bösartig**.*
La tua pronuncia è diventata **migliore.** *Deine Aussprache ist **besser** geworden.*

Weitere Adjektive mit regelmäßigen und unregelmäßigen Steigerungsformen:

Positiv	Komparativ	relativer Superlativ	absoluter Superlativ
grande *groß, alt, bedeutend*	**più grande** *größer*	**il più grande** *der größte*	**grandissimo** *sehr groß*
	maggiore *größer, älter, bedeutender*	**il maggiore** *der größte, der älteste, der bedeutendste*	**massimo** *sehr groß, sehr alt, sehr bedeutend*
piccolo *klein, jünger*	**più piccolo** *kleiner*	**il più piccolo** *der kleinste*	**piccolissimo** *sehr klein*
	minore *jünger, geringer*	**il minore** *der jüngste, der geringste*	**minimo** *sehr klein*
alto *hoch, groß*	**più alto** *höher, größer*	**il più alto** *der höchste, der oberste*	**altissimo** *sehr hoch*
	superiore *höher, oberer, besser*	–	**supremo/sommo** *oberster, höchster, bester*
basso *niedrig*	**più basso** *niedriger, unterer*	**il più basso** *der niedrigste, der unterste*	**bassissimo** *sehr niedrig*
	inferiore *niedriger, unterer, schlechter*	–	**infimo** *niedrigster, unterster, schlechtester*

Zwar sind regelmäßige und unregelmäßige Steigerungsformen in der Regel gleichwertig, die unregelmäßigen werden jedoch häufig für abstrakte Begriffe oder im übertragenem Sinn verwendet:
Il **maggior** lago italiano è il Garda. ***Der größte*** *italienische See ist der Gardasee.*
Lui ha ottenuto il **massimo** risultato col **minimo** sforzo. *Er hat das* ***beste*** *Ergebnis mit der* ***geringsten*** *Anstrengung erreicht.*

B1

6.3 Die Steigerung des Adverbs

Der Komparativ

Der Komparativ des Adverbs wird analog zum Adjektiv gebildet. Auch hierbei gibt es einen Aufwärts- sowie einen Abwärtsvergleich:

più + Adverb + **-mente**	Guido **più velocemente.** *Ich fahre* ***schneller.***
meno + Adverb + **-mente**	Guido **meno velocemente.** *Ich fahre* ***weniger schnell.***

➕ Die deutsche Wendung *früher oder später* wird im Italienischen mit **prima o poi** wiedergegeben:
Prima o poi la ricerca genetica sarà in grado di debellare molte malattie ereditarie. ***Früher oder später*** *wird die Genforschung viele Erbkrankheiten besiegen.*

Gebrauch

Wie beim Adjektiv wird beim Adverb die deutsche Vergleichspartikel *als* mit **di** oder **che** übersetzt:
Prendo la cosa più seriamente di te. *Ich nehme die Sache **ernster als** du.*

Beim Vergleich von gleichwertigen Dingen verwendet man **come/quanto** *wie*:
Vivo bene a Francoforte come a Berlino. *Ich lebe in Frankfurt **so** gut **wie** in Berlin.*
La vita in Inghilterra costa quanto in Francia. *Das Leben kostet in England **so** viel **wie** in Frankreich.*

Der Superlativ

Der Superlativ der Adverbien setzt sich aus dem Adjektivstamm + **-issimamente** zusammen. Einige ursprüngliche Adverbien enden im Superlativ auf **-issimo**, das Suffix **-mente** entfällt:

Adverb	absoluter Superlativ
presto *früh*	prest-**issimo/molto** presto *sehr früh*
tardi *spät*	tard-**issimo/molto** tardi *sehr spät*
velocemente *schnell*	veloc-**issimamente/molto** veloce**mente** *sehr schnell*
lentamente *langsam*	lent-**issimamente/molto** lenta**mente** *sehr langsam*

Der absolute Superlativ der abgeleiteten Adverbien auf **-issimamente** wird in der gesprochenen Sprache zumeist durch **molto/assai** umschrieben:
Lui si muoveva molto/assai lentamente. *Er bewegte sich **sehr/ziemlich langsam**.*

Die italienische Sprache kennt bei Adverbien keinen relativen Superlativ wie im Deutschen (z. B. *am schnellsten, am besten von*). Solche Ausdrücke werden meist mit **più/di più** und **meno/di meno** (**di tutti/tutte**) umschrieben:
Questa è la macchina sportiva che mi piace di più (di tutte). *Dieser ist der Sportwagen, der mir **am meisten** (von allen) gefällt.*

Die unregelmäßige Steigerung

Einige Adverbien weisen neben der unregelmäßigen auch eine regelmäßige Steigerungsform auf. Analog zum Adjektiv werden die unregelmäßigen Formen oft für abstrakte Begriffe oder im übertragenen Sinn verwendet:

Adverb	Komparativ	absoluter Superlativ
bene *gut*	**meglio** *besser*	**ottimamente**, benissimo *sehr gut*
male *schlecht*	**peggio** *schlechter*	**pessimamente**, malissimo *sehr schlecht*
molto *viel*	**più** *mehr*	**moltissimo** *sehr viel*
poco *wenig*	**meno** *weniger*	**minimamente**, pochissimo *sehr wenig*

Hai argomentato ottimamente. *Du hast **hervorragend** argumentiert.*

Zwischentest 6

B1 **1. Was passt in die Lücke?**

Ho un telefonino d'ultima generazione .... mio fratello.

- ☐ a. così
- ☐ b. tanto
- ☐ c. come
- ☐ d. quando

B1 **2. Was entspricht beim Vergleich tanto ... quanto?**

- ☐ a. così … come
- ☐ b. così … tanto
- ☐ c. molto … come
- ☐ d. tanto … moltissimo

B2 **3. Wo war Mauro heute?**

Oggi Mauro è stato più in ufficio e meno a casa.

- ☐ a. mehr zu Hause als im Büro
- ☐ b. mehr zu Hause
- ☐ c. weniger im Büro
- ☐ d. mehr im Büro als zu Hause

B1 **4. Was fehlt?**

La Vespa è .... bella di un'altra motoretta.

- ☐ a. più
- ☐ b. molto
- ☐ c. di meno
- ☐ d. di più

B2 **5. Was wird über Squash im Satz ausgesagt, es sei …?**

Lo squash è lo sport più faticoso.

- ☐ a. sehr anstrengend
- ☐ b. der anstrengendste Sport
- ☐ c. nicht so anstrengend
- ☐ d. zu anstrengend

B1 **6. Was gehört in die Lücke?**

Un corso di lingua on line è più comodo .... a scuola.

- ☐ a. quanto
- ☐ b. come
- ☐ c. di
- ☐ d. che

B2 **7. Welche beiden Superlativformen sind richtig?**

- ☐ a. grazioso → graziosissimo
- ☐ b. interessante → interessantissimo
- ☐ c. antico → anticissimo
- ☐ d. rosa → rosissimo

8. Wie wird *der Schönste von allen* übersetzt? B1

- ☐ a. il molto bello
- ☐ b. il più bello che tutti
- ☐ c. il più bello di tutti
- ☐ d. il tra tutti più bello

9. Was entspricht dem Ausdruck **molto misero**? C2

- ☐ a. miseriore
- ☐ b. miserentissmo
- ☐ c. miserissimo
- ☐ d. miserrimo

10. Was kann anstelle von **noiosissimo** stehen? C2

- ☐ a. più noioso
- ☐ b. noiosissamente
- ☐ c. estremamente noioso
- ☐ d. che noioso

11. Wie lautet der Begriff *steinreich* auf Italienisch? C2

- ☐ a. ricco sfondato
- ☐ b. ricco come le pietre
- ☐ c. ricco a peso d'oro
- ☐ d. pieno di monete

12. Wie soll die Sonnenenergie laut Aussage sein? B2

L'energia solare è più pulita di quella prodotta dal carbone.

- ☐ a. billiger
- ☐ b. sicherer
- ☐ c. sauberer
- ☐ d. teurer

13. Welche Form passt? B1

Umberto è il fratello .... di Carlo.

- ☐ a. minimo
- ☐ b. il minore
- ☐ c. il maggiore
- ☐ d. maggiore

14. Wie muss der Satz ergänzt werden? B1

Parlo il francese .... correttamente dell'italiano.

- ☐ a. che più
- ☐ b. più
- ☐ c. di più
- ☐ d. per lo più

15. Mit welchen beiden Ausdrücken kann man **affamatissimo** ersetzen? C1

- ☐ a. assai affamato
- ☐ b. affamato di più
- ☐ c. con meno fame
- ☐ d. molto affamato

Lösungen

1 c. 2 a. 3 d. 4 a. 5 b. 6 d. 7 a., b. 8 c.
9 d. 10 c. 11 a. 12 c. 13 d. 14 b. 15 a., d.

A1

7 Das Personalpronomen

Das Wichtigste in Kürze

Personalpronomen können **stellvertretend für Substantive** und sogar ganze Sätze stehen.

Sie verweisen innerhalb einer Spracheinheit auf bereits Gesagtes.

Zu den Personalpronomen zählen auch die **Pronominaladverbien ci** und **ne** sowie die Reflexivpronomen.

Personalpronomen selbst werden unterteilt in **Subjekt- und Objektpronomen**.

Im Italienischen wird das Subjektpronomen im Unterschied zum Deutschen meistens weggelassen.

Personalpronomen werden in Subjekt- und Objektpronomen unterteilt. Subjektpronomen vertreten das Subjekt des Satzes: **Io** ero a casa. ***Ich*** *war zu Hause.* In der Regel wird das Subjektpronomen im Italienischen weggelassen, es sei denn, es wird wie in Gegenüberstellungen besonders hervorgehoben oder betont: **Io** sono di Milano, **lei** è di Roma. ***Ich*** *bin aus Mailand,* ***sie*** *ist aus Rom.* Objektpronomen können in Form eines direkten oder indirekten Pronomens auftreten und betont oder unbetont sein.

7.1 Das Subjektpronomen

A2

Formen

	Subjektpronomen im Singular		Subjektpronomen im Plural	
1. Person	io	*ich*	noi	*wir*
2. Person	tu	*du*	voi	*ihr*
3. Person	lui/lei	*er/sie*	loro	*sie*
Höflichkeitsform	Lei	*Sie*	Voi	*Sie*

ⓘ In literarischen Texten oder offiziellen Reden werden statt der üblichen Formen lui/lei die Personalpronomen egli/ella/essa für die 3. Person Singular verwendet. B2

7.2 Das direkte Objektpronomen

A2

Direkte Objektpronomen (Akkusativpronomen) ersetzen ein Akkusativobjekt im Satz. Sie haben eine betonte sowie eine unbetonte Form.

Formen unbetonter direkter Objektpronomen

	Singular		Plural	
1. Person	mi	*mich*	ci	*uns*
2. Person	ti	*dich*	vi	*euch*
3. Person	lo	*ihn/es*	li	*sie*
	la	*sie*	le	*sie*
reflexiv	si	*sich*	si	*sich*
Höflichkeitsform	La	*Sie* (m.+f.)	Vi	*Sie*

(Zum Reflexivpronomen ▷ 7.4)

Gebrauch und Stellung unbetonter direkter Objektpronomen

Die unbetonten direkten Objektpronomen werden immer zusammen mit einem Verb verwendet, dem sie vorausgehen oder an das sie in bestimmten Fällen angehängt werden können (▷ 7.7):

Pronto? Mi senti? *Hallo? Hörst du **mich**?*

Roberto non ci frequenta più. *Roberto besucht **uns** nicht mehr.*

Anna e Giovanna sono le mie amiche più care, le chiamo spesso al telefono. *Anna und Giovanna sind meine besten Freundinnen, ich rufe **sie** oft an.*

⚡ Mit **ecco** (▷ 5.3) können sie ohne Verb stehen:

Dov'è Sergio? – Eccolo che arriva! *Wo ist Sergio? – Da ist/kommt er!*

⚡ Besonderheiten:

- Die Höflichkeitsform **La** gilt für Maskulinum und Femininum Singular:
  Signore, La stanno aspettando fuori. *Mein Herr, **Sie** werden draußen erwartet.*
  Posso richiarmarLa al telefono? *Kann ich **Sie** zurückrufen?*
- Das unbetonte Objektpronomen **lo** gibt das neutrale deutsche *es* wieder:
  Mi dispiace, non lo so. *Es tut mir leid, ich weiß **es** nicht.*
- **Lo/la** werden im Gegensatz zu **li/le** vor Vokal oder **h** apostrophiert:
  Maria? L'aspetto davanti all'uscita. *Maria? Ich warte vor dem Ausgang auf **sie**.*
- In den zusammengesetzten Zeiten gleicht sich das Partizip Perfekt an das Pronomen an (▷ 20.2):
  Sandro e Piero? Li ho visti alla maratona di Francoforte. *Sandro und Piero? Ich habe **sie** beim Frankfurter Marathonlauf gesehen.*
- B1 Beginnt ein Satz mit einem direkten Objekt, muss dieses Objekt durch das entsprechende Personalpronomen wieder aufgegriffen werden:
  E le bevande, dove le hai comprate? *Und die Getränke, wo hast du **sie** gekauft?*

Formen betonter direkter Objektpronomen

	Singular		Plural	
1. Person	me	*mich*	noi	*uns*
2. Person	te	*dich*	voi	*euch*
3. Person	lui/lei	*ihn/sie*	loro	*sie*
reflexiv	sé	*sich*	sé	*sich*
Höflichkeitsform	Lei	*Sie*	Voi	*Sie*

(Zum Reflexivpronomen ▷ 7.4)

Gebrauch und Stellung betonter direkter Objektpronomen

Die betonten direkten Objektpronomen stehen hinter dem Verb oder am Satzende und werden in folgenden Fällen verwendet:

- bei Betonung oder besonderer Hervorhebung des Objekts:
  Cerco te, non Andrea. ***Dich*** *suche ich, nicht Andrea.*
  Laura ama me e non te! *Laura liebt* ***mich*** *und nicht* ***dich****!*
- nach Präpositionen:
  Domani vengo con voi in piscina. *Morgen komme ich* ***mit euch*** *ins Schwimmbad.*
  Da quando ha incontrato Carlo, mia sorella non fa che parlare di lui. *Seit meine Schwester Carlo begegnet ist, redet sie nur* ***von ihm****.*
- in Vergleichssätzen:
  Luca è veloce come te, ma sempre meno di me. *Luca ist so schnell* ***wie du****, aber immer noch weniger schnell* ***als ich****.*
- in Ausrufen:
  Beato te! ***Du*** *Glücklicher!*
- wenn ein weiteres Objekt folgt: B1
  Stamattina ho incontrato lui e anche i suoi fratelli. *Heute Morgen habe ich* ***ihn*** *und auch seine Brüder getroffen.*

7.3 Das indirekte Objektpronomen A2

Das indirekte Objektpronomen (Dativpronomen) ersetzt ein Dativobjekt im Satz. Es hat ebenfalls eine betonte und eine unbetonte Form.

Formen unbetonter indirekter Objektpronomen

	Singular		Plural	
1. Person	mi	*mir*	ci	*uns*
2. Person	ti	*dir*	vi	*euch*
3. Person	gli/le	*ihm/ihr*	(gli)/loro	*ihnen*
reflexiv	si	*sich*	si	*sich*
Höflichkeitsform	Le	*Ihnen*	Vi	*Ihnen*

(Zum Reflexivpronomen ▷ 7.4)

⚡ Die indirekten Objektpronomen stehen immer ohne Apostroph:
Le ho dato un film in DVD. *Ich habe* ***ihr*** *einen Film auf DVD gegeben.*

Gebrauch und Stellung unbetonter indirekter Objektpronomen

Unbetonte indirekte Objektpronomen stehen meist vor dem konjugierten Verb (▷ 7.7):

Mi presti qualcosa? *Borgst du **mir** etwas (Geld)?*

Lei **gli** ha detto tutto. *Sie hat **ihm** alles gesagt.*

⚡ Loro steht immer nach dem konjugierten Verb:

Hanno fatto **loro** un bel regalo. *Sie haben **ihnen** ein schönes Geschenk gemacht.*

Inzwischen wird loro fast immer durch gli ersetzt:

Ho visto i miei amici e **gli** ho raccontato tutto. *Ich habe meine Freunde gesehen und **ihnen** alles erzählt.*

Formen betonter indirekter Objektpronomen

	Singular		Plural	
1. Person	a me	*mir*	a noi	*uns*
2. Person	a te	*dir*	a voi	*euch*
3. Person	a lui/a lei	*ihm/ihr*	a loro	*ihnen*
Höflichkeitsform	a Lei	*Ihnen*	a Voi	*Ihnen*

Gebrauch und Stellung betonter indirekter Objektpronomen

Die betonten Formen der indirekten Objektpronomen stehen am Satzanfang mit der Präposition a, um die Person hervorzuheben:

A me piace il caffè ristretto. ***Mir** schmeckt starker Kaffee (Espresso).*

Rosa mi è simpatica: **a lei** regalerò un bel libro per il suo B2 onomastico. *Rosa ist mir sympathisch: **Ihr** werde ich zu ihrem Namenstag ein schönes Buch schenken.*

⚡ Die betonten Formen der Objektpronomen können im Gegensatz zu den unbetonten auch ohne direkte Verbindung mit einem Verb auftreten:

A chi hai chiamato? – **A te**. Non mi hai sentito?

*Wen hast du gerufen? – **Dich**. Hast du mich nicht gehört?*

A1

7.4 Das Reflexivpronomen

Reflexivpronomen treten zusammen mit reflexiven Verben (▷ 12) auf:

Perché non **ti** vesti? È tardi! *Warum ziehst du **dich** nicht an? Es ist spät!*

Der Form nach sind sie bis auf die 3. Person Singular und Plural, die si *sich* lautet, identisch mit den unbetonten direkten Objektpronomen (▷ 7.2). Die Reflexivpronomen haben darüber hinaus keine betonten Formen mit Ausnahme der 3. Person Singular (▷ 7.3). Sie lautet sé *sich* und wird immer in Verbindungen mit einer Präposition verwendet:

Mia madre è C1 **un'egocentrica che parla sempre e solamente di sé stessa.**
*Meine Mutter ist ein Egozentrikerin, die immer und nur **von sich** redet.*

7.5 Die Pronomen ci und ne

B1

Die Pronominaladverbien **ci** und **ne** können im Satz verschiedene Funktionen erfüllen. Sie ersetzen meist präpositionale Ausdrücke.

Das Pronominaladverb **ne** kann:

- als Ortsadverb Ergänzungen mit **da** ersetzen, in der Bedeutung *von dort*:
  Arrivammo a Napoli e ne ripartimmo il giorno dopo. *Wir kamen in Neapel an, und am Tag darauf reisten wir **von dort** wieder ab.*
- Ergänzungen mit **di** ersetzen, in der Bedeutung *dazu, darüber*:
  Vogliamo finalmente parlare del problema? – Sì, adesso ne possiamo parlare. *Wollen wir endlich über das Problem reden? – Ja, jetzt können wir **darüber** reden.*
- eine partitive Funktion erfüllen, in der Bedeutung *davon*:
  Quante bottiglie di vino hai comprato? Ne ho comprate tre. *Wie viele Weinflaschen hast du gekauft? Ich habe drei (**davon**) gekauft.*
- eine neutrale Funktion haben und auf zuvor Gesagtes verweisen:
  Pensi che Nadia abbia detto la verità? Conoscendola, ne dubito. *Denkst du, dass Nadia die Wahrheit gesagt hat? Da ich sie kenne, zweifle ich **daran**.*

Das Pronomimaladverb **ci** kann:

- als Ortsadverb in der Bedeutung *dort(hin), hier(her)* Ergänzungen mit **a**, **da**, **in**, **per** und **su** ersetzen:
  Andate spesso in Germania? – No, non ci andiamo così spesso. *Fahrt ihr oft nach Deutschland? – Nein. Wir fahren nicht so oft **dorthin**.*
- als Demonstrativpronomen einen neutralen Wert erhalten:
  Avete pensato al regalo per Gianni? – Sì, ci (a ciò) abbiamo pensato. *Habt ihr an das Geschenk für Gianni gedacht? – Ja, wir haben **daran** gedacht.*
- in den Ausdrücken **c'è/ci sono** *es gibt/hier ist/sind* gebraucht werden:
  A Roma ci sono molte discoteche ben frequentate. *In Rom gibt es viele gut besuchte Discos.*
  C'è Mauro? – No, qui non c'è. ***Ist** Mauro **da**? – Nein, **hier ist** er nicht.*

ℹ Manchmal wird in der geschriebenen Sprache **vi** anstelle von **ci** als Ortsadverb verwendet:
Andai in Italia per una vacanza e vi rimasi per sempre. *Ich ging nach Italien, um Urlaub zu machen und blieb für immer dort.*

B1

7.6 Kombinationen unbetonter Personalpronomen

Unbetonte Personalpronomen können miteinander verbunden werden, wenn sie als Dativpronomen auf Akkusativpronomen treffen. Abgesehen von den Kombinationen mit **gli** werden die Doppelpronomen getrennt geschrieben:

	lo	**la**	**li**	**le**	**ne**
mi	me lo	me la	me li	me le	me ne
ti	te lo	te la	te li	te le	te ne
gli/le/Le	glielo	gliela	glieli	gliele	gliene
ci	ce lo	ce la	ce li	ce le	ce ne
vi	ve lo	ve la	ve li	ve le	ve ne
gli	glielo	gliela	glieli	gliele	gliene
si	se lo	se la	se li	se le	se ne

Besonderheiten:

- Im Unterschied zum Deutschen steht das indirekte Pronomen an erster und das direkte Pronomen an zweiter Stelle:
  Se vuoi una birra, **te la** porto io. *Wenn du ein Bier möchtest, bringe ich **es dir**.*
- Das Partizip Perfekt wird an das direkte Objekt angeglichen:
  Ti ho prestato dei libri. **Me li** hai riportati? *Ich habe dir Bücher geliehen. Hast du **sie mir** zurückgebracht?*
- Loro ist unveränderlich und wird nicht mit anderen Pronomen kombiniert:
  Lo scriverò a **loro** che cosa è successo. *Ich werde (**es**) **ihnen** schreiben, was passiert ist.*
- Die Pronomen mi, ti, vi und das Pronominaladverb ci werden in Zusammensetzungen mit anderen Pronomen zu me, te, ve und ce:
  Ve lo avevamo detto di non volare con questa compagnia. *Wir hatten **es euch** gesagt, nicht mit dieser Fluggesellschaft zu fliegen.*
  Mi, ti und vi stehen allerdings vor ci:
  Chi mi accompagna alla stazione? – **Ti ci** accompagno io. *Wer begleitet mich zum Bahnhof? – Ich begleite **dich dorthin**.*
- B2 Ci bleibt unverändert. Es wird nachgestellt, wenn es auf Reflexivpronomen trifft:
  Come reagisci al jetlag? – Io non **mi ci** sono mai abituato. *Wie reagierst du auf den Jetlag? – Ich habe **mich** nie **daran** gewöhnt.*
- In der 3. Person Singular und Plural steht ci vor si:
  Spesso a Roma avvengono dimostrazioni che C1 bloccano il traffico, ma i romani oramai **ci si sono** abituati. *In Rom finden häufig Demonstrationen statt, die den Verkehr behindern, aber die Römer haben **sich** inzwischen **daran** gewöhnt.*
- Ce ne bleibt in der Bedeutung *davon/von hier* meist unübersetzt:
  Siamo di B2 passaggio, un caffè e **ce ne** andiamo subito. *Wir sind auf der Durchreise, ein Kaffee und wir sind sofort wieder weg.*

7.7 Unbetonte Objektpronomen, Reflexivpronomen und Pronominaladverbien im Satzgefüge

B1

Unbetonte Objektpronomen, Reflexivpronomen und Pronominaladverbien stehen in der Regel vor dem Verb, auch in den zusammengesetzten Zeiten:
La sento ogni giorno al telefono. *Ich höre **sie** jeden Tag am Telefon.*
Ci siamo divertiti molto. *Wir haben **uns** sehr amüsiert.*
Che cosa **ne** hai saputo? *Was hast du **davon** erfahren?*

Sie werden angehängt:
- an den Infinitiv, der seine Endung **-e** verliert:
  Siamo felici di rived**erti**. *Wir sind froh, **dich** wiederzusehen.*
- an den Imperativ der 2. Person Singular und Plural und der 1. Person Plural:
  Scusa**mi**! *Entschuldige **mich**!*
  Non mi capisce. Dite**glielo** voi! *Er versteht mich nicht. Sagt ihr **es ihm**!*
- an das Gerund:
  Mi ha fatto un grosso favore ospitando**mi** a casa sua. *Er hat mir einen großen Gefallen getan, indem er **mich** in seinem Haus beherbergte.*
- an **ecco** *hier ist*:
  Dov'è la mia C1 chiavetta USB? – Ecco**la**! *Wo ist mein USB-Stick? – Hier ist **er**!*

- an Partizipialkonstruktionen:
  Abbracciato**lo** ritornammo a casa. *Nachdem wir **ihn** umarmt hatten, gingen wir nach Hause.*

Sie können vor- oder nachgestellt werden:
- wenn vor dem Infinitiv ein Modalverb oder **sapere** *wissen*, **andare a** *gehen*, **venire a** *kommen* steht (▷ 11.3.3):

  Li vuoi aiutare?/Vuoi **aiutarli**? *Willst du **ihnen** helfen?*
  Mi dispiace, ma non **te lo** posso dire./Non posso dir**telo**. *Es tut mir leid, ich kann **es dir** nicht sagen.*

- beim verneinten Imperativ der 2. Person Singular/Plural und der 1. Person Plural (▷ 16):

  Per favore stai zitto e **non dirglielo/non glielo** dire! *Bitte schweige und sag **es ihm/ihr nicht**!*
  Non andiamoci!/**Non ci andiamo**! ***Gehen wir nicht hin!***

Steht das Verb **fare** *lassen* einem Infinitiv voran, werden die Personalpronomen **fare** voran- bzw. nachgestellt, aber nicht an den nachfolgenden Infinitiv gehängt:

Mi fai vedere la foto? ***Lässt du mich** das Foto sehen?*
Fammi sentire questa canzone! ***Lass mich** dieses Lied hören!*

⚡ Werden unbetonte Objektpronomen an einsilbige Imperative (**da'** *gib*, **di'** *sag* usw.) der 2. Person Singular gehängt, wird ihr Anfangskonsonant verdoppelt:

Michele, **dacci** un aperitivo per favore! *Michele, **gib uns** einen Aperitif, bitte!*

Bei **gli** findet keine Verdoppelung statt.

Zwischentest 7

A1 **1. Welches Personalpronomen muss ergänzt werden?**

Alcuni vengono da Roma, altri da Palermo. E .... da dove venite?

- ☐ a. loro
- ☐ b. voi
- ☐ c. noi
- ☐ d. kein Pronomen

B2 **2. Was ersetzt das hervorgehobene Wort?**

Egli è un ragazzo troppo ambizioso.

- ☐ a. Lui
- ☐ b. Lei
- ☐ c. Il
- ☐ d. Voi

B1 **3. Wie viele Personen werden angesprochen?**

E Lei, viaggia da solo o in compagnia?

- ☐ a. zwei
- ☐ b. mehrere
- ☐ c. eine
- ☐ d. eine Gruppe

A1 **4. In welchen zwei Sätzen sind die Personalpronomen überflüssig?**

- ☐ a. Voi vivete adesso a Monaco?
- ☐ b. Allora, la cena la pago io!
- ☐ c. Noi siamo baresi e voi pisani.
- ☐ d. Io vorrei fare qualcosa per l'ambiente.

A2 **5. Wie lautet die vollständige Antwort?**

Hai incontrato quell'amico spagnolo? Sì, ...

- ☐ a. le ho incontrate
- ☐ b. l'ho incontrato
- ☐ c. l'ho incontrata
- ☐ d. li ho incontrati

B1 **6. Was ist die Frage zur folgenden Antwort?**

No, non vi capisco.

- ☐ a. Mi capisci?
- ☐ b. Vi capisci?
- ☐ c. Ci capisci?
- ☐ d. Lo capisci?

A2 **7. Wie lautet die passende Antwort?**

Ma chi ha preso le chiavi della cabriolet?

- ☐ a. Li ha presi Anna.
- ☐ b. Le ha prese Anna.
- ☐ c. L'ha preso Anna.
- ☐ d. Ci ha preso Anna.

8. Welches Pronomen gehört in die Lücke? A2

Che cosa volete fare? Venite con .... ?

- ☐ a. noi
- ☐ b. le
- ☐ c. voi
- ☐ d. mi

9. Wie lautet die Übersetzung? B2

Ich werde auf ihn warten.

- ☐ a. Gli aspetterò.
- ☐ b. L'aspetterò.
- ☐ c. Le aspettò.
- ☐ d. Aspetterò a lui.

10. Welche Form vervollständigt den Satz? A1

Signor Artusi, mi fa piacere incontrar...... a Venezia.

- ☐ a. Li
- ☐ b. Loro
- ☐ c. Lo
- ☐ d. La

11. Was sagen Sie dem Kellner, wenn Sie einen kalten Aperitif möchten? B2

- ☐ a. Me lo porti freddo.
- ☐ b. Mi lo porti freddo.
- ☐ c. Me porti lo freddo.
- ☐ d. Mi porti lo freddo.

12. Welches Reflexivpronomen passt in die Lücke? A1

Sandro prima .... fa la barba e poi fa colazione.

- ☐ a. ci
- ☐ b. mi
- ☐ c. ti
- ☐ d. si

13. Was vervollständigt die Antwort auf die Frage? B1

Vi hanno dato i due CD? – No, non ....

- ☐ a. glieli hanno dati.
- ☐ b. ce li hanno dati.
- ☐ c. se ne hanno dati.
- ☐ d. ve li hanno dati.

14. Wie heißt es, wenn einer Frau übel mitgespielt wurde? C1

- ☐ a. Gliele hanno fatta grossa.
- ☐ b. Gliel'hanno fatta grossa.
- ☐ c. Ve l'hanno combinata grossa.
- ☐ d. Se l'hanno fatta grossa.

Lösungen

1b. 2a. 3c. 4a.,d. 5b. 6c. 7b.
8a. 9b. 10d. 11a. 12d. 13b. 14b.

B2

8 Das Possessiv- und das Demonstrativpronomen

Das Wichtigste in Kürze

Possessiv- und Demonstrativpronomen üben im Satz eine doppelte Funktion aus:

- eine **pronominale**, wenn sie ein Substantiv **ersetzen**,
- eine **attributive**, wenn sie ein Substantiv **begleiten**.

Die Possessivpronomen richten sich nach dem Besitz und sind im Unterschied zum Deutschen meist von einem bestimmten Artikel begleitet, z. B. la **mia** casa.

8.1 Das Possessivpronomen

A2

Possessivpronomen werden sowohl pronominal als auch attributiv verwendet und wie Adjektive auf **-o** (▶ 4) dekliniert:
Sie richten sich nach dem *Besitz* und nur in wenigen Fällen nach dem *Besitzer* und sind im Unterschied zum Deutschen meist von einem bestimmten Artikel begleitet:

attributiv: **Ho deciso di vendere la mia abitazione al mare.** *Ich habe beschlossen, **meine** Wohnung am Meer zu verkaufen.*

pronominal: **A proposito di abitazioni: hai deciso di vendere la tua?** *Apropos Wohnungen: Hast du beschlossen, **deine** zu verkaufen?*

Formen

		Maskulinum Singular	Plural	Femininum Singular	Plural
1. Pers.	*mein(e)*	il mio	i miei	la mia	le mie
2. Pers.	*dein(e)*	il tuo	i tuoi	la tua	le tue
3. Pers.	*sein(e)*	il suo	i suoi	la sua	le sue
	Ihr(e)	il Suo	i Suoi	la Sua	le Sue
1. Pers.	*unser(e)*	il nostro	i nostri	la nostra	le nostre
2. Pers.	*euer(e)*	il vostro	i vostri	la vostra	le vostre
3. Pers.	*ihre*	il loro	i loro	la loro	le loro
	Ihre	il Vostro	i Vostri	la Vostra	le Vostre

⚡ Die Pronomen richten sich nach dem folgenden Substantiv. Das bedeutet, dass für die 3. Person Singular – im Gegensatz zum Deutschen – zwischen *sein* und *ihr* nicht unterschieden wird:

Arriva Antonio: sento il B2 **rombo della sua motocicletta.** *Antonio kommt: Ich höre das Dröhnen **seines** Motorrads.*

Sta arrivando Giovanna: riconosco la sua macchina. *Giovanna kommt gerade an: Ich erkenne **ihr** Auto wieder.*

Der deutschen Höflichkeitsform *Ihr* entsprechen:

- im Singular **suo/sua**:
  Signora, suo marito l'aspetta fuori. *Gnädige Frau, Ihr Mann wartet draußen.*
- im Plural **vostro/vostra**:
  Buongiorno Signora e Signor Rossi. Vi ho convocato quest'oggi per parlare del rendimento scolastico di vostro figlio. *Guten Tag, Frau und Herr Rossi. Ich habe Sie heute hergebeten, um mit Ihnen über die schulischen Leistungen Ihres Sohnes zu sprechen.*
- In besonders formellen Kontexten wird **suo** bzw. **vostro** großgeschrieben.
  Molte grazie per la Vostra richiesta. *Vielen Dank für Ihre Anfrage.*

Die 3. Person Plural loro *ihre* stellt den Bezug zu mehreren Besitzern her:
Anna e Giulio hanno venduto **i loro** appartamenti. *Anna und Giulio haben **ihre** Wohnungen verkauft.*

Gebrauch

B1 Possessivpronomen stehen zumeist mit dem bestimmten Artikel:
Sandra ha riparato **la sua** bicicletta. *Sandra hat **ihr** Fahrrad repariert.*
Ohne Artikel stehen sie aber bei:

- Verwandtschaftsbezeichnungen im Singular: **mia** sorella ***meine** Schwester*
- Anreden wie **Mio** caro amico! ***Mein** lieber Freund!*
- Prädikatsergänzungen:
  È **tuo** compito finire il lavoro. *Es ist **deine** Aufgabe, die Arbeit zu Ende zu bringen.*
- Ausrufen wie Figli **miei**! *Oh, **meine** Söhne!* Mamma **mia**! *Ach, du **meine** Güte!*

⚡ Der bestimmte Artikel steht bei:

- Verwandtschaftbezeichnungen im Plural und Koseformen: **la mia** mammina ***meine** Mutti*, **i miei** fratelli ***meine** Brüder*
- loro und proprio: **la loro** madre ***ihre** Mutter*, **il proprio** padre ***der eigene** Vater*
- näherer Bestimmung des Substantivs durch ein Adjektiv oder eine andere Ergänzung: **la mia amata** cugina ***meine geliebte** Cousine*, **il tuo** fratello **di Milano** ***dein** Bruder **aus Mailand***

B2 Besonderheiten

Possessivpronomen können auch verwendet werden:

- mit dem unbestimmten Artikel:
  Ieri ho incontrato **un tuo** vecchio collega di lavoro. *Gestern habe ich einen alten Arbeitskollegen **von dir** getroffen.*
- mit adjektivisch gebrauchten Demonstrativ- oder Indefinitpronomen (▷ 8.2, 10.1):
  Qualche mio amico ha scelto la Danimarca per le vacanze. ***Manch einer meiner** Freunde hat für den Urlaub Dänemark gewählt.*
- mit einem Zahlwort:
  Come mai ti sono arrivate **tre sue** cartoline tutte in una volta? *Wieso hast du auf einmal **drei** Ansichtskarten **von ihm/ihr** bekommen?*

Die Possessivpronomen suo/sua/loro können durch proprio *sein, eigen* ersetzt werden, wenn der Besitzer nicht eindeutig ist:
Marta è stata con Giovanni nel **proprio** ufficio (= nell'ufficio di Marta). *Marta ist mit Giovanni in ihrem (eigenen) Büro gewesen.*
Darüber hinaus wird proprio verwendet:

- bei unpersönlichen Ausdrücken:
  Bisogna lottare per i **propri** ideali. *Man muss für die **eigenen** Ideale kämpfen.*

- wenn das Subjekt unbestimmt ist:
  Libertà di opinione significa che tutti possono esprimere **la propria**. *Meinungsfreiheit bedeutet, dass jeder **seine eigene** (Meinung) ausdrücken darf.*
- zur Verstärkung des Possessivpronomens:
  L'ho visto con **i miei propri** occhi. *Ich habe es mit **meinen eigenen** Augen gesehen.*

🛈 Redewendungen mit proprio: C1
mettersi in proprio *sich selbstständig machen*, lavorare in proprio *selbstständig sein*:
Anna si è **messa in proprio**. *Anna hat **sich selbstständig** gemacht.*

Possessivpronomen können pronominal gebraucht werden: C1
- bei il mio, il tuo, il suo *das Meine, Deine, Seine*:
  In questo lavoro anche tu hai messo **del tuo**. *An dieser Arbeit hast du auch **deinen Anteil** gehabt.*
- für Eltern, enge Familienangehörige oder Freunde (i miei, i tuoi, i suoi):
  I miei si sono affezionati alla mia ragazza. *Meine Eltern haben meine Freundin liebgewonnen.*
  Allora, quando arrivano **i nostri**? *Nun, wann kommen unsere (Freunde)?*
- bei Meinungen (la mia, la tua usw. ohne ein explizites Bezugswort):
  Se non posso dire **la mia**, allora me ne vado! *Wenn ich **meine Meinung** nicht äußern darf, dann gehe ich!*
- bei Redewendungen wie stare sulle sue *verschlossen sein* und alla mia, alla tua, alla nostra (salute) *Prosit* (wörtl.: *auf meine, deine, unsere Gesundheit*):
  Giulio sta purtroppo sempre **sulle sue**. *Giulio **ist** leider immer **verschlossen**.*
  È il compleanno di Sandro: **alla sua**! *Es ist Sandros Geburtstag: Auf sein Wohl!*

Stellung

In der Regel geht das Possessivpronomen dem Bezugswort voran:
La tua B2 pronuncia è ottima. ***Deine** Aussprache ist ausgezeichnet.*

Das Possessivpronomen wird jedoch nachgestellt:
- bei besonderer Betonung:
  Pensa agli affari **tuoi**! *Kümmere dich um **deine eigenen** Angelegenheiten!*
- bei Ausrufen wie Dio **mio**! ***Mein** Gott!* Figlio **mio**! ***Mein** Sohn!*
- bei Redewendungen wie B2 per colpa sua *seinetwegen/ihretwegen*, B2 fare di testa sua *seinen/ihren Kopf durchsetzen*, a casa mia *bei mir zu Hause*, B2 per amor tuo *dir zuliebe*, B2 per conto mio *für mich*:
  Faccio sempre **di testa mia**. *Ich setze immer **meinen Kopf durch**.*
  ⚡ Es gibt auch Redewendungen mit vorangestelltem Possessivpronomen: a tua/sua disposizione *zu deiner/ihrer Verfügung*, a tuo/suo favore/vantaggio *zu deinen/seinen Gunsten*: B2
  Sono subito **a vostra disposizione**. *Ich stehe **euch** gleich **zur Verfügung**.*

B1

8.2 Das Demonstrativpronomen

Demonstrativpronomen werden attributiv oder pronominal verwendet.

Formen

Singular		Plural	
questo *dieser*	questa *diese*	questi *diese*	queste *diese*
quello/quell'/quel *jener*	quella *jene*	quelli/quegli/quei *jene*	quelle *jene*

Gebrauch

Questo bezeichnet Personen, Sachen und Situationen in räumlicher oder zeitlicher Nähe (damit ist auch der Bezug auf die Äußerung des Sprechers gemeint):
Questa sera vado allo stadio. ***Heute** Abend gehe ich ins Stadion.*
Queste storie non mi piacciono. ***Diese** (erwähnten) Geschichten gefallen mir nicht.*
Questo und questa werden nur im Singular, nicht im Plural vor Vokal apostrophiert:
quest'angolo *diese Ecke*
aber: questi angoli *diese Ecken*

Quello kennzeichnet Personen, Sachen und Situationen, die räumlich oder zeitlich vom Sprecher und Hörer entfernt sind. Adjektivisch verhält es sich wie der bestimmte Artikel:
Chi è **quello** stupido che ride? *Wer ist **der** Dummkopf, der lacht?*
Quella mattina pioveva a dirotto. ***An jenem** Morgen goss es in Strömen.*

Bei Gegenüberstellungen werden abwechselnd questo und quello gebraucht:
Quale macchina vuoi comprare? **Questa** o **quella**? *Welches Auto möchtest du kaufen? **Dieses hier** oder **das da**?*

⚡ Das deutsche *das ist/das sind* + Substantiv wird mit questo/questa è bzw. questi/queste sono wiedergegeben:
Questa è una suoneria veramente originale. ***Das ist** ein origineller Klingelton.*

B2

Besonderheiten

- Die Demonstrativpronomen questo und quello können durch die Ortsadverbien qui/qua *hier* bzw. lì/là *dort* verstärkt werden:
  Questo qui è il mio portatile. ***Das hier** ist mein Notebook.*
  Quella là è una buona trattoria. ***Die dort** ist eine gute Gaststätte.*
- Auch quello kann – analog zu questo – eine neutrale Funktion ausüben:
  Quello che vedi è tutto mio. ***Das**, was du siehst, gehört alles mir.*
- Die Form quello verkürzt sich vor dem Relativpronomen che zu quel:
  Pensa a **quel che** ti ho detto. *Denke **an das, was** ich dir gesagt habe.*

Weitere Demonstrativpronomen 

Sing. Maskulinum	Sing. Femininum	Pl. Maskulinum	Pl. Femininum
costui *der da*	costei *die da*	costoro *die da*	costoro *die da*
colui *der da*	colei *die da*	coloro *die da*	coloro *die da*
codesto *dieser da*	codesta *diese da*	codesti *diese da*	codeste *diese da*

- **Costui**, **costei**, **costoro**, **colui**, **colei**, **coloro** werden nur pronominal und für Personen verwendet, allerdings mit einem negativen Unterton:
  Ma **colei** che vuole? *Aber was will **die da**?*
- **Codesto** *jener/dieser da* wird attributiv und pronominal verwendet und gibt die Nähe zum Hörer bzw. Gesprächspartner an:
  Chi era **codesto** bambino? *Wer war **dieses** Kind **da**?*
  ℹ Codesto wird überwiegend in der Toskana gebraucht und in der gesprochenen Sprache immer mehr durch quello ersetzt.

Stesso und medesimo B2

Die veränderlichen Demonstrativpronomen stesso und medesimo *derselbe* stehen mit dem bestimmten Artikel. Sie sind gleichbedeutend, wobei stesso gebräuchlicher ist als medesimo. Sie können attributiv und pronominal verwendet werden und stehen in der Regel vor dem Substantiv:

Faccio sempre **gli stessi/i medesimi** errori. *Ich mache immer **dieselben** Fehler.*
Giorgio è rimasto **lo stesso**. *Giorgio ist **derselbe** geblieben.*
⚡ Zur Verstärkung eines Personalpronomens oder Satzteils werden sie nachgestellt:
Lei **stessa/medesima** ha C1 confermato stamattina l'appuntamento. *Sie **selbst** hat den Termin heute Morgen bestätigt.*

Das neutrale Demonstrativpronomen ciò C1

Ciò *das* ist ein unveränderliches Pronomen. Es ersetzt questo und quello in der Bedeutung *das hier/dort*:
Ciò è corretto. ***Das hier** ist richtig.*
Ignoro **ciò** di cui stai parlando. *Ich weiß nicht, **wovon** du sprichst.*
Als indirektes Objekt kann ciò für ein unbetontes Personalpronomen stehen:
Non **ci** credo. → Non credo **a ciò**. *Ich glaube nicht **daran**.*

Cioè ist eine Verschmelzung von cio + è und bedeutet *das heißt, und zwar, also*:
Arriveremo dopodomani, **cioè** il 25 marzo. *Wir werden übermorgen, **d.h.** am 25. März, ankommen.*

Zwischentest 8

A2 **1. Welche Ergänzung gehört an den Satzanfang?**

.... fratello vive con la famiglia in Inghilterra.

- [ ] a. Il mio
- [ ] b. La mia
- [ ] c. Mia
- [ ] d. Mio

A2 **2. Welche zwei Übersetzungsmöglichkeiten gibt es für** la sua camicia**?**

- [ ] a. ihr Hemd
- [ ] b. sein Hemd
- [ ] c. euer Hemd
- [ ] d. dein Hemd

B1 **3. Welche zwei Possessivpronomen passen?**

Buongiorno Signori, ... biglietti per favore.

- [ ] a. i Suoi
- [ ] b. i vostri
- [ ] c. i Vostri
- [ ] d. i Tuoi

B1 **4. Was gehört in die Lücke?**

Non ci credevo fino a quando non l'ho visto con .... occhi.

- [ ] a. miei stessi
- [ ] b. miei propri
- [ ] c. i miei propri
- [ ] d. i miei altrui

C1 **5. Was bedeutet das Hervorgehobene?**

Paolo nella società ha messo **del suo**.

- [ ] a. sein Geld
- [ ] b. seine Ehre
- [ ] c. sein Leben
- [ ] d. seine Idee

B1 **6. Welches Demonstrativpronomen bezeichnet eine Entfernung vom Sprecher/Hörer?**

- [ ] a. costui
- [ ] b. stesso
- [ ] c. codesto
- [ ] d. quello

B1 **7. Welche Endung passt?**

Que...... sportivi sono tutti maratoneti.

- [ ] a. -i
- [ ] b. -lli
- [ ] c. -gli
- [ ] d. -lle

8. Wie lautet die Übersetzung? B2

Ich stehe zu deiner Verfügung.

- [ ] a. Sono ben disposto con te.
- [ ] b. Sono a tuo ordine.
- [ ] c. Sono pronto per te.
- [ ] d. Sono a tua disposizione.

9. Was entspricht dem Ausdruck le stesse persone? B2

- [ ] a. le codeste persone
- [ ] b. le medesime persone
- [ ] c. le proprie persone
- [ ] d. le uguali persone

10. Wie ist die Wendung *dir zuliebe* wiederzugeben? B2

- [ ] a. con tutto il tuo amore
- [ ] b. per tuo amore
- [ ] c. per amor tuo
- [ ] d. senza il tuo amore

11. Wie kann die Frage ergänzt werden (zwei Möglichkeiten)? B2

Quale videogioco vuoi? .... ?

- [ ] a. Questo o quello
- [ ] b. Codesto o questo
- [ ] c. Quella o questa
- [ ] d. Questi o quegli

12. Was entspricht dem deutschen *etwas*? B2

- [ ] a. poca
- [ ] b. parecchio
- [ ] c. qualcosa
- [ ] d. troppa

13. Welche Übersetzung ist richtig? C1

Lui si è messo in proprio.

- [ ] a. Er ist mit sich selbst in Frieden.
- [ ] b. Er ist eine eigenartige Person.
- [ ] c. Er will sich selbstständig machen.
- [ ] d. Er hat sich selbstständig gemacht.

14. Was passt am Satzanfang? C1

.... che Francesca va dicendo in giro è falso.

- [ ] a. Costei
- [ ] b. Il quale
- [ ] c. Ciò
- [ ] d. A ciò

Lösungen

1 d. 2 a., b. 3 b., c. 4 c. 5 a. 6 d. 7 c.
8 d. 9 b. 10 c. 11 a., b. 12 c. 13 d. 14 c.

B2

9 Das Relativ- und das Interrogativpronomen

Das Wichtigste in Kürze

Relativpronomen leiten Relativsätze ein.
Im Unterschied zum Deutschen sind sie bis auf das Pronomen **il quale** unveränderlich: **che**, **cui**, **chi**.

Interrogativpronomen (**chi**, **che**, **quale**, **quanto**) leiten Fragen ein und werden teilweise angeglichen (**quale**, **quanto**).

9.1 Das Relativpronomen

B2

Relativpronomen haben wie im Deutschen eine Doppelfunktion: Sie können ein Substantiv des übergeordneten Satzes ersetzen und zwei Sätze miteinander verbinden:

Ho visto tua madre che andava a fare la spesa. *Ich habe deine Mutter gesehen, **die** (gerade) einkaufen ging.*

Il socio di Barbara, che è direttore di un'importante banca, si è ammalato gravemente. *Barbaras Geschäftspartner, **der** Direktor einer wichtigen Bank ist, ist schwer erkrankt.*

Formen

Die Relativpronomen sind bis auf **il quale**, das sich im Genus und Numerus an das Substantiv, auf das es sich bezieht, anpasst, unveränderlich:

unveränderliche Formen
che *der, die, das*
cui *dem, der*
chi *wer; derjenige, der*

veränderliche Form: il quale	Singular	Plural
Maskulinum:	il quale *der*	i quali *die*
Femininum:	la quale *die*	le quali *die*

Gebrauch

Das Relativpronomen che

Das unveränderliche Relativpronomen **che** kann sowohl als Subjekt wie als direktes Objekt für Personen oder Sachen stehen. Es ist das meistverwendete Relativpronomen im Italienischen:

als Subjekt:	**Carla ha un medico tra i suoi conoscenti che fa ricerca all'estero.** *Carla hat in ihrem Bekanntenkreis einen Arzt, **der** im Ausland forscht.*
als direktes Objekt:	**La Bibbia è il libro che leggo di più.** *Die Bibel ist das Buch, **das** ich am meisten lese.*

ℹ Im Italienischen steht im Unterschied zum Deutschen vor **che** kein Komma.

C1

⚡ Bezieht sich **che** auf einen ganzen Satz oder einen bereits erwähnten Sachverhalt, wird es immer mit dem bestimmten maskulinen Artikel verwendet. Es entspricht in diesem Fall dem deutschen *was*:

Mi hanno detto che quegli amici albanesi di Lucia ritornano per sempre in Albania, il che mi sorprende molto, visto che oramai vivevano da anni in Italia. *Mir wurde gesagt, dass die albanischen Freunde von Lucia für immer nach Albanien zurückkehren, **was** mich sehr wundert, weil sie schon seit Jahren in Italien leben.*

Che kann sich auf vorausgehende Demonstrativpronomen wie quello *jener*, ciò *das*, colui *der da*, coloro *die da* (▷ 8.2) beziehen:
Mi piacerebbe proprio sapere **quello/ciò che** hai fatto tutto il tempo. *Ich würde nur zu gern wissen, **was** du die ganze Zeit getan hast.*
Coloro che sono pronti, possono adesso partire. ***Diejenigen, die** bereit sind, können jetzt aufbrechen.*

ℹ Redewendung: Non c'è di **che**! *Keine Ursache!*

Das Relativpronomen cui
Das Relativpronomen cui ist ebenfalls unveränderlich. Es wird nur als indirektes Objekt (zumeist) nach Präpositionen gebraucht. In dieser Funktion kann es von il quale in Verbindung mit einer Präposition ersetzt werden, aber nicht von che:
La cosa **di cui** (oder: della quale) abbiamo parlato è superata. *Die Angelegenheit, **von der** wir gesprochen haben, hat sich erledigt.*
La città **da cui** (oder: dalla quale) provengo è nell'Italia del sud. *Die Stadt, **aus der** ich komme, liegt in Süditalien.*
I motivi **per cui** (oder: per i quali) mi trovo qui sono noti a tutti. *Die Gründe, **weswegen** ich hier bin, sind allen bekannt.*

C1 ⚡ Cui kann auch zwischen dem bestimmten Artikel und dem Substantiv stehen. Es wird in dieser Position ohne Präposition verwendet und ist gleichbedeutend mit *dessen/deren*:
È quell'ingegnere, **il cui** collega lavora a Monaco. *Er ist jener Ingenieur, **dessen** Kollege in München arbeitet.*
Laura è quella ragazza, **la cui** sorella è partita per il Messico. *Laura ist jenes Mädchen, **deren** Schwester nach Mexiko gereist ist.*

Das Relativpronomen chi
Das Relativpronomen chi ist unveränderlich im Genus und Numerus. Es steht nur für Personen und kann colui che/quello che/il quale *derjenige, der* ersetzen. Im Unterschied zu diesen kann es dabei allein, ohne vorangehendes Demonstrativpronomen (▷ 8.2) verwendet werden:
Chi ha bisogno di qualche aiuto, può dirlo adesso. ***Wer** noch Hilfe braucht, kann es jetzt sagen.*
Chi (statt: colui/quello che) si impegna nel lavoro, fa carriera. ***Derjenige, der** sich im Beruf engagiert, macht Karriere.*

Chi kann auch für das Indefinitpronomen qualcuno/uno che *jemand/einer, der* stehen (▷ 10.3):
Per fortuna c'è **chi** crede ancora nella giustizia. *Zum Glück gibt es **jemanden, der** noch an die Gerechtigkeit glaubt.*

Ist eine Genus- oder Numerusdifferenzierung für eine eindeutige Aussage wichtig, lässt sich chi durch die entsprechenden Formen von colui/quello che ersetzen:

Genusdifferenzierung: **Colei che** si sente preparata, può partecipare alla gara. ***Diejenige, die*** *sich (dazu) bereit fühlt, kann am Wettkampf teilnehmen.*

Numerusdifferenzierung: In Italia **coloro che** si impegnano nel sociale e fanno C1 volontariato sono in aumento. *In Italien werden* ***diejenigen, die*** *sich sozial engagieren und ehrenamtliche Arbeit leisten, immer mehr.*

Das Pronomen chi kann auch in der Bedeutung von *jedermann/jede(r)* verwendet werden:
Chi (statt: chiunque) vuole può cominciare subito a scrivere il test di ammissione. ***Jeder****, der will, kann sofort anfangen, den Zulassungstest zu schreiben.*

Das Relativpronomen il quale

Das Relativpronomen il quale, das für Personen oder Sachen steht, tritt mit Artikel auf. Es gleicht sich seinem Bezugswort im Genus und Numerus an.

Il quale wird vorwiegend in der Schriftsprache verwendet und in der Umgangssprache meist durch che bzw. cui in Verbindung mit einer Präposition ersetzt:
Nel treno c'era un tifoso, **il quale** (oder: che) agitava una bandiera della sua squadra. *Im Zug saß ein Fan,* ***der*** *eine Fahne seiner Fußballmannschaft schwenkte.*
Ho visto quella commedia **della quale** (oder: di cui) mi avevi parlato. *Ich habe die Komödie gesehen,* ***von der*** *du gesprochen hattest.*
Il quale steht häufig im Plural und nach Präpositionen:
Sono persone **nelle quali** ho molta fiducia. *Es sind Menschen,* ***zu denen*** *ich viel Vertrauen habe.*

Obwohl il quale in der Umgangssprache selten gebraucht wird, ist seine Verwendung ratsam, um Zweideutigkeiten zu vermeiden oder stilistisch unvorteilhafte Wiederholungen von che im Satz auszuschließen:
Ho visto **il fratello** di Gianna, **il quale** lavora alla Fiat. *Ich habe Giannas Bruder gesehen,* ***der*** *bei Fiat arbeitet.*
Non dirmi che Raffaella, **la quale** non si fa viva da anni, ti ha scritto una cartolina. *Sag bloß nicht, dass Raffaella,* ***die*** *sich seit Jahren nicht meldet, dir eine Karte geschickt hat.*
Vorteilhaft ist il quale auch dann, wenn das Bezugswort in längeren Sätzen weit entfernt steht:
Il C1 protone è una **particella** dotata di carica elettrica positiva in un C1 nucleo atomico, **la quale** può esistere libera o legata. *Das Proton ist ein elektrisch positiv geladenes* ***Teilchen*** *in einem Atomkern,* ***das*** *frei oder gebunden bestehen kann.*

9.2 Das Interrogativpronomen

Interrogativpronomen leiten direkte oder indirekte Fragen ein. Sie können als Subjekt oder indirektes Objekt auftreten.

Formen

Sing. m.	Sing. f.	Pl. m.	Pl. f.	
chi	chi	chi	chi	*wer, wen*
che	che	che	che	*welche(r), was für ein(e)*
quale	quale	quali	quali	*welche(r), was für ein(e)*
quanto	quanta	quanti	quante	*wie viel, wie*

Gebrauch

Das Interrogativpronomen chi

Das Interrogativpronomen **chi** ist unveränderlich und fragt nach Personen im Allgemeinen:

Chi è stato? ***Wer** ist es gewesen?*

Chi kann mit Präpositionen verwendet werden:

Non so con chi partirò. *Ich weiß nicht, **mit wem** ich wegfahren werde.*

In Verbindung mit der Präposition **di** bedeutet **chi** *wessen*:

Di chi è questa B2 **agendina?** ***Wessen** Terminkalender ist das?*

Das Interrogativpronomen che

Das unveränderliche Interrogativpronomen **che** ist in der Alltagssprache sehr verbreitet. Es kann sich nur auf Dinge und Sachverhalte beziehen:

Allora che desideri? *Also, **was** möchtest du?*

Che ti prende? ***Was** hast du denn?*

A che stai pensando? ***An was/Woran** denkst du?*

Che lavoro fai? ***Was** arbeitest du?*

Oft wird **che** in der Umgangssprache durch **che cosa** oder **cosa** ersetzt:

(Che) cosa hai detto di preciso? ***Was** genau hast du gesagt?*

Ma di che cosa stiamo parlando? ***Wovon** reden wir eigentlich?*

Das Interrogativpronomen quale

Quale fragt nach Personen und Sachen aus einer Gruppe. Es gleicht sich nur im Numerus an und wird attributiv oder pronominal gebraucht:

- attributiv:
  Esiste una statistica a livello europeo su quali operai sono i più puntuali? *Gibt es eine europäische Statistik darüber, **welche** Arbeiter die pünktlichsten sind?*

- pronominal:
  In questa videoteca ci sono così tanti film. Non so quali prendere. *In dieser Videothek gibt es so viele Filme. Ich weiß nicht,* ***welche*** *ich nehmen soll.*

Quale wird im Singular vor è zu qual verkürzt:
Qual è la tua opinione sulle B2 **versioni on line dei giornali italiani?** ***Was für eine*** *Meinung hast du über die Online-Ausgaben italienischer Zeitungen?*

Das Interrogativpronomen quanto
Das veränderliche Interrogativpronomen quanto fragt nach der Menge oder Anzahl von Sachen und Personen. Wie das Pronomen quale wird quanto attributiv oder pronominal verwendet:
- attributiv:
  Quanto ritardo porta il treno? ***Wie viel*** *Verspätung hat der Zug?*
  Quante persone sono venute? ***Wie viele*** *Personen sind gekommen?*
  Quanti anni hai? ***Wie*** *alt bist du?*

- pronominal:
  È finita la benzina. Quanta ne metto? *Das Benzin ist alle!* ***Wie viel*** *tanke ich?*
  Quanti hanno risposto alla lettera? ***Wie viele*** *haben auf den Brief geantwortet?*

Alle Interrogativpronomen können auch in Ausrufen benutzt werden:
Ma a chi lo dici! *Aber* ***wem*** *sagst du das!*
Che mi tocca B2 **sopportare!** ***Was*** *ich alles ertragen muss!*
Quanta gente! ***Wie viele*** *Leute!*
Quale C1 **sfacciataggine!** ***Was für eine*** *Unverfrorenheit!*

Alternativformen 

Eine Reihe von Fragewörtern, die teils auch als Konjunktionen (▷ 23.3) verwendet werden, können die Funktion eines Interrogativpronomens haben:

perché? *warum?* **come?** *wie?* **dove?** *wo?* **quando?** *wann?*

Perché non impari un po' di spagnolo? ***Warum*** *lernst du nicht ein bisschen Spanisch?*
Come hai fatto ad incidere il tuo primo CD? ***Wie*** *hast du es geschafft, deine erste CD aufzunehmen?*
Dove sei stato con la mia macchina? ***Wo*** *bist du mit meinem Auto gewesen?*
Da dove vieni? ***Woher*** *kommst du?*
Quando avete intenzione di ritornare in India? ***Wann*** *beabsichtigt ihr, wieder nach Indien zurückzukehren?*

Zwischentest 9

A2 **1. Welches Relativpronomen ist in Genus und Numerus veränderlich?**

- [ ] a. chi
- [ ] b. cui
- [ ] c. che
- [ ] d. il quale

A2 **2. Welche Übersetzungsmöglichkeit gibt es für *was* im folgenden Satz?**

*Ich habe von dem Unfall erfahren, **was** uns überrascht hat.*

- [ ] a. che cosa
- [ ] b. il che
- [ ] c. il quale
- [ ] d. chi

B1 **3. Was gehört in die Lücke (zwei Möglichkeiten)?**

Sono tutti prodotti .... ho fatto pubblicità.

- [ ] a. per coloro
- [ ] b. per cui
- [ ] c. a che
- [ ] d. per i quali

B1 **4. Welche Singular-Plural-Bildung stimmt nicht?**

- [ ] a. il quale ➞ i quali
- [ ] b. la quale ➞ le quali
- [ ] c. lo quale ➞ gli quali
- [ ] d. colui che ➞ coloro i quali

C1 **5. Was macht derjenige, von dem im Satz die Rede ist?**

Lui non parla mai con chi lo può veramente aiutare.

- [ ] a. Er spricht nie mit demjenigen, der ihm helfen kann.
- [ ] b. Er spricht mit allen, die ihm helfen können.
- [ ] c. Er lässt sich von niemandem helfen.
- [ ] d. Er spricht oft mit demjenigen, der ihm hilft.

B2 **6. Wie heißt das meistverwendete Relativpronomen im Italienischen?**

- [ ] a. cui
- [ ] b. il quale
- [ ] c. chi
- [ ] d. che

B1 **7. Was gehört in die Lücke?**

I Buddisti, ... si richiamano alla dottrina di Buddha, sono numerosi.

- [ ] a. con i quali
- [ ] b. coloro
- [ ] c. i quali
- [ ] d. per i quali

8. Welche zwei Übersetzungen stimmen? C1

Wiederhole, was du sagst.

- ☐ a. Ripeti ciò che dici.
- ☐ b. Ripeti quanto che dici.
- ☐ c. Ripeti lo stesso che dici.
- ☐ d. Ripeti quello che dici.

9. Welches Relativpronomen muss auf con folgen? B2

Maria e Sandra, con .... abbiamo un buon rapporto, sono siciliane.

- ☐ a. coloro
- ☐ b. cui
- ☐ c. che
- ☐ d. i quali

10. Was entspricht den Interrogativpronomen *wer* und *wen*? A2

- ☐ a. Quanti?
- ☐ b. Quale?
- ☐ c. Chi?
- ☐ d. Per chi?

11. Was gehört in die Lücke? B2

Non avete ancora capito .... la mia proposta.

- ☐ a. qual è
- ☐ b. che è
- ☐ c. il quale è
- ☐ d. chi è

12. Wie muss die Frage ergänzt werden? B2

Ti aspettano da ore: .... sei stata?

- ☐ a. dove
- ☐ b. perché
- ☐ c. come
- ☐ d. da quando

13. Was entspricht dem deutschen *bis wann*? B2

- ☐ a. fino a come
- ☐ b. fino a che
- ☐ c. fino a quando
- ☐ d. per quando

14. Welches Relativpronomen kann che im Satz ersetzen? B2

La crociera, che è stata prenotata da mio figlio, è interessante.

- ☐ a. per cui
- ☐ b. con cui
- ☐ c. il quale
- ☐ d. la quale

Lösungen

1d. 2b. 3b.,d. 4c. 5a. 6d. 7c.
8a.,d. 9b. 10c. 11a. 12a. 13c. 14d.

B2

10 Das Indefinitpronomen

Das Wichtigste in Kürze

Indefinitpronomen bezeichnen Personen und Sachen, die nicht näher bestimmt sind.

Sie stellen im Italienischen eine große und heterogene Gruppe dar.

Es gibt veränderliche (z. B. **certo**, **-a**, **-i**, **-e**) und unveränderliche (z. B. **ogni**) Indefinitpronomen.

Sie können ein Substantiv adjektivisch begleiten oder pronominal anstelle eines Substantivs stehen.

10.1 Das adjektivisch verwendete Indefinitpronomen A2

Folgende Indefinitpronomen werden nur adjektivisch gebraucht. Sie sind unveränderlich:

ogni *jede(r, s)*
B1 qualsiasi/qualunque *jede(r, s) beliebige*
B1 qualche *einige, ein paar*

Ogni artista del B2 circo ha esercitato B2 innumerevoli volte **ogni** fase della sua B2 esibizione. ***Jeder*** *Zirkusartist hat unzählige Male* ***jeden*** *Schritt seines Auftritts geprobt.*
Puoi venire a **qualsiasi/qualunque** ora. *Du kannst zu* ***jeder beliebigen*** *Zeit kommen.*
Nel B2 raggio di **qualche** chilometro ci sono molti distributori. *Im Umkreis von* ***einigen*** *Kilometern gibt es viele Tankstellen.*

⚡ Im Plural kann qualche auch durch alcuni/-e ersetzt werden:
Dopo **qualche** minuto (= alcuni minuti) sono sceso in B1 cantina. *Nach* ***ein paar*** *Minuten bin ich in den Keller gegangen.*

10.2 Das adjektivisch und pronominal verwendete Indefinitpronomen 

Folgende Indefinitpronomen können sowohl adjektivisch als auch pronominal verwendet werden. Sie sind im Genus und Numerus veränderlich:

altro, -a, -i, -e	*andere(r, s)/noch*
certo, -a, -i, -e	*gewisse(r)/manche*
B1 alcuno, -a, -i, -e	*irgendein(e)/einige*
B1 diverso/vario, -a, -i, -e	*verschieden, andere(r), etliche, mehrere*
quanto, -a, -i, -e (als Interrogativpronomen ▷ 9.2)	*so viel(e) … wie*
poco, -a; pochi, -e	*wenig(e)*
tanto, -a, -i, -e	*(so) viel(e)*
B1 parecchio, -a, -i, -e	*ziemlich viel(e)*
molto, -a, -i, -e	*viel(e)*
troppo, -a, -i, -e	*zu viel(e)*
tutto, -a, -i, -e	*ganz(e)/alle*

- Altro kann über einen allgemeinen Unterschied hinaus zusätzlich auch eine unbestimmte Quantität angeben:
  Per te l'insalata di mare è B2 saporita abbastanza o vuoi **altro** sale? *Ist der Meeresfrüchtesalat für dich genug gewürzt oder möchtest du* ***noch*** *Salz?*

- **Certo** kommt im Singular meist in Verbindung mit dem unbestimmten Artikel vor:
  Ha telefonato **un certo** signore che voleva convincermi a fare un B1 abbonamento alla TV a pagamento. ***Ein gewisser*** *Herr hat angerufen und wollte mich überzeugen, ein Pay-TV-Abonnement abzuschließen.*
  In **certi** giorni quando fuori fa freddo non avrei voglia di uscire di casa. *An* ***manchen*** *Tagen, wenn es draußen kalt ist, habe ich gar keine Lust, aus dem Haus zu gehen.*
  ⚡ Nach einem Substantiv bedeutet certo auch *sicher*:
  L'attività di mio padre non è C1 granché, ma ogni mese dà un utile **certo**. *Die Tätigkeit meines Vaters ist zwar nichts Besonderes, aber sie garantiert (ihm) jeden Monat ein* ***sicheres*** *Einkommen.*

- **Alcuno** wird im Singular nur in verneinten Sätzen verwendet und kann meist durch nessuno *kein(e)* (▶ 10.4) ersetzt werden. Es bildet in diesem Fall die Formen in Anlehnung an den unbestimmten Artikel uno (▶ 2.2):
  Vi assicuro che non c'è **alcun/nessun** pericolo. *Ich versichere euch, dass* ***keine*** *Gefahr besteht.*
  Alcuni mesi fa ho speso troppi soldi e adesso devo B1 risparmiare. *Vor* ***einigen*** *Monaten habe ich zu viel Geld ausgegeben, und jetzt muss ich sparen.*

- **Diverso** und **vario** stehen vor Substantiven im Plural in der Bedeutung *verschiedene, mehrere, etliche, viele*:
  Il mio ragazzo indossa ogni giorno due **diverse** camicie. *Mein Freund trägt jeden Tag zwei* ***verschiedene*** *Hemden.*
  Mia madre conosce **varie** ricette per cucinare la pasta. *Meine Mutter kennt* ***etliche*** *Nudel-Rezepte.*
  È un grande progetto e ci lavoreranno **diversi** B1 tecnici. *Es ist ein großes Projekt und* ***mehrere*** *Techniker werden daran arbeiten.*

- **Quanto** bedeutet sowohl im adjektivischen wie auch im pronominalen Gebrauch *so viel(e) … wie*:
  Finalmente posso mangiare **quanti** gelati voglio! *Endlich kann ich* ***so viel*** *Eis essen,* ***wie*** *ich will!*
  Qui c'è della torta. Prendine pure **quanta** ne vuoi. *Hier gibt es Torte. Nimm davon* ***so viel wie*** *du willst.*
  ⚡ In Ausrufesätzen hat quanto die Bedeutung *so viel(e)*:
  Quanti invitati! ***So viele*** *Gäste!*

- **Poco**, **tanto**, **parecchio**, **molto** und **troppo** bezeichnen unterschiedliche Grade in Bezug auf eine unbestimmte Menge oder Anzahl:
  Tra **pochi** minuti inizia il quiz televisivo. *In* ***wenigen*** *Minuten beginnt die Quizshow im Fernsehen.*

Per sciare ero C1 negato, ma il mio maestro di sci ebbe **tanta** pazienza con me che alla fine imparai abbastanza bene. *Fürs Skifahren war ich völlig unbegabt, aber mein Skilehrer hatte **so viel** Geduld mit mir, dass ich es am Ende doch ziemlich gut lernte.*
Dobbiamo finire un progetto e abbiamo tutti **parecchio** lavoro. *Wir müssen ein Projekt fertigstellen und haben alle **ziemlich viel** Arbeit.*
Laura avrebbe voluto inviarmi **molte** foto per e-mail. *Laura wollte mir **viele** Fotos per E-Mail schicken.*
Nel mondo ci sono ancora **troppe** centrali elettriche a B1 carbone. *Es gibt auf der Welt immer noch **zu viele** Kohlekraftwerke.*
Ne avevamo invitati **tanti**, ma soltanto **pochi** sono venuti. *Wir hatten **viele** eingeladen, aber nur **wenige** sind gekommen.*

- Tutto wird mit dem bestimmten Artikel oder mit einem Demonstrativpronomen verwendet. In letzterem Fall steht das Demonstrativpronomen zwischen tutto und dem Substantiv:
  Ho lavorato **tutto il** giorno. *Ich habe den **ganzen** Tag gearbeitet.*
  Non era facile rispondere a **tutte quelle** domande. *Es war nicht leicht, auf **all die** Fragen zu antworten.*
  ⚡ In Verbindung mit einer Zeitangabe bedeutet tutti/tutte *jede(r, s)*: B1
  Tutti i giorni la B1 sveglia suona alle sette. ***Jeden Tag** klingelt der Wecker um sieben Uhr.*
  In Verbindung mit der Konjunktion e und einer Zahl bedeutet tutti/tutte *alle*:
  Mi aspettavo un cugino, ma sono venuti **tutti e tre**. *Ich habe einen Cousin erwartet, aber es sind **alle drei** gekommen.*

10.3 Das pronominal verwendete Indefinitpronomen B1

Folgende Indefinitpronomen haben nur eine pronominale Funktion und bilden in der Regel keine Pluralform aus:

uno, -a	*eine(r)*	chiunque	*jeder(mann)*
qualcuno, -a	*jemand, eine(r)*	qualcosa	*etwas*
ognuno, -a	*jede(r) einzelne*	niente/nulla	*nichts*

- Uno/una wird verwendet, um eine einzelne Person zu bezeichnen, deren Identität unbestimmt bleibt:
  Ieri ha telefonato **uno** che ti cercava. *Gestern hat **einer** angerufen, der dich gesucht hat.*

- ⚡ Tritt **uno/una** zusammen mit dem Indefinitpronomen **altro/altra** auf, kann es auch einen Plural bilden. In diesem Fall geht der bestimmte Artikel voraus:
  Non si capisce mai niente: **gli uni** dicono una cosa, **gli altri** l'opposto. *Man versteht überhaupt nichts: **Die einen** sagen das eine, **die anderen** das Gegenteil.*
  💡 Gegenseitigkeit wird mit den Wendungen **l'un l'altro/l'un con l'altro** bzw. **l'una l'altra/l'una con l'altra** zum Ausdruck gebracht:
  Si aiutavano **l'un l'altro/l'un con l'altro** come fratelli. *Sie halfen sich **gegenseitig** wie Brüder.*

- **Qualcuno** wird pronominal und nur im Singular verwendet. Es gibt eine unbestimmte, aber kleine Menge oder eine geringe Anzahl an:
  Conosci **qualcuna** delle sue amiche? *Kennst du **eine** seiner/ihrer Freundinnen?*
  Qualcuno kann auch eine einzelne Person oder Sache bezeichnen:
  C'è **qualcuno**? *Ist **jemand** da?*
  ℹ Redewendung:
  Sergio ha detto di nuovo **qualcuna delle sue**. *Sergio hat wieder **etwas** (z. B. einen Spruch oder Witz) zum Besten gegeben.*

- **Ognuno** bezeichnet einen beliebigen Menschen aus einer unbestimmten Anzahl:
  Ognuno può andare via quando vuole. ***Jeder** kann weggehen, wann er will.*

- **Chiunque** (wörtl.: *jeder Mensch, jede Person*) ist unveränderlich und entspricht als Indefinitpronomen dem Ausdruck **qualunque persona**:
  Questa lingua è così facile che la capisce **chiunque**. *Diese Sprache ist so leicht, dass **jeder** sie versteht.*
  Leitet **chiunque** einen Nebensatz ein, bedeutet es *wer auch immer* und verlangt den Konjunktiv:
  Chiunque telefoni, io non ci sono per nessuno! ***Wer auch immer** anruft, ich bin für niemanden zu sprechen!*

- **Niente**, **nulla** sind unveränderliche Pronomen mit negativer Funktion:
  Nulla di quello che hai detto è vero. ***Nichts** von dem, was du gesagt hast, ist wahr.*
  Stehen sie nach dem Verb, geht ihnen eine weitere Negation (▶ 25.1) voran:
  Abbiamo parlato per ore, ma **non** è stato deciso **niente**. *Wir haben stundenlang geredet, aber **nichts** ist entschieden worden.*
  Niente/nulla kann auch eine kleine, zu vernachlässigende Menge angeben:
  Ha bevuto tutte quelle bottiglie di vino come se fosse **niente**. *Er hat die vielen Weinflaschen geleert, als wären sie **nichts**.*
  È così nervoso che si B2 arrabbia per **nulla**/un nonnulla. *Er ist so nervös, dass er wegen **nichts** in die Luft geht.*
  ℹ **Nulla** wird hauptsächlich in der Toskana verwendet.

10.4 Weitere Indefinitpronomen B1

nessuno, -a — *kein(e), niemand*
ciascuno, -a — *jede(r) Einzelne*
B2 **tale, -i** — *jemand, ein(e) gewisse(r), solche(r)*

- **Nessuno** und **ciascuno** haben keine Pluralform. Sie verlieren die Endung **-o** vor Vokal oder Konsonant – nicht aber vor **gn**, unbetontem **i** + Vokal, **s** + Konsonant, **pn**, **ps**, **x**, **z**. Im Femininum kann die Endung **-a** vor Vokal apostrophiert werden:
  Nessun uomo era mai stato sulla luna prima del 1969. *Vor 1969 war* ***kein*** *Mensch je auf dem Mond.*
  I miei amici non hanno nessun'/nessuna intenzione di investire i loro B2 risparmi in B2 azioni. *Meine Freunde haben* ***keine*** *Absicht, ihre Ersparnisse in Aktien anzulegen.*
  Nessuno B2 psicologo è stato capace di B2 guarire Maia dalla sua C1 nevrosi. ***Kein*** *Psychologe ist in der Lage gewesen, Maia von ihrer Neurose zu heilen.*
  Loro hanno C1 assegnato a ciascuno studente un B2 compito differente. *Sie haben* ***jedem*** *Studenten eine andere Aufgabe gegeben.*

- **Tale** hat nur eine Pluralform: **tali**. Es bezeichnet als Indefinitpronomen eine unbestimmte Person und steht fast immer mit dem unbestimmten Artikel.
  Senti, fuori c'è un tale che ti aspetta da ore. *Hör mal, draußen wartet* ***jemand*** *seit Stunden auf dich.*

  Die Unbestimmtheit von **tale** wird durch die Verwendung mit dem bestimmten Artikel oder dem Demonstrativpronomen **quel** eingeschränkt. Die Person, von der die Rede ist, ist bekannt, aber man lässt deren Namen aus:
  È venuto il tale/quel tale che ha già telefonato parecchie volte. *Es ist* ***der*** *gekommen,* ***der*** *schon oft angerufen hat.*

  ℹ Die Wendung **tale e quale** bedeutet *ganz der/die*:
  Alessandro è tale e quale suo padre. *Alessandro ist* ***ganz*** *der Vater.*
  Il tal dei tali entspricht dem deutschen *Herr Soundso*:
  E poi, il tal dei tali si è fatto vivo da voi? *Und dann, hat der* ***Herr Soundso*** *sich bei euch gemeldet?*

  ⚡ **Tale** kann in adjektivischem Gebrauch als Demonstrativpronomen in der Bedeutung *solche(s)* verwendet werden:
  Mi sono preso un tale B2 spavento, quando B2 i freni non funzionavano più! *Ich habe einen* ***solchen*** *Schreck gekriegt, als die Bremsen nicht mehr funktionierten!*

Zwischentest 10

A2 **1. Was gehört in die Lücke?**

.... giorno gioco un'ora a tennis.

- [ ] a. qualunque
- [ ] b. qualche
- [ ] c. qualsiasi
- [ ] d. ogni

A2 **2. Was bedeutet qualche camicia?**

- [ ] a. einige Hemden
- [ ] b. kein Hemd
- [ ] c. bestimmte Hemden
- [ ] d. viele Hemden

B1 **3. Welche Vorschläge nehme ich an?**

Accetto qualunque proposta mi venga fatta.

- [ ] a. alle guten Vorschläge
- [ ] b. einen guten Vorschlag
- [ ] c. den besten Vorschlag
- [ ] d. jeden beliebigen Vorschlag

A2 **4. Wie ist die Reihe zu ergänzen?**

poco → tanto → .... → molto → ....

- [ ] a. troppo/parecchio
- [ ] b. tutto/niente
- [ ] c. parecchio/troppo
- [ ] d. nulla/tutto

B2 **5. Was kann nessuna im Satz ersetzen?**

Paolo non dà mai nessuna spiegazione.

- [ ] a. alcuna
- [ ] b. qualcuna
- [ ] c. qualsiasi
- [ ] d. diversa

B1 **6. Wie lautet die richtige Übersetzung?**

Jeden Sonntag spiele ich Golf.

- [ ] a. Parecchie domeniche gioco a golf.
- [ ] b. Qualche domenica gioco a golf.
- [ ] c. Alcune domeniche gioco a golf.
- [ ] d. Tutte le domeniche gioco a golf.

A2 **7. Welche Endung muss ergänzt werden?**

Divers...... amiche di mio figlio studiano ingegneria.

- [ ] a. -i
- [ ] b. -a
- [ ] c. -e
- [ ] d. -o

8. Welche zwei Pronomen bilden eine Pluralform? B1

- [ ] a. tale
- [ ] b. ciascuno
- [ ] c. nessuno
- [ ] d. certo

9. Was bedeutet un certo gusto? B2

- [ ] a. viel Geschmack
- [ ] b. ein gewisser Geschmack
- [ ] c. ein sicherer Geschmack
- [ ] d. ohne Geschmack

10. Wie muss im folgenden Satz *jemand* übersetzt werden? A2

Jemand sollte doch etwas sagen.

- [ ] a. ognuno
- [ ] b. chiunque
- [ ] c. qualcuno
- [ ] d. alcuno

11. Mit welchem Wort endet der Satz? B2

Ho telefonato, ma non ha risposto ....

- [ ] a. nessuno
- [ ] b. ciascuno
- [ ] c. uno
- [ ] d. alcuno

12. Welche zwei Pronomen können den Satz ergänzen? B2

Non abbiamo combinato ....

- [ ] a. niente
- [ ] b. nullo
- [ ] c. una
- [ ] d. nulla

13. Was entspricht dem deutschen *etwas Gutes*? B2

- [ ] a. poco di buono
- [ ] b. parecchio buono
- [ ] c. qualcosa di buono
- [ ] d. troppo buono

14. Was versteht Ugo? B2

Ugo non capisce mai niente.

- [ ] a. Er versteht alles.
- [ ] b. Er versteht ganz viel.
- [ ] c. Er versteht ziemlich viel.
- [ ] d. Er versteht nie etwas.

Lösungen

1 d. 2 a. 3 d. 4 c. 5 a. 6 d. 7 c.
8 a, d. 9 b. 10 c. 11 a. 12 a, d. 13 c. 14 d.

A1

11 Das Verb

Das Wichtigste in Kürze

Im Italienischen gibt es im Unterschied zum Deutschen drei Konjugationsklassen für Verben:

- Verben auf **-are**: **amare**
- Verben auf **-ere**: **leggere**
- Verben auf **-ire**: **sentire**

Außerdem gibt es zwei zusätzliche Modi: den Konditional und das Gerund.

Bis auf den Konjunktiv haben finite Verben für jede Person eine eigene Endung.

11.1 Die Konjugation

Die regelmäßigen und unregelmäßigen Verben werden nach ihren Endungen in drei Konjugationklassen eingeteilt:

1. Konjugation: Verben auf **-are**	wie **amare** *lieben*
2. Konjugation: Verben auf **-ere**	wie **temere** *fürchten*
3. Konjugation: Verben auf **-ire**	wie **sentire** *hören*

Die erste Konjugation ist zahlenmäßig die umfangreichste. Neue Verbbildungen enden immer auf **-are**. Die Computersprache liefert mit **formattare** *formatieren*, **masterizzare** *brennen*, **cliccare** *klicken* usw. viele Beispiele dafür.

Verben haben für jede Person eine eigene Endung und werden zumeist ohne Personalpronomen gebraucht:
Credo di essere puntuale. *Ich glaube, ich bin pünktlich.*

Wie im Deutschen gibt es im Italienischen die unregelmäßigen Hilfsverben **avere** *haben* und **essere** *sein* (▶ 13 und Seite 284/285).

In der Regel werden die Verben der 1. und 3. Konjugation auf der Infinitivendung betont: **camminare** *laufen*, **salire** *einsteigen*. Bei den Verben der 2. Konjugation kann die Betonung entweder auf der Infinitivendung liegen (**cadere** *fallen*) oder auf der vorangehenden Silbe (**leggere** *lesen*).

11.2 Die Verbformen

A1

Man unterscheidet zwischen finiten (konjugierten) und infiniten (nicht konjugierten) Formen. Finite Verbformen werden durch Tempus, Modus, Zustandsform (Passiv/Aktiv), Numerus (Singular, Plural) und Person bestimmt.

Die finite Form eines Verbs wie **prendo** *ich nehme* leitet sich aus dem Infinitiv **prendere** *nehmen* ab: Dem Wortstamm **prend-** wird eine Endung, hier: **-o**, angehängt. Er ist Träger der Bedeutung, während die Endung Person und Tempus definiert.

Die italienische Sprache kennt vier finite Modi: Indikativ (▶ 13), Konjunktiv (▶ 14), Konditional (▶ 15) und Imperativ (▶ 16).
Zu den finiten Verbformen des Indikativs gehören: Präsens, Futur, Imperfetto (Imperfekt), Passato remoto (historisches Perfekt) und die mit **essere** *sein* oder **avere** *haben* zusammengesetzten Zeiten Passato prossimo (Perfekt), Trapassato prossimo (Plusquamperfekt) und Trapassato remoto.
Zu den infiniten Verbformen zählen der Infinitiv (▶ 19), das Partizip (▶ 20) und das Gerund (▶ 21).

A1
11.3 Die Verbarten

B1
11.3.1 Das transitive und das intransitive Verb

Transitive Verben werden wie im Deutschen immer mit einem direktem Objekt, d. h. einem Akkusativobjekt, verbunden:
Beviamo una birra gelata. ***Wir trinken ein*** *eiskaltes* ***Bier.***
Luigi **legge un libro.** *Luigi* ***liest ein Buch.***
Transitive Verben können auch absolut, d. h. ohne Objekt, verwendet werden:
Noi beviamo. *Wir trinken.* Lucia legge. *Lucia liest.*

Intransitive Verben sind Verben, denen ein indirektes Objekt, d. h. ein Dativobjekt, oder kein Objekt folgt:
mit Dativobjekt: Maria non **gli risponde.** *Maria* ***antwortet ihm*** *nicht.*
ohne Objekt: **Dormiamo** sempre bene. ***Wir schlafen*** *immer gut.*

Eine Reihe von Verben, die im Italienischen ein direktes Objekt anschließen (▶ 22), stehen im Deutschen hingegen mit einem indirekten Objekt:
Abbiamo cercato di B2 **dissuaderlo.** *Wir haben versucht, es* ***ihm auszureden.***
Ti ringraziamo per l'ospitalità. ***Wir danken dir*** *für die Gastfreundschaft.*

Andere Verben wie telefonare *telefonieren/anrufen* und chiedere *fragen* sind im Italienischen intransitiv, im Deutschen aber transitiv:
Gli abbiamo telefonato ieri. *Wir haben* ***ihn*** *gestern angerufen.*
Per favore, **chiedi a loro** la strada. ***Frag sie*** *bitte nach der Straße.*

A2
11.3.2 Die Hilfsverben essere und avere

Mit den Hilfsverben essere *sein* und avere *haben* werden die zusammengesetzten Zeiten und das Passiv (▶ 17) gebildet. Sie sind unregelmäßig (▶ Musterkonjugationen):
Sono arrivati ieri all'aeroporto. *Sie* ***sind*** *gestern am Flughafen* ***angekommen.***

Wie im Deutschen wird avere in Verbindung mit allen transitiven sowie einigen intransitiven Verben gebraucht, nicht jedoch mit reflexiven:
Sergio **ha comprato** un televisore al C1 plasma. *Sergio* ***hat*** *einen Plasmafernseher* ***gekauft.***
In Verbindung mit avere ist das Partizip Perfekt (▶ 20.2) unveränderlich.

Im Gegensatz zum Deutschen steht avere bei Verben, die keine zielgerichtete Bewegung zum Ausdruck bringen:

camminare *(zu Fuß) gehen*	navigare *(zur See) fahren*	nuotare *schwimmen*
girare *herumlaufen/-kommen*	sciare *Ski fahren*	viaggiare *reisen*
passeggiare *spazieren gehen*	volare *fliegen*	divagare *abschweifen*

Hai navigato a lungo? ***Bist*** *du lange zur See* ***gefahren****?*
Oggi **ho nuotato** per due ore. *Heute* ***bin*** *ich zwei Stunden* ***geschwommen.***

Essere wird in der Regel mit intransitiven, reflexiven und unpersönlichen Verben verwendet. Es steht häufig zusammen mit Verben, die eine Bewegung, einen Zustand oder Zustandswechsel ausdrücken:
Sei rimasta a lungo al party? *Bist du lange auf der Party geblieben?*

Auch das Passiv (▷ 17) wird mit essere gebildet:
Un nuovo libro **sarà presentato** dalla scrittrice al festival di letteratura. *Ein neues Buch **wird** von der Autorin beim Literaturfestival **vorgestellt werden**.*

⚡ Bei den zusammengesetzten Zeiten mit essere richtet sich das Partizip Perfekt (▷ 20.2) in Genus und Numerus nach dem Subjekt:
Anna è andat**a** dal C1 cardiologo. *Anna ist zum Kardiologen gegangen.*
Siamo andat**i** al cinema. *Wir sind ins Kino gegangen.*

⚡ Im Gegensatz zum Deutschen steht essere:
- bei reflexiven und reflexiv gebrauchten Verben (▷ 12):
  Lara **si è** leggermente B2 **ferita**. *Lara **hat sich** leicht **verletzt**.*
- bei unpersönlichen und unpersönlich gebrauchten Verben (▷ 11.3.4):
  Carlo ci **è sembrato** confuso. *Carlo **schien** uns verwirrt zu sein.*
  ℹ Bei Witterungsverben kann essere oder avere verwendet werden:
  È/Ha piovuto. *Es **hat geregnet**.* **È/Ha nevicato.** *Es **hat geschneit**.*
- bei Verben wie durare *dauern*, sopravvivere *überleben*, costare *kosten*, esistere *existieren*, piacere *gefallen*, dispiacere *leidtun*, parere *scheinen*:
  Il volo **è durato** parecchie ore. *Der Flug **hat** mehrere Stunden **gedauert**.*
  Lo spettacolo ci **è piaciuto**. *Die Vorstellung **hat** uns **gefallen**.*
- manchmal bei Modalverben (▷ 11.3.3):
  Sono voluti restare a lungo. *Sie **haben** lange bleiben **wollen**.*

11.3.3 Das Modalverb 

Mit Modalverben werden Modalitäten einer Handlung ausgedrückt. Ihnen folgt in der Regel ein Vollverb im Infinitiv.

Modalverben im Präsens Indikativ

potere *können, dürfen*		**dovere** *müssen, sollen*		**volere** *wollen*	
Singular	**Plural**	**Singular**	**Plural**	**Singular**	**Plural**
posso	possiamo	devo	dobbiamo	voglio	vogliamo
puoi	potete	devi	dovete	vuoi	volete
può	possono	deve	devono	vuole	vogliono

Die Modalverben sind in allen Zeiten unregelmäßig (▷ Unregelmäßige Verben).

ⓘ Modalverben können wie im Deutschen auch ohne nachfolgenden Infinitiv verwendet werden, wenn man diesen aus dem Kontext erschließen kann:
Ma come, andate via di già? – Eh sì, **dobbiamo** (andare). *Was? Geht ihr schon weg? – Ja, leider, wir **müssen** (gehen).*
Nella pubertà molti giovani non sanno che cosa **vogliono.** *In der Pubertät wissen viele Jugendliche nicht, was sie **wollen**.*

Die Modalverben bilden die zusammengesetzten Zeiten mit essere oder avere, je nachdem, ob das sie begleitende Vollverb die zusammengesetzten Zeiten mit essere oder avere bildet:
Non **sono potuto andare** a quell'appuntamento. *Ich **habe** nicht zu dem Treffen **gehen können**.*
Perché **hai voluto comprare** proprio questa moto? *Warum **hast** du gerade dieses Motorrad **kaufen wollen**?*

ⓘ Der alternative Gebrauch von avere bei Modalverben, die die zusammengesetzten Zeiten mit essere bilden, ist jedoch in der Alltagssprache weit verbreitet:
Abbiamo voluto (statt: siamo voluti) partire prima delle ferie scolastiche. *Wir **wollten** vor den Schulferien **abreisen**.*

Die unbetonten Personalpronomen (▶ 7.2) können vor den Modalverben stehen oder an den Infinitiv gehängt werden:
Che cosa **ci** volevate dire? Che cosa volevate dir**ci**? *Was wolltet ihr **uns** sagen?*

Dovere *müssen, sollen*: Notwendigkeit – Aufforderung – Pflicht
Domani **devo** andare assolutamente dall' B2 oculista. *Morgen **muss** ich unbedingt zum Augenarzt gehen.*
Oggi **devi** andare alla posta e ritirare un pacchetto. *Heute **sollst** du auf die Post gehen und ein Päckchen abholen.*
Un buon cattolico **deve** andare a B2 messa la domenica. *Ein guter Katholik **soll** jeden Sonntag zur Messe gehen.*

Potere *können, dürfen*: Möglichkeit – Erlaubnis
Posso suonare il C1 violino, ma preferisco il C1 contrabasso. *Ich **kann** Geige spielen (= ich bin fähig zu spielen), aber ich bevorzuge den Kontrabass.*
Stasera mia sorella **può** andare in discoteca. *Heute Abend **darf** meine Schwester in die Disco gehen.*

Werden dovere und potere verneint, bedeuten sie *dürfen*:
Hai bevuto troppo. **Non devi** metterti al volante. *Du hast zu viel getrunken. Du **darfst nicht** ans Steuer.*

Volere *wollen*: Willensäußerung
Vogliamo giocare a B2 scacchi in pace! *Wir **wollen** in Ruhe **Schach spielen**!*

⚡ Sapere *wissen* kann die Funktion eines Modalverbs annehmen, in dieser Verwendung erhält es die Bedeutung *fähig sein*:
Stefano **sa** nuotare come un pesce. *Stefano **kann** wie ein Fisch schwimmen.*
In der Bedeutung *(aus)kennen, sich bewusst sein* steht sapere ohne Infinitiv:
Purtroppo **sai** poco la matematica. *Leider **kennst du** dich in Mathematik weniger aus.*

11.3.4 Unpersönliche Verben und Ausdrücke B1

Unpersönliche Verben und Ausdrücke haben kein bestimmtes Subjekt und stehen in der 3. Person Singular:

Piove. *Es regnet.* **Gela.** *Es friert.* **Tuona.** *Es donnert* usw.
Bisogna sbrigarsi: è tardi! ***Wir müssen** uns beeilen: Es ist spät!*
A volte **succede/capita/accade** di incontrare le persone più strane. *Manchmal **kommt es vor**, dass man die merkwürdigsten Menschen trifft.*
Importa che tu sia presente. ***Es ist wichtig**, dass du dabei bist.*
Non **importa**. ***Das macht** nichts.*
Occorre trovare un partner per la nostra società. ***Es ist nötig**, einen Partner für unsere Gesellschaft zu finden.*
Conviene prendere il primo taxi che passa. ***Es ist angebracht/besser**, das erste Taxi zu nehmen, das vorbeikommt.*
Pare che l'B2 economia stia andando forte. ***Es scheint**, dass die Wirtschaft boomt.*
Qui **serve** un bravo B2 idraulico. *Hier **braucht man** einen guten Klempner.*
Basta! ***Es genügt/reicht!***

ⓘ Einige dieser Verben wie bastare *(aus)reichen* und servire *dienen* werden auch persönlich gebraucht:
I soldi non **bastano** mai. *Das Geld **reicht** nie.*
Gli insegnanti dovrebbero **servire** da esempio. *Lehrer sollten als Beispiel **dienen**.*

Unpersönliche Ausdrücke werden mit der 3. Person Singular von essere *sein* in Verbindung mit einem Substantiv, Adjektiv oder Adverb gebildet:

- Essere + Substantiv:
  È una fortuna aver trovato una camera libera. ***Es ist ein Glück**, ein freies Zimmer gefunden zu haben.*
  A quest'ora **è un problema** trovare una trattoria aperta. *Um diese Zeit **ist es ein Problem**, eine geöffnete Gaststätte zu finden.*
- Essere + Adjektiv:
  È bello rivederti. ***Es ist schön**, dich wiederzusehen.*
  Per te **è facile** parlare: il tuo posto è sicuro. *Du **hast gut** reden: Deine Stelle ist doch sicher.*

- Essere + Adverbien: bene *gut*, male *schlecht*, meglio *besser*, peggio *schlechter*:
  È bene essere B2 prudenti. ***Es ist gut**, vorsichtig zu sein.*

⚡ Folgt unpersönlichen Ausdrücken mit essere ein Satz, der durch che *dass* eingeleitet wird, muss der Konjunktiv verwendet werden:
È un peccato **che tu abbia rinunciato** a quel posto di lavoro. *Schade, dass du auf den Arbeitsplatz verzichtet hast.*

Auch mit fare *machen* können unpersönliche Ausdrücke gebildet werden:

Fa caldo/freddo. *Es ist kalt/warm.*
Fa brutto tempo. *Es ist schlechtes Wetter.*
Fa bene/male. *Es tut gut/weh.*
Mi fa piacere. *Es freut mich.*
Fa B2 schifo! *Das ist widerlich/ekelhaft!*
Fa B2 pena./Fa pietà. *Das erregt Mitleid.*

B2

11.3.5 Die unregelmäßigen Verben

Die meisten unregelmäßigen Verben (▶ Unregelmäßige Verben) wie leggere *lesen*, mettere *legen, stellen* gehören der 2. Konjugation an. Wenige wie salire *(ein)steigen* oder aprire *öffnen* gehören zur 3. Konjugation, und nur vier unregelmäßige Verben zählen zur 1. Konjugation: Es sind andare *gehen*, dare *geben*, fare *machen* und stare *stehen, bleiben*.

C1

Besonderheiten

Verben, die zwei Konjugationen angehören und bedeutungsgleich sind:

- adempi**ere** und adempi**re** *erfüllen, halten*:
  I miei impiegati **adempiscono** agli incarichi loro assegnati. *Meine Angestellten **erfüllen** die ihnen anvertrauten Aufgaben.*
  ℹ Adempiersi wird im Sinn von *sich erfüllen, sich bewahrheiten* verwendet:
  Quasi sempre le previsioni degli economisti non **si adempiono**. *Die Vorhersagen der Wirtschaftswissenschaftler **bewahrheiten sich** fast nie.*
- compi**ere** und compi**re** *vollenden, beenden*:
  Dopo diversi anni mio figlio **compie** gli studi universitari. *Nach einigen Jahren **beendet** mein Sohn das Universitätsstudium.*
  C'è qualcuno che **compie** gli anni oggi? *Ist jemand da, der heute Geburtstag hat* (wörtl.: *die Jahre vollendet*)?
- anner**are** und anner**ire** *schwärzen*:
  Il fumo delle sigarette **annera** velocemente tende e pareti. *Der Zigarettenrauch **schwärzt** schnell Gardinen und Wände.*
  In molti documenti segreti gli estensori **anneriscono** i nomi delle persone coinvolte. *In vielen Geheimberichten **schwärzen** die Verfasser die Namen der involvierten Personen.*

Verben, die ihre Bedeutung abhängig von der Konjugation ändern:

- arross**are** *röten* – arross**ire** *rot werden*:
  Nella trasmissione televisiva i riflettori **arrossano** i visi dei partecipanti. *In der TV-Sendung **röten** die Scheinwerfer die Gesichter der Teilnehmer.*
  Franca è adulta, ma **arrossisce** ancora come una ragazzina. *Franca ist erwachsen, aber sie **wird** noch **rot** wie ein Mädchen.*
- imbosc**are** *verstecken* – imbosch**ire** *aufforsten*:
  A volte funzionari corrotti C2 **imboscano** le pratiche. *Manchmal **verstecken** korrupte Beamte Dossiers.*
  Il comune ha in progetto di C2 **imboschire** tutta la zona. *Die Gemeinde plant, das ganze Areal **aufzuforsten**.*
  Imbosc**arsi** *sich verstecken, sich einer Pflicht entziehen, sich drücken*:
  Lui è l'unico che C2 **si è imboscato**. *Er ist der Einzige, der **sich gedrückt hat**.*

Verben, die eine oder mehrere Zeitformen nicht bilden können:

- C2 Addirsi *geeignet sein, passen, sich schicken* wird nur in der 3. Person Singular und Plural verwendet:
  Questo comportamento **si addice a** Anna. *Dieses Verhalten **passt zu** Anna.*
- Divergere *voneinander abweichen* hat weder ein Partizip Perfekt, noch kann es das Passato remoto (historische Perfekt) bilden:
  Durante il periodo coloniale le posizioni tra i partiti socialisti e borghesi **dovettero** per forza **divergere**. *Während der Kolonialzeit **mussten** gezwungenermaßen die Positionen zwischen den sozialistischen und bürgerlichen Parteien **voneinander abweichen**.*
- C2 Calere *am Herzen liegen, Bedeutung haben*, das oft ironisch gebraucht wird, steht nur in der 3. Person Singular des Indikativ Präsens:
  Ciò **non mi cale** proprio per niente. *Das **ist mir** völlig **gleichgültig**.*

Verben ohne Partizip Perfekt, die keine zusammengesetzten Zeiten bilden: C2 convergere *übereinstimmen*, C2 esimere *entbinden, befreien*, competere *wetteifern, konkurrieren*. Zum Ausgleich dienen Umschreibungen oder Modalverben:

Non sempre le nostre opinioni **convergono**. *Wir **sind** nicht immer der **gleichen Meinung**.*
Non c'è stata **convergenza**. *Es war keine **Übereinstimmung** möglich.*
Se permettete, **mi esimo dal** rispondere. *Wenn Sie gestatten, **erlaube ich mir** nicht zu antworten* (wörtl.: *entbinde ich mich einer Antwort*).
Ho **dovuto esimere** un mio collaboratore **dal** suo obbligo. *Ich **musste** einen meiner Mitarbeiter **von** seiner Aufgabe **entbinden**.*
Viviamo in una società dove tutti **competono**. *Wir leben in einer Gesellschaft, in der alle gegeneinander **wetteifern**.*

Zwischentest 11

A2 **1. Wie viele Konjugationen gibt es im Italienischen?**

☐ a. zwei
☐ b. vier
☐ c. fünf
☐ d. drei

A2 **2. Wer fährt den Wagen?**

La mia macchina è guidata da tuo nipote.

☐ a. Mein Neffe fährt.
☐ b. Dein Neffe fährt.
☐ c. Unser Neffe fährt.
☐ d. Ich fahre mit deinem Neffen.

A2 **3. Welcher Satz hat eine korrekte Verbkonstruktion?**

Sofia hat sich die Haare gewaschen.

☐ a. Sofia è lavati i capelli.
☐ b. Sofia le hanno lavato i capelli.
☐ c. Sofia si è lavata i capelli.
☐ d. Sofia si ha lavato i capelli.

A2 **4. Welche Endung fehlt?**

Anna e Carla sono andat...... a teatro.

☐ a. -a
☐ b. -i
☐ c. -o
☐ d. -e

B1 **5. Wie lautet die richtige Übersetzung?**

Er hat sich rasiert.

☐ a. Si è fatto la barba.
☐ b. Si ha fatto la barba.
☐ c. È fatto la barba.
☐ d. Ha fatto la barba.

B1 **6. Was gehört in die Lücke?**

Mio figlio .... dovuto ripetere la prima media.

☐ a. ha
☐ b. è
☐ c. era
☐ d. abbia

B1 **7. Welcher Satz ist richtig?**

☐ a. Siamo dovuto andare via.
☐ b. Possiamo dover andare via.
☐ c. Abbiamo dovuti andare via.
☐ d. Dobbiamo andare via.

B1 **8. Welche Bedeutung hat bisogna?**

☐ a. man muss
☐ b. man darf
☐ c. es ist gut
☐ d. es ist schlecht

9. Was kann Anna essen? C1

Anna ha una allergia e non può mangiare alcuni cibi.

- [ ] a. Sie darf einige Gerichte essen.
- [ ] b. Sie muss pikante Gerichte essen.
- [ ] c. Sie darf einige Gerichte nicht essen.
- [ ] d. Sie darf pikante Gerichte essen.

10. Welche Ergänzung passt? B2

Che dici? Possiamo uscire? No, ...

- [ ] a. non volevamo
- [ ] b. non possiamo
- [ ] c. non dobbiamo
- [ ] d. non diciamo niente

11. Wie muss die Übersetzung lauten? C1

Er kann viele Sprachen sprechen.

- [ ] a. Vuole parlare molte lingue.
- [ ] b. Deve parlare molte lingue.
- [ ] c. Può parlare molte lingue.
- [ ] d. Sa parlare molte lingue.

12. Welche Ergänzung ist richtig? C1

A mio padre .... poco la modestia.

- [ ] a. si addisse
- [ ] b. si divergeva
- [ ] c. si addiceva
- [ ] d. si conteneva

13. Welches Verb gehört in die Lücke? C1

Oggi è festa grande: Mio nonno .... 100 anni.

- [ ] a. compisca
- [ ] b. compie
- [ ] c. compia
- [ ] d. compieno

14. Wie lautet die richtige Übersetzung? C1

Es ist uns gleichgültig.

- [ ] a. Non ci esime.
- [ ] b. Non ci cale.
- [ ] c. Non ci bisogna.
- [ ] d. Non ci va.

Lösungen

1 d. 2 b. 3 c. 4 d. 5 a. 6 a. 7 d.
8 a. 9 c. 10 b. 11 d. 12 c. 13 b. 14 b.

A1

12 Das reflexive Verb

Das Wichtigste in Kürze

Reflexive Verben werden immer von Reflexivpronomen begleitet, die sich auf das Subjekt des Satzes beziehen.
Im Unterschied zum Deutschen werden diese dem Verb in der Regel vorangestellt:
Il gatto **si** lava. *Die Katze wäscht* ***sich***.

Reflexive Verben bilden die zusammengesetzten Zeiten immer mit dem Hilfsverb **essere**.

Formen

Es gibt verschiedene Arten reflexiver Verben. Von einem Reflexivpronomen begleitet werden können: A2

- Verben, die nur reflexiv gebraucht werden:
  B2 Menti molto bene ma **ci accorgiamo** sempre delle tue B2 bugie. *Du lügst sehr geschickt, aber **wir merken**, dass du lügst.*
  Peter C1 **si è innamorato** di una ragazza italiana. *Peter **hat sich** in ein italienisches Mädchen **verliebt**.*

- Verben, die sowohl reflexiv als auch nicht reflexiv verwendet werden können:
  Paola **si lava** una volta al giorno. *Paola **wäscht sich** einmal am Tag.*
  Mio marito **lava** il B2 pavimento della cucina ogni giorno. *Mein Ehemann **putzt** jeden Tag den Küchenboden.*

- reziproke Verben, bei denen das Reflexivpronomen eine reziproke Funktion hat und ein wechselseitiges Verhältnis ausdrückt:
  Posso C1 giurare sul fatto che loro **si amano** come il primo giorno. *Ich kann beschwören, dass sie **sich (einander)** wie am ersten Tag **lieben**.*
  Diese Wechselbeziehung kann durch Ausdrücke wie a vicenda/l'un l'altro *gegenseitig, einander* hervorgehoben werden:
  Le banche non **si aiutano** B2 **a vicenda** quando tira aria di B2 crisi. *Die Banken **helfen (sich) einander** nicht, wenn Krisenstimmung herrscht.*

Die reflexiven Verben bilden die Zeitformen gemäß der Konjugationsgruppe (▶ 11.1), der sie angehören:
Marco **si pettina** più volte al giorno. *Marco **kämmt sich** mehrmals am Tag.*
Die zusammengesetzten Zeiten bilden sie in der Regel mit dem Hilfsverb essere *sein* (vergleichen Sie dazu auch die Ausführungen unter Gebrauch S. 136). Dabei richtet sich das Partizip in Genus und Numerus nach dem Subjekt:
Gianna **si è lavata**. *Gianna **hat sich gewaschen**.*
I miei amici **si sono persi** tra i B2 vicoli di Napoli. *Meine Freunde **haben sich** in den Gassen Neapels **verirrt**.*

Präsens: pettinare *sich kämmen*	**Perfekt: essersi pettinato *sich gekämmt haben***
mi pettino *ich kämme mich*	mi sono pettinato, -a *ich habe mich gekämmt*
ti pettini *du kämmst dich*	ti sei pettinato, -a *du hast dich gekämmt*
si pettina *er/sie kämmt sich, Sie kämmen sich*	si è pettinato, -a *er/sie hat sich gekämmt, Sie haben sich gekämmt*
ci pettiniamo *wir kämmen uns*	ci siamo pettinati, -e *wir haben uns gekämmt*
vi pettinate *ihr kämmt euch/Sie kämmen sich*	vi siete pettinati, -e *ihr habt euch/Sie haben sich gekämmt*
si pettinano *sie kämmen sich*	si sono pettinati, -e *sie haben sich gekämmt*

Den reflexiven Verben gehen stets die Reflexivpronomen mi, ti, si, ci, vi, si voraus (▷ 7.3), die zu me, te, se, ce, ve, se werden, wenn ihnen ein Akkusativpronomen wie lo, la, li, le oder ne folgt:
Ti sei dimenticato di comprare il caffè? – Sì, andavo di fretta e **me lo** sono dimenticato! *Hast du vergessen, Kaffee zu kaufen? – Ja, ich war in Eile und habe **es** vergessen.*

Stellung

Das Reflexivpronomen steht in der Regel vor dem Verb und in den zusammengesetzten Zeiten vor dem Hilfsverb. Es wird aber angehängt:

- an den Infinitiv, der dabei den Endvokal verliert:
  Per **vestirmi** impiego quasi un'ora. *Ich brauche fast eine Stunde, um **mich anzuziehen**.*
- an das Gerund:
  Vedendosi scoperto il rapinatore alzò le mani e C1 si consegnò alla polizia. *Als er **sich** entdeckt **sah**, hob der Dieb die Hände hoch und ergab sich der Polizei.*
- an das Partizip Perfekt, wenn es absolut, d. h. anstelle eines Nebensatzes, gebraucht wird. In diesem Fall gleicht sich das Partizip Perfekt an das Subjekt an:
  Accortosi dello sbaglio, Giulio tornò subito indietro. *Da Giulio seinen Fehler bemerkt hatte, kehrte er sofort zurück.*
  Accortasi della gaffe, Angela si scusò immediatamente. *Da Angela ihren Fauxpas bemerkt hatte, entschuldigte sie sich sofort.*
- an den bejahten Imperativ der 2. Person Singular und der 1. und 2. Person Plural:
  Lavati, per favore! ***Wasche dich** bitte!*
  Vestiamoci subito! ***Ziehen wir uns** sofort **an**!*
  È tardi: **alzatevi**! *Es ist spät: **Steht auf**!*
  Beim verneinten Imperativ kann das Pronomen vor- oder nachgestellt werden:
  Non C1 **ci lagniamo/lagniamoci** troppo sul piccolo aumento di C1 stipendio. ***Beschweren wir uns nicht** zu sehr über die geringe Lohnerhöhung.*

Gebrauch

Das Partizip Perfekt richtet sich in Numerus und Genus nach dem Subjekt des Satzes (▷ 13.5, 20.2). Folgt dem reflexiven Verb jedoch ein Akkusativobjekt, kann das Partizip wahlweise an das Subjekt oder das Objekt angeglichen werden:
Allora ragazzi: **vi siete messi/messe** le scarpe da ginnastica? *Also Leute: **Habt ihr** eure Turnschuhe **angezogen**?*
Wird die Akkusativergänzung durch ein Pronomen ersetzt, ist die Angleichung zwingend:
Vi siete **messi/messe** le scarpe? – Sì, **ce le siamo messe.** *Habt ihr die Schuhe angezogen? – Ja, wir **haben sie angezogen**.*

⚡ Ist das Reflexivpronomen dem Verb vorangestellt, bilden reflexive Verben (und Modalverben) die zusammengesetzten Zeiten mit essere *sein*, ist es nachgestellt, wird jedoch avere *haben* verwendet:
Ieri **mi sono voluto ribellare** alle pretese del mio capo. *Gestern **wollte ich mich** gegen die Forderungen meines Chefs **auflehnen**.*
Tutti **hanno dovuto rifugiarsi** in una chiesa. *Alle **mussten** Zuflucht in einer Kirche **suchen**.*

Umgangssprachlich steht das Reflexivpronomen oft bei nicht reflexiven Verben:
Dai, **ci beviamo** una birra? *Komm, **trinken wir** ein Bier?*
Dopo lo sport **ci facciamo** sempre una doccia calda. *Nach dem Sport **duschen wir** immer warm.*

Einige Verben wie cavare *ziehen*, prendere *nehmen*, battere *schlagen* bilden in reflexiver Verwendung feste Fügungen mit dem Pronomen la:
cavarsela *durchkommen, zurechtkommen, davonkommen*:
Paola **se la cava** da sola. *Paola **kommt** allein **zurecht**.*
prendersela *übel nehmen, böse sein:*
Se la sono presa per quello scherzo innocente. *Sie **haben** diesen harmlosen Scherz **übel genommen**.*
battersela *sich davonmachen, sich aus dem Staub machen*:
Dopo aver rotto il vetro della finestra, i ragazzi **se la sono battuta** di corsa. *Nachdem die Jungen das Fensterglas kaputt geschlagen hatten, **machten sie sich** schnell **aus dem Staub**.*

Redewendungen mit farsi 

Das reflexiv gebrauchte fare *machen* kommt in vielen Redewendungen vor:

- farsi giorno/notte/tardi *Tag/Nacht/spät werden*:
  In estate **si fa notte** molto tardi e molta gente rimane all'aperto. *Im Sommer **wird** es sehr spät **Nacht** und viele Leute bleiben draußen im Freien.*
- farsi grande *groß werden, wachsen, sich aufspielen*:
  Quanti anni ha tuo figlio? Si **è fatto** così **grande**! *Wie alt ist dein Sohn? Er **ist** so **groß geworden**!*
  Non **farti grande**! ***Spiele dich** nicht so **auf**!*
- farsi vivo *sich melden, ein Lebenszeichen von sich geben*:
  Dopo anni di assoluto silenzio **si è fatto vivo** Roberto dall'Australia. *Nach Jahren der Funkstille **hat sich** Roberto aus Australien wieder **gemeldet**.*
- farsi animo *sich Mut machen, Mut fassen*:
  Fatti animo, la vita continua! ***Fasse Mut**, das Leben geht weiter!*
- farsi onore *zur Ehre gereichen, sich beispielhaft verhalten*:
  Lui **si è fatto onore** nel suo impegno per i C2 senza fissa dimora. *Mit seinem Engagement für Obdachlose **hat** er **sich beispielhaft verhalten**.*

- farsi bello *sich mit etw. brüsten, sich schön machen*:
  Luca **si fa** sempre **bello** con il lavoro dei colleghi. *Luca **brüstet sich** immer mit der Arbeit der Kollegen.*
- farsene un baffo *jdm. wurst sein*:
  Delle sue critiche **me ne faccio un baffo**! *Seine Kritik **ist mir wurst**!*

Weitere Redewendungen mit reflexiven Verben
Es gibt einige weitere wichtige Redewendungen mit reflexiven Verben:
- andarsene *weggehen, abhauen*:
  Vattene! *Geh weg!*
- mettersi a *beginnen, sich daran machen*:
  Mio figlio **si mette a** studiare sempre dopo pranzo. *Mein Sohn **macht sich** immer nach dem Mittagessen **ans** Lernen.*
- starsene *(für sich) bleiben*:
  Me ne sto al mare. ***Ich bleibe** am Meer.*
- Mi raccomando! ***Ich bitte** (mir aus)!*:
  Non dirlo a nessuno, **mi raccomando**! *Sag es ja keinem!*
- **S'immagini**!/**Si figuri**! *Aber ich bitte Sie!/Keine Ursache!/Gern geschehen!*

B2 **Reflexive Verben im Deutschen und Italienischen**
Verben, die im Gegensatz zum Deutschen reflexiv sind:
- abbonarsi a *abonnieren*:
  Mi sono abbonato alla Gazzetta dello Sport. ***Ich habe** die Gazzetta dello Sport **abonniert**.*
- accomodarsi *Platz nehmen*:
  Si accomodi, per favore. ***Nehmen Sie Platz**, bitte.*
- addormentarsi *einschlafen*:
  A teatro **mi addormento** sempre. *Im Theater **schlafe ich** immer **ein**.*
- allenarsi *trainieren*:
  Andiamo in palestra e **ci alleniamo** per due ore. *Wir gehen ins Fitness-Studio und **trainieren** zwei Stunden lang.*
- alzarsi *aufstehen*:
  Vi alzate subito dopo aver mangiato? ***Steht ihr** sofort nach dem Essen **auf**?*
- ammalarsi *krank werden*:
  Antonio **si è ammalato** di C1 nostalgia. *Antonio **ist** an Heimweh **erkrankt**.*
- chiamarsi *heißen*:
  Mi chiamo Fabio Rossi. *Ich **heiße** Fabio Rossi.*
- congratularsi con *gratulieren*:
  Il direttore **si è congratulato con** l'operaio più anziano della fabbrica. *Der Direktor **hat** dem ältesten Arbeiter in der Fabrik **gratuliert**.*

- dimettersi *zurücktreten*:
  I politici italiani annunciano spesso le loro C1 dimissioni, ma molto raramente **si dimettono**. *Die italienischen Politiker kündigen oft ihren Rücktritt an, aber sie **treten** sehr selten **zurück**.*
- fermarsi *stehen bleiben*:
  Non posso uscire con lei perché **si ferma** davanti a tutte le vetrine. *Ich kann nicht mit ihr ausgehen, weil **sie** vor allen Schaufenstern **stehen bleibt**.*
- fidarsi *jdm. trauen/vertrauen*:
  Come dice un proverbio: **fidarsi** è bene, non **fidarsi** è meglio. *Wie ein altes Sprichwort sagt: **Vertrauen** ist gut, nicht **vertrauen** ist besser.*
- laurearsi *einen Hochschulabschluss erwerben*:
  Pochi studenti **si laureano** con il massimo dei voti. *Wenige Studierende **erwerben einen Hochschulabschluss** mit Bestnote.*
- pentirsi di *etwas bereuen*:
  Non **mi sono** mai **pentito di** quello che ho fatto. *Ich **habe** nie **bereut**, was ich getan habe.*
- rompersi *kaputtgehen, zerbrechen*:
  Il vecchio televisore **si è rotto**. *Der alte Fernseher **ist kaputtgegangen**.*
- spaventarsi *erschrecken*:
  Mia madre **si spaventa** facilmente. *Meine Mutter **erschrickt** leicht.*
- svegliarsi *aufwachen*:
  È ora di **svegliarsi**! *Es ist Zeit **aufzuwachen**!*

Verben, die im Unterschied zum Deutschen nicht reflexiv sind:

- ammontare a *sich belaufen auf*:
  L'eredità di nonna **ammonta a** un milione. *Großmutters Erbe **beläuft sich auf** eine Million.*
- cambiare *sich ändern*:
  Carla **è** completamente **cambiata**. *Carla **hat sich** komplett **verändert**.*
- girare *sich drehen*:
  C'è sempre qualcuno che sente subito quando il vento **gira**. *Es gibt immer jemanden, der sofort spürt, wenn der Wind **sich dreht**.*
- migliorare *sich bessern*:
  Grazie alle nuove strategie **è migliorata** la nostra posizione sul mercato. *Dank der neuen Strategien **hat sich** unsere Marktstellung **verbessert**.*
- peggiorare *sich verschlechtern*:
  La situazione **è peggiorata**. *Die Lage **hat sich verschlechtert**.*
- soggiornare *sich aufhalten*:
  Gli stranieri C1 extracomunitari possono **soggiornare** in Italia per un limitato periodo di tempo. *Ausländer aus Nicht-EU-Staaten dürfen **sich** eine begrenzte Zeit in Italien **aufhalten**.*

Zwischentest 12

A1 **1. Welches Reflexivpronomen muss ergänzt werden?**

Aurelio, se .... annoi, guarda la tv!

- [ ] a. mi
- [ ] b. vi
- [ ] c. si
- [ ] d. ti

A2 **2. Welche Umwandlung ins Perfekt stimmt?**

Vi alzate alle sette o prima?

- [ ] a. Vi siete alzati alle ...
- [ ] b. Vi avete alzati alle ...
- [ ] c. Vi avete alzato alle ...
- [ ] d. Vi siete alzato alle ...

A2 **3. Welche Bedeutung hat der Satz?**

Paolo e Sandro si odiano.

- [ ] a. Sandro hasst Paolo.
- [ ] b. Paolo hasst Sandro.
- [ ] c. Sie hassen einander.
- [ ] d. Sie werden gehasst.

B2 **4. Was gehört in die Lücke?**

La farina? Oh, ... sono dimenticata!

- [ ] a. me lo
- [ ] b. me la
- [ ] c. mi la
- [ ] d. mi lo

B2 **5. Welche Endung muss ergänzt werden?**

Vado a tagliar...... i capelli.

- [ ] a. ci
- [ ] b. si
- [ ] c. ti
- [ ] d. mi

B2 **6. Wie wird das Hervorgehobene übersetzt?**

***Als sie** den Fehltritt **bemerkten**, baten sie um Entschuldigung.*

- [ ] a. Essendosi accorti
- [ ] b. Essendoci accorti
- [ ] c. Essendosi accorto
- [ ] d. Essendomi accorto

B2 **7. Wie weckt man jemanden auf Italienisch?**

- [ ] a. Svegliami!
- [ ] b. Svegliatevi!
- [ ] c. Svegliati!
- [ ] d. Ti svegli!

8. Was entspricht dem folgenden Satz? C1

Non pavoneggiarti troppo!

- ☐ a. Non devi parlare tanto.
- ☐ b. Non devi essere modesto.
- ☐ c. Non devi imitare i pavoni.
- ☐ d. Non ti devi dare delle arie.

9. Welche zwei Übersetzungsmöglichkeiten gibt es? C1

Regt euch nicht auf!

- ☐ a. Vi non adirate!
- ☐ b. Non vi adirate!
- ☐ c. Non adiratevi!
- ☐ d. Non ci adirate!

10. Was passt in die Lücke? B2

Nonostante le difficoltà ....

- ☐ a. ci abbiamo potuto capire
- ☐ b. ci siamo potuti capire
- ☐ c. abbiamo ci potuto
- ☐ d. siamo potuti capirci

11. Welche Ergänzung stimmt? B2

Tutte le ragazze .... il pigiama.

- ☐ a. si hanno infilate
- ☐ b. si hanno infilato
- ☐ c. si sono infilate
- ☐ d. si sono infilato

12. Wie wird *wir schlafen ein* übersetzt? B2

- ☐ a. ci addormentiamo
- ☐ b. dormiamo
- ☐ c. addormiamo
- ☐ d. addormentiamo

13. Wie muss der Satz ergänzt werden? C2

Delle opinioni altrui Lara ....

- ☐ a. se ne fa critica
- ☐ b. se ne fa un baffo
- ☐ c. se ne fa grande
- ☐ d. se ne fa bella

14. Was bedeutet soggiornare? B2

- ☐ a. sich entgegenhalten
- ☐ b. sich aufhalten
- ☐ c. aufhalten
- ☐ d. einen Tag verbringen

Lösungen

1 d. 2 a. 3 c. 4 b. 5 d. 6 a. 7 c. 8 d.
9 b., c. 10 b. 11 c. 12 a. 13 b. 14 b.

A1

13 Der Indikativ

Das Wichtigste in Kürze

Mit den Zeiten des Indikativs wird die Wirklichkeit, also tatsächliche Geschehnisse und Zustände, beschrieben.

Was die Tempusformen der Vergangenheit betrifft, so gibt es hierzu im Italienischen mit dem

- **Imperfetto (Imperfekt)** sowie dem
- **Passato remoto (historischen Perfekt)** und dem
- **Trapassato remoto**

mehr Differenzierungsmöglichkeiten als im Deutschen.

13.1 Das Präsens

A1

Formen des regelmäßigen Präsens

Die Präsensendungen werden an den Infinitivstamm des Verbs gehängt.

		1. Konjugation **ball-are** *tanzen*	2. Konjugation **scriv-ere** *schreiben*	3. Konjugation **sent-ire** *hören*
Sing.:	**1. Pers.**	ball-**o**	scriv-**o**	sent-**o**
	2. Pers.	ball-**i**	scriv-**i**	sent-**i**
	3. Pers.	ball-**a**	scriv-**e**	sent-**e**
Pl.:	**1. Pers.**	ball-**iamo**	scriv-**iamo**	sent-**iamo**
	2. Pers.	ball-**ate**	scriv-**ete**	sent-**ite**
	3. Pers.	ball-**ano**	scriv-**ono**	sent-**ono**

Die 1. und 2. Person Singular und die 1. Person Plural haben in allen drei Konjugationen die gleiche Form. Die Betonung liegt in der Regel auf der vorletzten Silbe und nur bei der 3. Person Plural auf der drittletzten.

Einige Verben der 3. Konjugation (Endung -ire) haben in allen Präsensformen bis auf die 1. und 2. Person Plural eine Stammerweiterung auf -isc-, deren Aussprache vom nachfolgenden Vokal abhängt (▶ 1.2):

		prefer-ire *vorziehen, bevorzugen*	**cap-ire** *verstehen*
Sing.:	**1. Pers.**	prefer-**isc**-o	cap-**isc**-o
	2. Pers.	prefer-**isc**-i	cap-**isc**-i
	3. Pers.	prefer-**isc**-e	cap-**isc**-e
Pl.:	**1. Pers.**	prefer-iamo	cap-iamo
	2. Pers.	prefer-ite	cap-ite
	3. Pers.	prefer-**isc**-ono	cap-**isc**-ono

Weitere Verben mit der Stammerweiterung auf -isc- sind:

- agire *handeln*:
  Ci dispiace vedere che Antonia **agisce** spesso male nei confronti di sua madre. *Es tut uns leid zu sehen, dass Antonia ihre Mutter oft schlecht behandelt.*
- colpire *treffen, schlagen*:
  Quello che dici ci **colpisce** come un B1 fulmine a ciel sereno. *Das, was du sagst,* ***trifft*** *uns wie ein Blitz aus heiterem Himmel.*
- finire *enden, beenden*:
  Stasera **finisco** tardi di lavorare. *Heute Abend* ***höre*** *ich spät* ***auf*** *zu arbeiten.*
- B1 spedire *(ab)senden*:
  Se mi **spedisci** quel file in B2 formato Word te lo rispedisco corretto. *Wenn du mir die Datei in Word* ***sendest****, werde ich sie dir korrigiert zurücksenden.*

A2 **Besonderheiten**

- Bei Verben der 1. Konjugation, die auf -care/-gare enden wie cliccare *(an)klicken* oder pagare *(be)zahlen*, hängt man zum Erhalt der Aussprache ein h an den Stamm, wenn eine Präsensform auf -i oder -e endet:
  Tu **clicchi** su tutti i siti e poi noi ci ritroviamo un virus nel computer. *Du klickst alle Webseiten an, und dann fangen wir uns ein Virus im Computer ein.*
  Marta **paghi** tu per tutti o **paghiamo** ognuno per conto suo? *Marta, **zahlst** du für alle oder **bezahlt** jeder für sich?*
- Verben der 1. Konjugation auf -ciare/-sciare/-giare wie B2 rinunciare *verzichten, aufgeben*, lasciare *(ver)lassen*, festeggiare *feiern* verlieren vor Endungen, die mit -i/-e beginnen, das unbetonte -i des Stammauslauts:
  Se **lasci** il televisore in stand-by consumi molta energia. *Wenn du den Fernseher im Stand-by **lässt**, verbrauchst du viel Energie.*
  Se **festeggi** il tuo compleanno, faccelo sapere in tempo. *Wenn du deinen Geburtstag **feierst**, lass es uns rechtzeitig wissen.*
- Bei Verben der 1. Konjugation auf -iare wie studiare *lernen, studieren* entfällt das -i, wenn die nachfolgende Endung mit -i beginnt:
  Domani hai un compito in classe: quando **studi**? *Morgen schreibst du eine Klassenarbeit: Wann **lernst** du?*
- Bei Verben der 2. Konjugation auf -cere/-scere/-gere verändert sich die Aussprache entsprechend der Endung:

c → [k] oder [tʃ]	c → [sk] oder [ʃ]			
conoscere *kennen*:	Singular:	cono**sco**	cono**sci**	cono**sce**
	Plural:	cono**sciamo**	cono**scete**	cono**scono**

Formen des unregelmäßigen Präsens

A2 Die meisten unregelmäßigen Verben gehören der 2. Konjugation an (▷ Unregelmäßige Verben), in der 1. Konjugation gibt es nur wenige wie andare *gehen*, dare *geben*, fare *machen* und stare *stehen*.

		1. Konjugation andare *gehen*	2. Konjugation rimanere *bleiben*	3. Konjugation salire *(ein)steigen*
Sing.:	**1. Pers.**	vado	rimango	salgo
	2. Pers.	vai	rimani	sali
	3. Pers.	va	rimane	sale
Pl.:	**1. Pers.**	andiamo	rimaniamo	saliamo
	2. Pers.	andate	rimanete	salite
	3. Pers.	vanno	rimangono	salgono

Gebrauch

Das Präsens Indikativ bezeichnet:

- Tatsachen, Handlungen und Ereignisse, die sich in der Gegenwart abspielen:
  Compro una A2 scheda telefonica. *Ich **kaufe** eine Telefonkarte.*
- Wiederholungen, Regelmäßigkeiten und Gewohnheiten:
  Ogni sera **vado** al bar con gli amici e **facciamo** una partita a carte. *Jeden Abend **gehe** ich mit meinen Freunden in die Bar, und wir **spielen** Karten.*
- allgemeingültige Aussagen:
  La terra **è** un pianeta. *Die Erde **ist** ein Planet.*
- die nahe Zukunft, oft in Verbindung mit Zeitangaben:
  Un attimo! **Arrivo subito**! *Einen Augenblick! Ich **komme sofort**!*
  Stasera andiamo a mangiare qualcosa in pizzeria. ***Heute Abend essen** wir etwas in der Pizzeria.*
- die erzählende Wiedergabe von Handlungen und Ereignisse, die bereits stattgefunden haben: B2
  Ieri passeggiavo per il corso e **indovina** chi **incontro**? *Gestern gehe ich auf der Hauptstraße spazieren und **rate mal**, wen ich da **treffe**?*
- das historische Präsens (presente storico), Wiedergabe historischer Ereignisse: 
  Nel 1807 Garibaldi **nasce** a Nizza. *1807 **wird** Garibaldi in Nizza **geboren**.*
- einen Befehl anstelle des Imperativs: 
  Adesso **vieni** qui e mi **racconti** tutto quello che è successo! *Jetzt **kommst** du hierher und **erzählst** mir alles, was passiert ist!*

13.2 Das Futur I 

Formen

Die Formen des Futurs I werden aus dem Stamm + Stammerweiterung (-er-, -er-, -ir-) + Endung gebildet. Die Endung ist für alle Konjugationen gleich. Die Verben der 1. Konjugation haben anstelle des a ein e:

		1. Konjugation **ball-are** *tanzen*	**2. Konjugation** **scriv-ere** *schreiben*	**3. Konjugation** **sent-ire** *hören*
Sing.:	**1. Pers.**	ball-**er-ò**	scriv-**er-ò**	sent-**ir-ò**
	2. Pers.	ball-**er-ai**	scriv-**er-ai**	sent-**ir-ai**
	3. Pers.	ball-**er-à**	scriv-**er-à**	sent-**ir-à**
Pl.:	**1. Pers.**	ball-**er-emo**	scriv-**er-emo**	sent-**ir-emo**
	2. Pers.	ball-**er-ete**	scriv-**er-ete**	sent-**ir-ete**
	3. Pers.	ball-**er-anno**	scriv-**er-anno**	sent-**ir-anno**

Unregelmäßig sind essere *sein* und avere *haben* (s. Seite 284/285):

essere:	Sing.:	sarò	sarai	sarà	Pl.:	saremo	sarete	saranno
avere:	Sing.:	avrò	avrai	avrà	Pl.:	avremo	avrete	avranno

Besonderheiten:

- Bei den Verben stare *stehen, bleiben*, dare *geben* und fare *machen*, die unregelmäßig sind, entfällt die Stammerweiterung:
  st**ar**ò *ich werde stehen*, d**ar**ò *ich werde geben*, f**ar**ò *ich werde machen*
- Bei Verben auf -care/-gare wird, wie beim Präsens, zum Erhalt der Aussprache des c und g zwischen Stamm und Endung ein h eingefügt:
  Scari**ch**erò un file MP3. *Ich **werde** eine MP3-Datei **downloaden**.*
  Pa**gh**eremo B2 l'affitto quando sarà riparata la finestra. *Wir **werden** die Miete **zahlen**, wenn das Fenster repariert sein wird.*
- Bei Verben auf -ciare/-giare entfällt das -i- des Infinitivs:
  Se il tempo rimane così brutto, B2 rinun**ce**ranno al viaggio. *Wenn das Wetter schlecht bleibt, **werden** sie auf die Reise **verzichten**.*
  Mario B2 festeg**ge**rà soltanto se supera l'esame. *Mario **wird** nur **feiern**, wenn er die Prüfung besteht.*
- Einige Verben wie andare *gehen* und dovere *müssen* verkürzen die Stammerweiterung auf -r-: andare → and-**r**-ò *ich werde gehen*, dovere → dov-**r**-ò *ich werde müssen*
- Unregelmäßige Verben bilden das Futur I mit regelmäßigen Endungen, aber mit abweichendem Stamm und ebenfalls auf -r- gekürzter Stammerweiterung:
  volere *wollen* → vor-r-ò *ich werde wollen*, venire *kommen* → ver-r-ò *ich werde kommen*, bere *trinken* → ber-r-ò *ich werde trinken*

Gebrauch

Das Futur I drückt aus:

- zukünftige Vorgänge:
  Sabato prossimo **andremo** a trovare i miei suoceri. *Am nächsten Samstag **werden** wir meine Schwiegereltern **besuchen**.*
- feste Absichten oder Entschlüsse:
  Dopo il C1 liceo **studierò** B2 architettura all'università. *Nach dem Gymnasium **werde** ich Architektur an der Universität **studieren**.*
- Vermutungen:
  Di nuovo il telefono: **sarà** quella C1 scocciatrice di Monica. *Schon wieder das Telefon: Es **wird** Monica **sein**, die Nervensäge.*
- Ersatzformen des Imperativs:
  Sono giorni che hai B2 l'influenza. Domani **andrai** subito dal medico!
  *Seit Tagen hast du die Grippe. Morgen **wirst** du sofort zum Arzt **gehen**!*

i Das Futur I wird bei eindeutigen Zeitangaben oft durch das Präsens ersetzt:
Ci **vediamo domani!** *Wir sehen uns morgen!*

13.3 Das Imperfetto (Imperfekt) A2

Formen

Das Imperfetto ist an dem eingeschobenen -v- zwischen Stamm und Endung erkennbar. Die vorletzte Silbe wird betont, mit Ausnahme der 3. Person Plural, bei der die Betonung auf der drittletzten Silbe liegt:

		1. Konjugation **ball-are** *tanzen*	**2. Konjugation** **scriv-ere** *schreiben*	**3. Konjugation** **sent-ire** *hören*
Sing.:	**1. Pers.**	balla-**v-o**	scrive-**v-o**	senti-**v-o**
	2. Pers.	balla-**v-i**	scrive-**v-i**	senti-**v-i**
	3. Pers.	balla-**v-a**	scrive-**v-a**	senti-**v-a**
Pl.:	**1. Pers.**	balla-**v-amo**	scrive-**v-amo**	senti-**v-amo**
	2. Pers.	balla-**v-ate**	scrive-**v-ate**	senti-**v-ate**
	3. Pers.	balla-**v-ano**	scrive-**v-ano**	senti-**v-ano**

Das Hilfsverb avere *haben* ist regelmäßig, essere *sein* ist jedoch unregelmäßig:

essere:	Singular:	**ero**	**eri**	**era**
	Plural:	era**vamo**	era**vate**	era**no**

Gebrauch

Das Imperfetto, dessen Gebrauch mit dem des deutschen Imperfekts nicht immer übereinstimmt, drückt vor allem Folgendes aus:

- wiederkehrende Gewohnheiten/Handlungen in der Vergangenheit:
  Quando **ero** bambino **giocavo** spesso con il B2 pongo. *Als (ich ein) Kind (war), **spielte** ich oft mit Knete.*
- Beschreibungen, Handlungen und Zustände von Personen und Sachen:
  Piero **faceva** sempre colpo: **era** alto e B2 snello con un B2 portamento elegante. *Piero **beeindruckte** immer: Er **war** groß und schlank, mit einer eleganten Haltung.*
  L'appartamento **era** vuoto da anni e si **vedeva** subito dallo stato dei muri B2 esterni. *Die Wohnung **stand** seit Jahren leer und man **sah** es sofort am Zustand des äußeren Mauerwerks.*
- zwei oder mehrere gleichzeitig stattfindende Handlungen in der Vergangenheit, oft durch die Konjunktion mentre (▷ 23.1) eingeleitet: 
  Mentre **telefonavo, bevevo** un caffè. *Während ich **telefonierte, trank** ich einen Kaffee.*

- zum Zeitpunkt des Geschehens nicht abgeschlossene Handlungen oder Ereignisse der Vergangenheit (hier kann auch das Passato remoto stehen): Giuseppe Mazzini nel 1831 **si rifugiava** in Francia dove **organizzava** un nuovo movimento politico. *1831* ***floh*** *Giuseppe Mazzini nach Frankreich, wo er eine neue politische Bewegung* ***gründete.***

B1

13.4 Das Passato remoto (historisches Perfekt)

Regelmäßige Formen

		1. Konjugation ballare *tanzen*	2. Konjugation vendere *verkaufen*	3. Konjugation sentire *hören*
Sing.:	1. Pers.	ball-**ai**	vend-**ei**/vend-**etti**	sent-**ii**
	2. Pers.	ball-**asti**	vend-**esti**	sent-**isti**
	3. Pers.	ball-**ò**	vend-**è**/vend-**ette**	sent-**ì**
Pl.:	1. Pers.	ball-**ammo**	vend-**emmo**	sent-**immo**
	2. Pers.	ball-**aste**	vend-**este**	sent-**iste**
	3. Pers.	ball-**arono**	vend-**erono**/vend-**ettero**	sent-**irono**

Die Verben der 2. Konjugation haben in der 1. Person Singular und 3. Person Singular und Plural alternative Formen. Die Betonung liegt auf dem Stammvokal -a-, -e-, -i- und nur in der 3. Person Singular auf der letzten Silbe.

Unregelmäßige Formen

Fare *machen*, dare *geben*, essere *sein*, avere *haben* u. a. (▶ Unregelmäßige Verben) bilden das Passato remoto unregelmäßig. In der 1. und 3. Person Singular sowie der 3. Person Plural besitzen einige dieser Verben eine Alternativform:

		fare *machen*	dare *geben*	essere *sein*	avere *haben*
Sing.:	1. Pers.	feci	diedi/detti	fui	ebbi
	2. Pers.	facesti	desti	fosti	avesti
	3. Pers.	fece	diede/dette	fu	ebbe
Pl.:	1. Pers.	facemmo	demmo	fummo	avemmo
	2. Pers.	faceste	deste	foste	aveste
	3. Pers.	fecero	diedero/dettero	furono	ebbero

Gebrauch

Das Passato remoto bezeichnet einmalige Handlungen, Ereignisse oder Vorgänge, die in der Vergangenheit liegen und abgeschlossen sind:
Dieci anni fa **facemmo** il nostro viaggio di B2 nozze in Danimarca. *Vor zehn Jahren* ***unternahmen*** *wir unsere Hochzeitreise nach Dänemark.*

ⓘ In Norditalien kommt das Passato remoto in der gesprochenen Sprache kaum vor, stattdessen wird es durch das Perfekt ersetzt. In Süditalien verhält es sich gerade umgekehrt. In der Schriftsprache und in den Medien werden aber beide Zeiten einheitlich verwendet.

13.5 Das Passato prossimo (Perfekt)

Formen

Die Formen des Passato prossimo werden mit den Hilfsverben essere *sein* oder avere *haben* (▷ 11.3.2) und dem Partizip Perfekt (▷ 20.2) gebildet:

		ballare *tanzen*	**tenere** *halten*	**uscire** *ausgehen*
Sing.:	**1. Pers.**	ho ballato	ho tenuto	sono uscito/-a
	2. Pers.	hai ballato	hai tenuto	sei uscito/-a
	3. Pers.	ha ballato	ha tenuto	è uscito/-a
Pl.:	**1. Pers.**	abbiamo ballato	abbiamo tenuto	siamo usciti/-e
	2. Pers.	avete ballato	avete tenuto	siete usciti/-e
	3. Pers.	hanno ballato	hanno tenuto	sono usciti/-e

Das Partizip Perfekt der mit avere konjugierten Verben bleibt unverändert. Das Partizip Perfekt mit essere wird hingegen in Genus und Numerus dem Subjekt angeglichen (▷ 11.3.2, 20.2):

Abbiamo sempre **comprato** la frutta al B2 mercato settimanale. *Wir **haben** das Obst immer auf dem Wochenmarkt **gekauft**.*

Gianni e Lucio **sono usciti** proprio adesso. *Gianni und Lucio **sind** gerade jetzt **ausgegangen**.*

Gebrauch

Das Passato prossimo drückt hauptsächlich Handlungen oder Ereignisse aus der näheren Vergangenheit aus. Dabei sind folgende Fälle zu unterscheiden:

- Die Handlung ist abgeschlossen:
  Ieri sera in discoteca **abbiamo ballato** fino allo C1 sfinimento. *Gestern Abend in der Disco **haben** wir bis zur Erschöpfung **getanzt**.*
- Die Handlung unterbricht eine andere in der Vergangenheit ablaufende Handlung oder ein anderes Ereignis:
  Stavamo ascoltando musica alla radio, quando qualcuno **ha bussato** alla porta. *Wir hörten gerade Musik im Radio, als jemand an die Tür **klopfte**.*
- Eine Folge von mehreren nacheinander ablaufenden Handlungen:
  Ieri pomeriggio **sono andato** al parco, **ho corso** per un'ora e dopo **sono andato** a cena fuori. *Gestern Nachmittag **bin** ich in den Park **gegangen**, **bin** eine Stunde lang **gelaufen** und danach zum Abendessen **ausgegangen**.*

B2

13.6 Das Trapassato prossimo (Plusquamperfekt)

Formen

Die Formen des Trapassato prossimo (Plusquamperfekts) werden mit dem Imperfetto der Hilfsverben **essere** *sein* oder **avere** *haben* und dem Partizip Perfekt (▷ 20.2) gebildet:

		ballare *tanzen*	**tenere** *halten*	**uscire** *ausgehen*
Sing.:	**1. Pers.**	avevo ballato	avevo tenuto	ero uscito/-a
	2. Pers.	avevi ballato	avevi tenuto	eri uscito/-a
	3. Pers.	aveva ballato	aveva tenuto	era uscito/-a
Pl.:	**1. Pers.**	avevamo ballato	avevamo tenuto	eravamo usciti/-e
	2. Pers.	avevate ballato	avevate tenuto	eravate usciti/-e
	3. Pers.	avevano ballato	avevano tenuto	erano usciti/-e

⚡ Das Partizip Perfekt gleicht sich an das Subjekt an, wenn es mit **essere** auftritt:

Le turiste **erano arrivate** in questo momento davanti al museo. *Die Touristinnen* ***waren*** *in dem Augenblick vor dem Museum* ***angekommen.***

Gebrauch

Das Trapassato prossimo drückt die Vorvergangenheit aus. Es charakterisiert wie das Plusquamperfekt im Deutschen Handlungen, Zustände oder Ereignisse in der Vergangenheit, die vor anderen – ebenfalls in der Vergangenheit liegenden – Handlungen geschehen und abgeschlossen sind:

Alberto **era** felicissimo, perché **aveva ottenuto** un contratto. *Alberto war sehr glücklich, weil er einen Vertrag* ***bekommen hatte.***

B2

13.7 Das Trapassato remoto

Formen

Das Trapassato remoto setzt sich aus dem Passato remoto der Hilfsverben **essere/avere** *sein/haben* und dem Partizip Perfekt (▷ 20.2) zusammen:

		ballare *tanzen*	**tenere** *halten*	**uscire** *ausgehen*
Sing.:	**1. Pers.**	ebbi ballato	ebbi tenuto	fui uscito/-a
	2. Pers.	avesti ballato	avesti tenuto	fosti uscito/-a
	3. Pers.	ebbe ballato	ebbe tenuto	fu uscito/-a
Pl.:	**1. Pers.**	avemmo ballato	avemmo tenuto	fummo usciti/-e
	2. Pers.	aveste ballato	aveste tenuto	foste usciti/-e
	3. Pers.	ebbero ballato	ebbero tenuto	furono usciti/-e

Gebrauch

Das selten gebrauchte Trapassato remoto drückt Vorgänge aus, die sich vor anderen im Passato remoto beschriebenen Vorgängen ereignet haben (Vorzeitigkeit in der Vergangenheit). In Verbindung mit Hauptsätzen im Passato remoto steht es meistens in Nebensätzen, die durch Konjunktionen wie dopo che *nachdem*, appena *sobald*, quando *als* eingeleitet werden:
Dopo che **ebbi scritto** un C1 commento nel C1 blog, seppi che il C1 sito era stato cancellato. *Nachdem ich einen Kommentar im Blog* ***geschrieben hatte****, erfuhr ich, dass die Webseite entfernt worden war.*

13.8 Das Futur II

Formen

Das Futur II setzt sich aus dem Futur I von essere/avere *sein/haben* und dem Partizip Perfekt zusammen.

		ballare *tanzen*	**tenere** *halten*	**uscire** *ausgehen*
Sing.	**1. Pers.**	avrò ballato	avrò tenuto	sarò uscito/-a
	2. Pers.	avrai ballato	avrai tenuto	sarai uscito/-a
	3. Pers.	avrà ballato	avrà tenuto	sarà uscito/-a
Pl.:	**1. Pers.**	avremo ballato	avremo tenuto	saremo usciti/-e
	2. Pers.	avrete ballato	avrete tenuto	sarete usciti/-e
	3. Pers.	avranno ballato	avranno tenuto	saranno usciti/-e

Gebrauch

Im Italienischen wird das Futur II häufiger eingesetzt als im Deutschen, das es meist mit dem Perfekt übersetzt. Es drückt Folgendes aus:

- Handlungen und Ereignisse, die vor anderen ebenfalls in der Zukunft liegenden Vorgängen stattfinden werden. Oft steht das Futur I im Hauptsatz, und der Nebensatz wird mit dopo che *nachdem* eingeleitet:
  Vi telefoneremo dopo che/quando **saremo giunti** in paese. *Wir werden euch anrufen, sobald/wenn wir in der Stadt* ***angekommen sind****.*
  ℹ Die beschriebene Handlung in der Zukunft kann vor der anderen Handlung abgeschlossen sein:
  Domani i nostri amici **avranno** già **fatto** il bagno al mare. *Morgen* ***werden*** *unsere Freunde schon im Meer* ***baden gegangen sein****.*
- Vermutungen und Unsicherheiten, die sich auf die Vergangenheit beziehen:
  Sarà stato come dice, ma la storia che mi **ha raccontato** Sergio non mi convince per niente. *Es* ***wird*** *wohl so* ***gewesen sein****, wie er es gesagt hat, aber die Geschichte, die Sergio erzählt hat, überzeugt mich kein bisschen.*

Zwischentest 13

A1 **1. Wie lautet die richtige Übersetzung?**

Was bevorzugst du: Fisch oder Fleisch?

☐ a. Cosa preferi: carne o pesce?
☐ b. Cosa preferiri: carne o pesce?
☐ c. Cosa preferischi: carne o pesce?
☐ d. Cosa preferisci: carne o pesce?

A1 **2. Welches Verb passt?**

I miei figli .... ogni anno a Cuba.

☐ a. vanno
☐ b. andano
☐ c. andono
☐ d. vandano

C1 **3. Was entspricht der Aufforderung?**

Va subito a letto!

☐ a. Sei andato a letto.
☐ b. Andrai subito a letto.
☐ c. Vai subito a letto.
☐ d. Vada subito a letto.

B1 **4. Wie muss der Satz übertragen werden?**

Ich werde eine Kreuzfahrt unternehmen.

☐ a. Faccio una crociera.
☐ b. Farò una crociera.
☐ c. Avrò fatto una crociera.
☐ d. Feci una crociera.

A2 **5. Was gehört in die Lücken?**

Quando .... il servizio militare .... venti anni.

☐ a. faccio/ho
☐ b. ho fatto/ho avuto
☐ c. feci/ebbi
☐ d. facevo/avevo

A2 **6. Wie lautet das Imperfekt der Verben?**

Mentre io (mangiare), (guardare) la tv.

☐ a. mangio/guardo
☐ b. mangiai/guardai
☐ c. mangiavo/guardavo
☐ d. mangiava/guardava

B1 **7. Welche Verbform ist zu ergänzen?**

Venti anni fa .... la mia prima ed ultima macchina.

☐ a. comprai
☐ b. compravo
☐ c. ho comprato
☐ d. comprerò

8. Welche zwei Endungen passen? B1

Ieri Lara e Antonia dov...... correre all'ospedale.

- ☐ a. ranno
- ☐ b. erono
- ☐ c. ettero
- ☐ d. essero

9. Welcher Satz ist richtig? A2

- ☐ a. Rosa e Anna sono rimasto in palestra per ore.
- ☐ b. Rosa e Anna sono rimasta in palestra per ore.
- ☐ c. Rosa e Anna sono rimaste in palestra per ore.
- ☐ d. Rosa e Anna sono rimasti in palestra per ore.

10. Wie ist der Satz zu ergänzen? B2

Appena loro .... squillò il telefono.

- ☐ a. saranno arrivati
- ☐ b. erano arrivati
- ☐ c. sono arrivati
- ☐ d. arrivano

11. Was beschreibt das Imperfekt? B2

- ☐ a. eine einmalige Handlung in der Vergangenheit
- ☐ b. eine wiederholte Handlung in der Gegenwart
- ☐ c. eine wiederholte Handlung in der Zukunft
- ☐ d. eine wiederholte Handlung in der Vergangenheit

12. Welche Zeitform gibt es im Deutschen nicht? B2

- ☐ a. Trapassato remoto
- ☐ b. Futuro II
- ☐ c. Passato prossimo
- ☐ d. Trapassato prossimo

13. Welcher Satz ist richtig? C1

- ☐ a. Nel 1860 l'unità d'Italia non si era stata ancora compiuta.
- ☐ b. Nel 1860 l'unità d'Italia non si era ancora compiuta.
- ☐ c. Nel 1860 l'unità d'Italia non si fu ancora compiuta.
- ☐ d. Nel 1860 l'unità d'Italia non si fu stata ancora compiuta.

Lösungen

1d. 2a. 3c. 4b. 5d. 6c. 7a. 8b., c.
9c. 10b. 11d. 12a. 13b.

A1

14 Der Konjunktiv

Das Wichtigste in Kürze

Der Konjunktiv wird verwendet, um

- einen **Wunsch**,
- einen **Zweifel**,
- eine **Unsicherheit** oder
- eine **Möglichkeit**

wiederzugeben.

Im Italienischen ist der Gebrauch des Konjunktivs im Unterschied zum Deutschen unter anderem an **Konjunktionen** und **Indefinitpronomen** gebunden.

14.1 Der Konjunktiv Präsens

B1

Formen regelmäßiger Verben

		1. Konjugation ball-are *tanzen*	2. Konjugation scriv-ere *schreiben*	3. Konjugation sent-ire *hören*
Sing.:	1. Pers.	ball-**i**	scriv-**a**	sent-**a**
	2. Pers.	ball-**i**	scriv-**a**	sent-**a**
	3. Pers.	ball-**i**	scriv-**a**	sent-**a**
Pl.:	1. Pers.	ball-**iamo**	scriv-**iamo**	sent-**iamo**
	2. Pers.	ball-**iate**	scriv-**iate**	sent-**iate**
	3. Pers.	ball-**ino**	scriv-**ano**	sent-**ano**

Da der Konjunktiv Präsens im Singular für alle Personen gleich endet, sollte man zur Differenzierung das Subjektpronomen (▶ 7.1) verwenden:
Penso che **tu scriva** poco. *Ich denke, dass **du** wenig **schreibst**.*
Penso che **lei scriva** molto. *Ich denke, dass **sie** viel **schreibt**.*

Verben auf -care/-gare fügen vor dem i der Endung ein -h- ein: pagare *zahlen* → paghi. Einige Verben auf -ire haben wie im Indikativ Präsens die Stammerweiterung -isc- (▶ 13.1) im Singular sowie in der 3. Person Plural:
finire *beenden*: → io fin**isc**a, tu fin**isc**a, lui/lei fin**isc**a, loro fin**isc**ano

Formen unregelmäßiger Verben

		essere *sein*	avere *haben*	andare *gehen*	fare *machen*
Sing.:	1. Pers.	sia	abbia	vada	faccia
	2. Pers.	sia	abbia	vada	faccia
	3. Pers.	sia	abbia	vada	faccia
Pl.:	1. Pers.	siamo	abbiamo	andiamo	facciamo
	2. Pers.	siate	abbiate	andiate	facciate
	3. Pers.	siano	abbiano	vadano	facciano

(Weitere unregelmäßige Formen ▶ Unregelmäßige Verben)

14.2 Der Konjunktiv Perfekt

B1

Der Konjunktiv Perfekt wird mit dem Konjunktiv Präsens von essere/avere *sein/haben* und dem Partizip Perfekt gebildet. Bei essere gleicht sich das Partizip Perfekt an das Subjekt an:
Non credo che persone inesperte **siano salite** su quella vetta. *Ich glaube nicht, dass unerfahrene Personen den Gipfel **bestiegen haben**.*

Formen

		ball-are *tanzen*	**sal-ire** *steigen*
Sing.:	**1. Pers.**	abbia ballato	sia salito/-a
	2. Pers.	abbia ballato	sia salito/-a
	3. Pers.	abbia ballato	sia salito/-a
Pl.:	**1. Pers.**	abbiamo ballato	siamo saliti/-e
	2. Pers.	abbiate ballato	siate saliti/-e
	3. Pers.	abbiano ballato	siano saliti/-e

B2

14.3 Der Konjunktiv Imperfekt

Formen regelmäßiger Verben

		1. Konjugation **balla-re** *tanzen*	**2. Konjugation** **scriv-ere** *schreiben*	**3. Konjugation** **sent-ire** *hören*
Sing.:	**1. Pers.**	ball-**a-ssi**	scriv-**e-ssi**	sent-**i-ssi**
	2. Pers.	ball-**a-ssi**	scriv-**e-ssi**	sent-**i-ssi**
	3. Pers.	ball-**a-sse**	scriv-**e-sse**	sent-**i-sse**
Pl.:	**1. Pers.**	ball-**a-ssimo**	scriv-**e-ssimo**	sent-**i-ssimo**
	2. Pers.	ball-**a-ste**	scriv-**e-ste**	sent-**i-ste**
	3. Pers.	ball-**a-ssero**	scriv-**e-ssero**	sent-**i-ssero**

Unabhängig von der Konjugationsgruppe enden alle Verben im Konjunktiv Imperfekt gleich. Der einzige Unterschied liegt im Kennlaut der jeweiligen Konjugationsgruppe. Die Verben auf -ire mit der Stammerweiterung -isc- weisen im Konjunktiv Imperfekt keine Erweiterung auf:

Non credo che lei **preferisse** andare via. *Ich glaube nicht, dass sie lieber gegangen wäre.*

Formen unregelmäßiger Verben

		essere *sein*	**dare** *geben*	**stare** *bleiben*
Sing.:	**1. Pers.**	fossi	dessi	stessi
	2. Pers.	fossi	dessi	stessi
	3. Pers.	fosse	desse	stesse
Pl.:	**1. Pers.**	fossimo	dessimo	stessimo
	2. Pers.	foste	deste	steste
	3. Pers.	fossero	dessero	stessero

(Weitere unregelmäßige Formen ▷ Unregelmäßige Verben)

14.4 Der Konjunktiv Plusquamperfekt

B2

Der Konjunktiv Plusquamperfekt wird mit dem Konjunktiv Imperfekt von essere/avere und dem Partizip Perfekt gebildet, das sich zusammen mit essere angleicht.

Formen

		ball-are *tanzen*	sal-ire *steigen*
Sing.:	**1. Pers.**	avessi ballato	fossi salito/-a
	2. Pers.	avessi ballato	fossi salito/-a
	3. Pers.	avesse ballato	fosse salito/-a
Pl.:	**1. Pers.**	avessimo ballato	fossimo saliti/-e
	2. Pers.	aveste ballato	foste saliti/-e
	3. Pers.	avessero ballato	fossero saliti/-e

14.5 Der Konjunktiv im Hauptsatz

B2

Der Konjunktiv steht im Italienischen überwiegend im Nebensatz, er kann aber auch im Hauptsatz verwendet werden zum Ausdruck von:

- Zweifel und Unsicherheit:
  Che **abbia** già **telefonato**? *Ob er schon* ***angerufen hat****?*
  In diesem Fall ist auch der Konjunktiv Imperfekt möglich:
  E se **avesse** già **telefonato**? *Und wenn er schon* ***angerufen hat/hätte****?*
- Wünschen, die für unerfüllbar gehalten werden:
  Voglia/volesse il cielo che arrivi finalmente questa vincita al lotto! ***Möge*** *es der Himmel* ***wollen****, dass dieser Lottogewinn endlich kommt!*
- formelhaften Redewendungen: C1
  Costi quel che **costi**. ***Koste*** *es, was es* ***wolle****.*

14.6 Der Konjunktiv im Nebensatz

B1

Im Nebensatz steht der Konjunktiv nach:

- Verben der Meinung, des Glaubens und des Vermutens wie pensare *denken*, credere *glauben*, ritenere *meinen*:
  Molti tedeschi **ritengono** che Roma **sia** bella, ma un po' caotica. *Viele Deutsche* ***meinen****, dass Rom schön, aber etwas chaotisch* ***sei****.*
- Ausdrücken wie essere del parere/dell'opinione *der Meinung sein*, essere convinto/persuaso *überzeugt sein*:
  Sono convinto che ci sia spazio per B2 compromessi. *Ich* ***bin überzeugt****, dass es Raum für Kompromisse gibt.*

- ◐ Ausnahmen: Nach Ausdrücken wie secondo me, a mio avviso/parere *meiner Meinung nach*, per me *für mich* steht jedoch der Indikativ:
  Secondo me la crisi della B2 borsa **è** temporanea. ***Meiner Meinung nach ist*** *die Börsenkrise temporär.*
- Verben der Unsicherheit und des Zweifelns wie non essere sicuro *nicht sicher sein*, dubitare *zweifeln*, non sapere *nicht wissen*:
  Non sono sicuro che Anna **venga** all'appuntamento. ***Ich bin nicht sicher****, ob Anna zur Verabredung* ***kommt****.*
- Verben der Hoffnung wie sperare *hoffen*, des positiven bzw. negativen Gefühlsausdrucks wie aver paura *Angst haben*, essere felice/contento *glücklich/froh sein*, dispiacersi *bedauern* und Verben des Wünschens und Wollens wie volere *wollen*, desiderare *wünschen*:
  Mi dispiace che **abbiate** C1 **frainteso** le mie parole. ***Es tut mir leid/ich bedauere****, dass ihr meine Worte* ***missverstanden habt****.*
- unpersönlichen Verben und Ausdrücken wie bisogna *man muss, es ist nötig*, basta *es reicht/genügt*, succede *es geschieht/passiert*:
  Succede spesso che non **si raggiungano** gli B2 obiettivi fissati. ***Es passiert*** *oft, dass die festgelegten Ziele nicht* ***erreicht werden****.*

B2

- unpersönlichen Ausdrücken (▶ 11.3.4), die sich aus essere *sein* und Substantiven wie un problema *ein Problem*, una gioia *ein Glück* oder Adjektiven wie bello *schön*, brutto *schlecht*, possibile *möglich* zusammensetzen:
  È possibile che a Torino io **veda** una B2 mostra d'arte. ***Es ist möglich****, dass ich in Turin eine Kunstausstellung* ***besuche****.*

⚡ Wenn Haupt- und Nebensatz das gleiche Subjekt haben, wird die Konstruktion di + Infinitiv verwendet:
Sono convinto **di averli** già **visti** da qualche parte. *Ich bin überzeugt,* ***sie*** *schon irgendwo* ***gesehen zu haben****.*

Der Konjunktiv steht weiterhin:

- nach Konjunktionen (▶ 23.2) wie sebbene/benché *obwohl*, prima che *bevor*:
  Sebbene qui **faccia** caldo è meglio portarsi un maglione. ***Obwohl*** *es hier warm* ***ist****, ist es besser, einen Pullover mitzunehmen.*
- wenn ein Komparativ durch di quanto *als* (▶ 6.2) eingeleitet wird:
  È più facile **di quanto appaia**. *Es ist leichter,* ***als es scheint****.*
- in Relativsätzen, wenn im Hauptsatz eine Erwartung, Forderung, Bedingung, Einschränkung oder ein Wunsch ausgedrückt wird:
  Cerchiamo una B2 collaboratrice **che sappia** gestire un C1 sito web. *Wir suchen eine Mitarbeiterin,* ***die*** *eine Homepage betreuen* ***kann****.*
- nach Superlativen:
  Anna è la ragazza **più ribelle** che io **abbia** mai **conosciuto**. *Anna ist das* ***rebellischste*** *Mädchen, das ich je* ***kennengelernt habe****.*

- nach Indefinitpronomen (▶ 10.3) wie chiunque *wer auch immer*, dovunque/ ovunque, *wo/wohin auch immer*:
  Chiunque ti **abbia raccontato** queste C2 frottole è un B2 bugiardo. ***Wer auch immer*** *dir solche Flausen* ***erzählt hat****, ist ein Schwindler.*
- wenn ein Nebensatz, der vor dem Hauptsatz steht, mit che *dass* eingeleitet wird: 
  Che studiare all' B2 estero **sia** importante, è accettato da tutti. ***Dass*** *ein Auslandsstudium wichtig* ***ist****, ist von allen anerkannt.*

14.7 Die Zeitenfolge im Nebensatz 

In Nebensätzen mit Konjunktiv muss eine bestimmte Zeitenfolge beachtet werden, die vom Tempus im Hauptsatz abhängig ist:

Wenn der Hauptsatz in der Gegenwart steht und
- die Handlung im Nebensatz vor der Handlung im Hauptsatz stattgefunden hat: Vorzeitigkeit → Konjunktiv Perfekt:
  Credo che **sia arrivata** ieri. *Ich glaube, dass sie gestern* ***angekommen ist****.*
- die Handlungen im Neben- und Hauptsatz sich zeitgleich abspielen: Gleichzeitigkeit → Konjunktiv Präsens:
  Credo che **arrivi** oggi. *Ich glaube, dass er/sie heute* ***ankommt****.*
- die Handlung im Nebensatz sich auf ein zukünftiges Ereignis bezieht: Nachzeitigkeit → Konjunktiv Präsens oder Futur I:
  Credo che **arrivi/arriverà** domani. *Ich glaube, dass er/sie morgen* ***ankommt/ ankommen wird****.*

Wenn der Hauptsatz in der Vergangenheit steht, gilt folgende Zeitenfolge:
- Vorzeitigkeit der Handlung im Nebensatz → Konjunktiv Plusquamperfekt:
  Pensavo che **fosse partito**. *Ich* ***dachte****, dass er* ***abgereist wäre****.*
- Gleichzeitigkeit der Handlung im Nebensatz → Konjunktiv Imperfekt:
  Pensavamo che Mario **partisse** oggi. *Wir* ***dachten****, dass Mario heute* ***abreist/ abreisen würde****.*
- Nachzeitigkeit der Handlung im Nebensatz → fakultativ Konjunktiv Imperfekt oder Konditional II bei Verben des Wollens, Glaubens, Meinens:
  Pensavamo che Mario **partisse/sarebbe partito** domani. *Wir* ***dachten****, dass Mario morgen* ***abreisen würde****.*
  Konditional II bei allen anderen Verben:
  Disse che sarebbe partito domani. *Er* ***sagte****, dass er morgen* ***abreisen würde****.*

⚡ Steht der Hauptsatz im Konditional I, trifft für den Nebensatz die gleiche Zeitenfolge wie nach einer Zeit der Vergangenheit zu:
Lui **vorrebbe** che il suo direttore gli **concedesse** un aumento. *Er wünschte, sein Chef würde ihm eine Lohnerhöhung zugestehen.*

Zwischentest 14

B1 **1. Was gehört in die Lücke?**

Crediamo che Grazia .... adatta a quella posizione.

- ☐ a. sia stata
- ☐ b. sia
- ☐ c. è
- ☐ d. fosse

B1 **2. Welche Zeitform muss im Nebensatz stehen?**

Ich bin unsicher, ob ich ein Praktikum vorziehe.

- ☐ a. … che io preferisca
- ☐ b. … che io preferissi
- ☐ c. … che io abbia preferito
- ☐ d. … che io avessi preferito

B2 **3. Wie lautet die Übersetzung?**

Ich wusste nicht, dass sie krank war.

- ☐ a. Non sapevo che sia malata.
- ☐ b. Non sapevo che è malata.
- ☐ c. Non sapevo che fosse malata.
- ☐ d. Non sapevo che sarà malata.

C1 **4. Was entspricht der Wendung *Es sei mir erlaubt ...*?**

- ☐ a. Mi fosse consentito
- ☐ b. Mi sia consentito
- ☐ c. Mi faccia consentire
- ☐ d. Mi è consentito

B2 **5. Welche Singularendungen haben die Verben auf -ire im Konjunktiv Präsens?**

- ☐ a. -a/-i/-a
- ☐ b. -o/-i/-e
- ☐ c. -i/-i/-i
- ☐ d. -a/-a/-a

C1 **6. Was trifft zu?**

Era impossibile che noi dessimo la nostra approvazione.

- ☐ a. Wir haben keine Zustimmung gegeben.
- ☐ b. Wir haben die Zustimmung gegeben.
- ☐ c. Wir werden keine Zustimmung geben.
- ☐ d. Wir werden die Zustimmung geben.

B2 **7. Welche Zeitform passt?**

Ob er schon geschrieben hat?

- ☐ a. Che scrive già?
- ☐ b. Che scrivesse già?
- ☐ c. Che scriva già?
- ☐ d. Che abbia già scritto?

8. Wie ist der Satz zu ergänzen? B1

Secondo noi i bioalimenti .... troppo cari.

- ☐ a. fossero
- ☐ b. siano stati
- ☐ c. sono
- ☐ d. siano

9. Welche Übersetzung passt für den Nebensatz? B2

Ich wollte alles vorbereiten, bevor er wegfuhr.

- ☐ a. … prima che parta.
- ☐ b. … prima che partisse.
- ☐ c. … prima che parte.
- ☐ d. … prima che partirà.

10. Nach welcher Konjunktion steht kein Konjunktiv? B2

- ☐ a. nonostante che
- ☐ b. nel caso che
- ☐ c. con tutto che
- ☐ d. ammesso che

11. Wie lautet die Entsprechung für das Hervorgehobene? B2

Das war bei weitem der beste Urlaub, ***den ich je gehabt habe.***

- ☐ a. che io abbia mai avuto.
- ☐ b. che io ho mai avuto.
- ☐ c. che io avessi mai avuto.
- ☐ d. che io avrò mai avuto.

12. Was ist zu ergänzen? C1

Che .... tutto bene, è molto difficile.

- ☐ a. è finito
- ☐ b. sia finito
- ☐ c. finisce
- ☐ d. finisca

13. Welche Verbform passt? B2

Qualunque soluzione lei .... viene accettata.

- ☐ a. abbia proposto
- ☐ b. proporrebbe
- ☐ c. proponga
- ☐ d. proporresse

14. Was ist mit Lara? B2

Pensavamo che Lara fosse già partita.

- ☐ a. Sie fuhr weg.
- ☐ b. Sie ist nicht weggefahren.
- ☐ c. Sie ist weggefahren.
- ☐ d. Sie wird wegfahren.

Lösungen

1 b. 2 a. 3 c. 4 b. 5 d. 6 a. 7 d. 8 c. 9 b.
10 c. 11 a. 12 d. 13 c. 14 b.

A1

15 Der Konditional

Das Wichtigste in Kürze

Im Konditional werden im Italienischen Möglichkeiten in der Gegenwart und in der Vergangenheit ausgedrückt.

Er ist im Unterschied zum Deutschen ein eigenständiger Modus.

Der italienische Konditional I wird zumeist mit dem Konjunktiv II übersetzt.

15.1 Der Konditional I

B1

Die Endungen des Konditionals I, des Konditionals der Gegenwart, sind für alle Verben gleich. Sie lehnen sich an die Formen des Futurs I (▷ 13.2) an. Bei den Verben der 1. Konjugationsgruppe wird das a der auf der jeweiligen Infinitivendung basierenden Stammerweiterung zu e (aspett-are *warten* → aspett-er-ei *ich würde warten*). Diese Veränderung bleibt bei unregelmäßigen Verben wie dare *geben*, fare *machen* und stare *bleiben, stehen* aus:
dare → **darei** *ich würde geben*, fare → **farei** *ich würde tun*, stare → **starei** *ich würde bleiben*

Formen

		1. Konjugation am-are *lieben*	2. Konjugation prend-ere *nehmen*	3. Konjugation fin-ire *beenden*
Sing.:	**1. Pers.**	am-**er**-**ei**	prend-**er**-**ei**	fin-**ir**-**ei**
	2. Pers.	am-**er**-**esti**	prend-**er**-**esti**	fin-**ir**-**esti**
	3. Pers.	am-**er**-**ebbe**	prend-**er**-**ebbe**	fin-**ir**-**ebbe**
Pl.:	**1. Pers.**	am-**er**-**emmo**	prend-**er**-**emmo**	fin-**ir**-**emmo**
	2. Pers.	am-**er**-**este**	prend-**er**-**este**	fin-**ir**-**este**
	3. Pers.	am-**er**-**ebbero**	prend-**er**-**ebbero**	fin-**ir**-**ebbero**

Besonderheiten

Wie beim Indikativ haben Verben der 1. Konjugation auf -care/-gare ein h zwischen Stamm und Endung:
cer**care** *suchen* → cer**cherei** *ich würde suchen*
dele**gare** *delegieren* → dele**gherei** *ich würde delegieren*

Die Verben auf -ciare/-sciare/-giare verlieren das i vor Personalendungen, die mit i oder e beginnen:
lasciare *lassen* → lasc**erei** *ich würde lassen*
mangiare *essen* → mang**erei** *ich würde essen*

Die Verben der 2. Konjugation mit betonter Infinitivendung – wie avere *haben*, potere *können*, vedere *sehen* – verlieren das e der Stammerweiterung:

		av-ere *haben*	pot-ere *können*
Sing.:	**1. Pers.**	av-**r**-ei	pot-**r**-ei
	2. Pers.	av-**r**-esti	pot-**r**-esti
	3. Pers.	av-**r**-ebbe	pot-**r**-ebbe
Pl.:	**1. Pers.**	av-**r**-emmo	pot-**r**-emmo
	2. Pers.	av-**r**-este	pot-**r**-este
	3. Pers.	av-**r**-ebbero	pot-**r**-ebbero

Einige Verben wie beispielsweise essere *sein* und tenere *halten/behalten* haben unregelmäßige Konditionalformen (▶ Unregelmäßige Verben). Die Personalendungen sind jedoch identisch mit denen der regelmäßigen Verben, die Unregelmäßigkeit zeigt sich in der Regel in einem abweichenden Stamm:

		essere *sein*	**tenere** *halten/behalten*
Sing.:	**1. Pers.**	sa-**r-ei**	ter-**r-ei**
	2. Pers.	sa-**r-esti**	ter-**r-esti**
	3. Pers.	sa-**r-ebbe**	ter-**r-ebbe**
Pl.:	**1. Pers.**	sa-**r-emmo**	ter-**r-emmo**
	2. Pers.	sa-**r-este**	ter-**r-este**
	3. Pers.	sa-**r-ebbero**	ter-**r-ebbero**

Gebrauch

Der Konditional I drückt Folgendes aus:

- einen Wunsch, einen Ratschlag, eine höfliche Bitte oder Frage, einen Vorschlag, eine Aufforderung – oft in Verbindung mit einem Modalverb:
  Vorremmo avere una camera tranquilla e con un balcone. ***Wir hätten gerne*** *ein ruhiges Zimmer mit einem Balkon.*
  Se avete tempo **potreste prendere** l'autobus che passa davanti al Colosseo. *Wenn ihr Zeit habt,* ***könntet ihr*** *den Bus* ***nehmen****, der am Kolosseum vorbeifährt.*
  Scusa, **aprirebbe** la finestra per favore? *Entschuldigung,* ***würden Sie*** *das Fenster bitte* ***öffnen****?*
  Visto che siamo in Umbria, **potremmo andare** a visitare Assisi. *Da wir schon in Umbrien sind,* ***könnten wir*** *Assisi* ***besuchen****.*
  Secondo me **dovresti cercare** un altro C1 datore di lavoro. *Meiner Meinung nach* ***solltest du*** *dir einen anderen Arbeitgeber* ***suchen****.*

- eine Möglichkeit, die unter bestimmten Bedingungen eintreten könnte:
  Con un nuovo B2 monitor **lavorerei** meglio. *Mit einem neuen Monitor* ***würde*** *ich besser* ***arbeiten****.*

- eine vom Standpunkt des Sprechers aus betrachtet abgeschwächte Meinung, Vermutung oder Behauptung, wofür man keine Gewähr übernehmen kann oder will:
  Sento continuamente dire che **saremmo** di fronte ad una nuova piccola C1 era C1 glaciale. *Ich höre von allen Seiten, dass uns eine neue kleine Eiszeit bevorstehen* ***soll****.*
  Secondo i tecnici le B2 tempeste B2 solari **causerebbero** i disturbi sulle linee. *Nach Meinung der Techniker* ***sollen*** *Sonnenstürme die Störungen in den Leitungen* ***verursachen****.*

- einen Zweifel in einem direkten oder indirekten Fragesatz: B2
  Non riesco a capire: proprio io non **sarei** C1 affidabile? *Ich kann es nicht fassen: Ausgerechnet ich **wäre** unzuverlässig?*
  Non so se mi **piacerebbe** veramente andare a lavorare in Turchia. *Ich weiß nicht, ob es mir wirklich **gefallen würde,** in der Türkei zu arbeiten.*

- eine mögliche Handlung oder ein Ereignis, das vom Standpunkt des Sprechers aus gesehen nicht eintreten wird:
  Questa estate non abbiamo tempo, ma **partiremmo** volentieri anche noi con voi. *In diesem Sommer haben wir keine Zeit, aber wir **würden** gern mit euch **wegfahren.***
  Purtroppo Marta deve lavorare fino a tardi, altrimenti **uscirebbe** ogni sera. *Leider muss Marta bis spät arbeiten, sonst **würde** sie jeden Abend **ausgehen.***

- Erstaunen oder Entrüstung über eine Unterstellung: 
  E io **direi** una cosa del genere? *Und ich **soll** so etwas **sagen**?*

15.2 Der Konditional II B1

Der Konditional II, der Konditional der Vergangenheit, wird mit den Formen des Konditional I von essere/avere *sein/haben* und dem Partizip Perfekt des Verbs gebildet.

Formen

		1. Konjugation am-are *lieben*	2. Konjugation prend-ere *nehmen*	3. Konjugation and-are *gehen*
Sing.:	1. Pers.	avrei amato	avrei preso	sarei andato/-a
	2. Pers.	avresti amato	avresti preso	saresti andato/-a
	3. Pers.	avrebbe amato	avrebbe preso	sarebbe andato/-a
Pl.:	1. Pers.	avremmo amato	avremmo preso	saremmo andati/-e
	2. Pers.	avreste amato	avreste preso	sareste andati/-e
	3. Pers.	avrebbero amato	avrebbero preso	sarebbero andati/-e

Con il C1 mutuo **avremmo comprato** anche quella casa. *Mithilfe eines Darlehens **hätten** wir auch jenes Haus **gekauft.***
A quelle condizioni Lucia non **sarebbe andata** a lavorare. *Unter den Bedingungen **wäre** Lucia nicht zur Arbeit **gegangen.***
Con quel temporale non **sarebbero partiti** in macchina. *Bei solch einem Gewitter **wären** sie nicht mit dem Auto **weggefahren.***

Gebrauch

Der Konditional II wird im Allgemeinen für Handlungen oder Ereignisse gebraucht, die in der Vergangenheit hätten geschehen können oder sollen, aber nicht eingetreten sind. Durch seine Verwendung drückt man Folgendes aus:

- einen nicht realisierten Wunsch der Vergangenheit:
  Sarei volentieri **restato** più a lungo a Berlino, ma non ho potuto. *Ich **wäre** gerne länger in Berlin **geblieben**, aber ich konnte nicht.*
- eine Absicht oder einen auf die Zukunft bezogenen Wunsch, die jedoch nicht erfüllbar sind:
  Tra un mese **saremmo andati** in ferie, ma mi sono ammalata/o. *In einem Monat **wären** wir in Urlaub **gefahren**, aber ich bin krank geworden.*
- eine Handlung in der Vergangenheit, die nicht eingetreten ist:
  Lina **avrebbe potuto lavorare** all'estero, ma voleva restare in Italia. *Lina **hätte** im Ausland **arbeiten können**, sie wollte aber in Italien bleiben.*
- die vorsichtige Wiedergabe einer Meinung oder eines Berichts:
  Durante il telegiornale **avrebbero detto** che il C1 referendum è fallito. *Bei den Fernsehnachrichten **hätten** sie **gesagt**, dass der Volksentscheid gescheitert sei.*
- künftige Handlungen oder prognostizierte Ereignisse in der Vergangenheit, die nicht eingetreten sind (Nachzeitigkeit):
  Ieri eravamo sicuri che il mio amico **sarebbe arrivato** stamattina. *Gestern waren wir sicher, dass mein Freund heute Morgen **angekommen wäre**.*
- C1 Nachzeitigkeit in der indirekten Rede:
  Gli esperti dichiararono che **avrebbero preveduto** i terremoti. *Die Experten erklärten, dass sie die Erdbeben **voraussagen würden/werden**.*

B2 15.3 Der Bedingungssatz

Der Konditional I und II werden häufig in Bedingungssätzen verwendet. Der Bedingungssatz enthält Voraussetzungen, unter der sich Handlungen, Ereignisse oder Vorgänge vollziehen. Im Italienischen werden solche Sätze durch se *wenn* eingeleitet. Grundsätzlich sind drei Arten von Bedingungssätzen abhängig vom Grad der Wahrscheinlichkeit zu unterscheiden:

- Eine aufgestellte Bedingung gilt als erfüllbar und die Folge als wahrscheinlich.
  → Im einleitenden Hauptsatz und im Folgesatz steht der Indikativ:
  Se **abbiamo** i soldi, **compriamo** un'automobile elettrica. *Wenn wir Geld **haben**, **kaufen** wir ein Elektroauto.*

- Eine aufgestellte Bedingung wird als nicht erfüllbar angesehen.
  → Im Einleitungssatz steht der Konjunktiv Imperfekt und im Folgesatz wird der Konditional I verwendet:
  Se **avessimo** i soldi, **compreremmo** un'automobile elettrica. *Wenn wir Geld **hätten, würden** wir ein Elektroauto **kaufen**.*

- Bedingung und Folge beziehen sich auf die Vergangenheit und sind nicht eingetreten.
  → Im Bedingungssatz steht der Konjunktiv Plusquamperfekt und im Folgesatz der Konditional II:
  Se **avessimo avuto** i soldi, **avremmo comprato** un'automobile elettrica. *Wenn wir Geld **gehabt hätten, hätten** wir ein Elektroauto **gekauft**.*

⚡ Das italienische se entspricht nicht nur dem deutschen *wenn*, sondern auch der Konjunktion *ob*, die indirekte Fragen einleitet:
Mi domanda sempre **se** ho fame. *Er fragt mich immer, **ob** ich Hunger habe.*

ℹ Die Redewendung *Wie wäre es, wenn …* wird im Italienischen mit E se + Konjunktiv Imperfekt wiedergegeben:
E **se** ce ne **andassimo** su un'isola deserta? ***Wie wäre es, wenn** wir auf eine einsame Insel **gehen würden**?*

15.4 Ersatzformen

⇄ In der Umgangssprache wird der Konditional häufig durch den Indikativ ersetzt. Das geschieht beispielsweise:

- in Bedingungssätzen, in denen das Imperfekt an die Stelle des Konjunktivs Plusquamperfekt und Konditionals II tritt:
  Se **l'avesse voluto** assumere, **l'avrebbe** fatto. → Se lo **voleva** assumere, **lo faceva**. *Wenn er ihn **hätte** einstellen **wollen, hätte** er es **gemacht**.*

- nach Verben des Sagens wie dire *sagen*, affermare *behaupten* oder des Vermutens wie pensare *denken*, credere *glauben*, wenn die Aussage nicht abgeschwächt oder mit Vorsicht ausgedrückt werden soll:
  Mia sorella dice sempre che **vorrebbe** fare uno stage in America e perciò **dovrebbe** imparare meglio l'inglese. → Mia sorella dice sempre che **vuole** fare uno stage in America e perciò **deve** imparare meglio l'inglese. *Meine Schwester sagt immer, dass sie ein Praktikum in Amerika machen **will** und dazu besser Englisch lernen **muss**.*

Zwischentest 15

B1 **1. Welche Aussage trifft auf Endungen des Konditionals I zu?**

- ☐ a. Sie sind nur für die Hilfsverben gleich.
- ☐ b. Sie sind je nach Verbkonjugation unterschiedlich.
- ☐ c. Sie sind für alle Verben gleich.
- ☐ d. Sie sind nur für die regelmäßigen Verben gleich.

B1 **2. Wie lautet die Übersetzung?**

Sie würde sofort telefonieren.

- ☐ a. Lei telefonerebbe subito.
- ☐ b. Lei telefona subito.
- ☐ c. Lei telefonasse subito.
- ☐ d. Lei telefonerà subito.

B1 **3. Wie kann man den Satz höflich formulieren?**

Mi dia il biglietto!

- ☐ a. Mi da il biglietto?
- ☐ b. Mi darebbe il biglietto?
- ☐ c. Mi darà poi il biglietto?
- ☐ d. Mi desse il biglietto?

B1 **4. Wie bitten Sie einen Freund höflich um Hilfe?**

- ☐ a. Puoi aiutarci?
- ☐ b. Potrai aiutarci?
- ☐ c. Potrebbe aiutarci?
- ☐ d. Potresti aiutarci?

B1 **5. Was gehört in die Lücke?**

Con un bel balcone quest'appartamento .... perfetto.

- ☐ a. sarebbe
- ☐ b. è
- ☐ c. sia
- ☐ d. fosse

B1 **6. Was sagt der Satz zur Erderwärmung?**

La temperatura globale dovrebbe salire.

- ☐ a. Sie steigt.
- ☐ b. Sie soll steigen.
- ☐ c. Sie wird steigen.
- ☐ d. Sie wird nicht steigen.

B2 **7. Welche Zeitform passt?**

Al posto tuo non so se .... il servizio militare.

- ☐ a. facessi
- ☐ b. farò
- ☐ c. farei
- ☐ d. faccio

8. Welcher Hauptsatz ergänzt den Nebensatz? B1

Se lui fosse andato via presto, ...

- ☐ a. sarà arrivato in tempo
- ☐ b. fosse arrivato in tempo
- ☐ c. sarebbe arrivato in tempo
- ☐ d. arriverebbe in tempo

9. Was sagt man von Luigi? C1

Se Luigi fosse intelligente, sposerebbe Tania.

- ☐ a. Luigi è intelligente.
- ☐ b. Luigi vuole sposare Tania.
- ☐ c. Luigi sposerà Tania.
- ☐ d. Luigi non è intelligente.

10. Wie wird der Satz ergänzt? B2

Deve consegnare un progetto, altrimenti ....

- ☐ a. esce ogni sera
- ☐ b. uscirà ogni sera
- ☐ c. uscirebbe ogni sera
- ☐ d. uscisse ogni sera

11. Welche Endung fehlt? B1

Le ragazze sarebbero partit...... anche di notte.

- ☐ a. -o
- ☐ b. -a
- ☐ c. -i
- ☐ d. -e

12. Welche zwei Zuordnungen stimmen? B2

- ☐ a. sto → starei
- ☐ b. bevo → berrei
- ☐ c. lascio → lascierei
- ☐ d. do → darrei

13. Wie lautet die passende Übersetzung? B2

Wie wäre es, wenn du etwas sagen würdest?

- ☐ a. E se tu dicessi qualcosa?
- ☐ b. E se tu diresti qualcosa?
- ☐ c. E se tu dica qualcosa?
- ☐ d. E se tu avresti detto qualcosa?

14. Welche zwei Ergänzungen stimmen? C1

Il mio amico .... stare più attento.

- ☐ a. potrebbe
- ☐ b. possa
- ☐ c. dovrebbe
- ☐ d. debba

Lösungen

1 c. 2 a. 3 b. 4 d. 5 a. 6 b. 7 c. 8 c. 9 d.
10 c. 11 d. 12 a., b. 13 a. 14 a., c.

A1

16 Der Imperativ

Das Wichtigste in Kürze

Der Imperativ wird formell in **bejahte** und **verneinte Formen** unterteilt.

Die Formen des bejahten Imperativs stimmen mit den entsprechenden Formen des Indikativs und des Konjunktivs Präsens überein.

Der Imperativ drückt wie im Deutschen einen Befehl oder eine Aufforderung aus.

16.1 Der bejahte Imperativ

B1

Formen

Bei allen Konjugationen stimmen die 1. und 2. Person Plural mit dem Indikativ Präsens (▷ 13.1) überein. Die 3. Person Singular und Plural ist mit dem Konjunktiv Präsens (▷ 14.1) identisch. Die 2. Person Singular endet für die Verben auf -ere und -ire auf -i, die 3. Person Singular auf -a:

Prendi quel B2 cacciavite! ***Nimm*** *den Schraubenzieher!*

Prenda la strada a destra! ***Nehmen Sie*** *die rechte Straße!*

Die Verben auf -are verhalten sich umgekehrt: Die 2. Person Singular endet auf -a und die 3. Person Singular auf -i:

Giulia, **ascolta** un attimo! *Giulia,* ***hör*** *einen Augenblick* ***zu!***

La prego, **ascolti** quello che dico! *Ich bitte Sie:* ***Hören Sie****, was ich sage!*

		1. Konjugation ascolt-are *hören*	2. Konjugation prend-ere *nehmen*	3. Konjugation segu-ire *folgen*
Sing.:	2. Pers.	ascolt-**a**	prend-**i**	segu-**i**
	3. Pers.	ascolt-**i**	prend-**a**	segu-**a**
Pl.:	1. Pers.	ascolt-**iamo**	prend-**iamo**	segu-**iamo**
	2. Pers.	ascolt-**ate**	prend-**ete**	segu-**ite**
	3. Pers.	ascolt-**ino**	prend-**ano**	segu-**ano**

Die Verben auf -ire mit Stammerweiterung auf -isc- im Indikativ Präsens behalten diese auch im Imperativ:

finire *aufhören, beenden* → Finisci *Hör auf!* Finisca! *Hören Sie auf!* Finiamo! *Hören wir auf!* Finite! *Hört auf!* Finiscano! *Hören Sie auf!*

Signora Gelmini, **finisca** la sua telefonata! *Frau Gelmini,* ***beenden Sie*** *Ihren Anruf!*
Signori, abbiamo tempo, **finiscano** pure il pranzo! *Meine Herren, wir haben Zeit,* ***beenden Sie*** *ruhig das Mittagessen!*

Alle Verben, die im Präsens Indikativ unregelmäßig sind, bilden auch einen unregelmäßigen Imperativ (▷ Unregelmäßige Verben), wie z. B.:

		essere *sein*	avere *haben*	andare *gehen*	dare *geben*	fare *machen*
Sing.:	2. Pers.	sii	abbi	va'/vai	da'/dai	fa'/fai
	3. Pers.	sia	abbia	vada	dia	faccia
Pl.:	1. Pers.	siamo	abbiamo	andiamo	diamo	facciamo
	2. Pers.	siate	abbiate	andate	date	fate
	3. Pers.	siano	abbiano	vadano	diano	facciano

Sii prudente! ***Sei*** *vorsichtig!*
Sia gentile e **faccia** la fila! ***Seien Sie*** *so nett und* ***stellen Sie sich*** *in der Reihe* ***an****!*
Abbi pazienza! ***Habe*** *Geduld!*
Abbia più B2 stima di sé stesso! ***Haben Sie*** *mehr Achtung vor sich selbst!*

Bei einigen Verben wie beispielsweise andare *gehen*, dare *geben* und fare *machen* kann die Endung der 2. Person Singular wegfallen. Sie wird durch einen Apostroph ersetzt:
Va' pure in discoteca, se vuoi! ***Geh*** *ruhig in die Disco, wenn du willst!*
Da' quel cd a tuo fratello! ***Gib*** *deinem Bruder die CD!*
Fa' attenzione! ***Pass auf!***

Gebrauch

Der Imperativ dient dazu, Befehle, Verbote, Vorschriften, Aufforderungen, Anweisungen und Wünsche auszudrücken:
Non **gettate** oggetti dal finestrino. ***Werfen Sie*** *keine Gegenstände aus dem Fenster!*
Per favore **fate** silenzio! *Bitte,* ***seid*** *still!*

⚡ Die Höflichkeitsform der 3. Person Plural wird meist durch die 2. Person Plural ersetzt:
Vadano sempre dritto fino all'incrocio! → **Andate** sempre dritto fino all'incrocio. ***Gehen Sie*** *immer geradeaus bis zur Kreuzung.*

B1 16.2 Der verneinte Imperativ

Die 2. Person Singular des verneinten Imperativs wird mit der Kombination non + Infinitiv gebildet:
Non venire come sempre in macchina! ***Komm nicht*** *wie immer mit dem Auto!*

Bei allen anderen Personen wird non den bejahten Imperativformen vorangestellt:
Non aspettate troppo! ***Wartet nicht*** *zu lange!*
Non stia ferma! ***Bleiben Sie nicht*** *stehen!*
Non corriamo! ***Rennen wir nicht!***

B1 16.3 Pronomen und Imperativ

Pronomen können dem Imperativ vorangestellt oder ihm folgend angehängt werden. Bei der Stellung der Pronomen, sowohl der einfachen wie auch der zusammengesetzten Formen, gelten unterschiedliche Regeln: je nachdem, ob der Imperativ bejaht oder verneint wird und in Abhängigkeit von der jeweiligen Person.

Pronomen beim bejahten Imperativ

angehängt	vorangestellt
2. Person Singular: Ascolta**mi**! *Hör **mir** zu!* Fac**ci** il piacere! *Tu **uns** den Gefallen!*	3. Pers. Singular (Höflichkeitsform): **Mi** faccia la cortesia! *Erweisen Sie **mir** die Freundlichkeit!* **Glielo** porti! *Bringen Sie **es ihm/ihr**!*
1. und 2. Person Plural: Discutiamo**ne**! *Reden wir **darüber**!* Date**gliela**! *Gebt **sie ihm/ihr**!*	3. Person Plural: **Lo** scusino! *Verzeihen Sie **ihm**!* **Ne** discutano! *Reden Sie **darüber**!*

Die Reflexivpronomen werden nach den gleichen Regeln an den Imperativ der reflexiven Verben gehängt oder ihm vorangestellt:
Dobbiamo andare, alza**ti**! *Wir müssen gehen, steh auf!*
Prego, **si** accomodi! *Bitte nehmen Sie Platz!*

⚡ Besonderheiten

- Werden unbetonte Objektpronomen an einsilbige Imperative der 2. Person Singular gehängt, verdoppelt sich der Pronomenanlaut (▷ 7):
  Sta**mmi** lontano! *Bleib bloß weg von mir!*
- Das Pronomen loro steht immer nach dem Imperativ:
  Trasmetti **loro** il B2 file con i dati. *Sende ihnen die Datei mit den Daten.*

Pronomen beim verneinten Imperativ

Der einzige Unterschied zwischen dem verneinten und dem bejahten Imperativ besteht bei den Formen der 2. Person Singular: Hier können die Pronomen entweder ohne den Endvokal -e an den Infinitiv gehängt oder ihm vorangestellt werden:
Non parlar**gli**! → Non **gli** parlare! *Sprich nicht mit **ihm**!*
Non far**ne** una tragedia! → Non **ne** fare una tragedia! *Mach keine Tragödie **draus**!*

16.4 Ersatzformen

B2

Im Italienischen kann der Imperativ ersetzt werden durch:

- Fragen im Indikativ oder Konditional (▷ 13, 15):
  Mi dà per favore quel pullover? ***Geben Sie** mir bitte den Pullover?*
  Potrebbe chiudere il finestrino? ***Könnten Sie** das Fenster schließen?*
- Indikativ Futur I:
  Domani **porterete** il materiale! *Morgen **werdet ihr** das Material **mitbringen**!*
- Indikativ Präsens:
  Per prima cosa Lei **lancia** il programma. *Zuerst öffnen Sie das Programm.*
- den Infinitiv, z. B. in Gebrauchs- und Arbeitsanweisungen oder Aufforderungen:
  Prima **agitare** e poi C1 **ingerire** con molta acqua. *Zunächst schütteln, dann mit viel Wasser einnehmen.*

Zwischentest 16

B1 1. **Wie lautet die Übersetzung?**

Hör auf zu reden!

- ☐ a. Smetto di parlare!
- ☐ b. Smetti di parlare!
- ☐ c. Smetta di parlare!
- ☐ d. Smette di parlare!

B1 2. **Welche Imperativform fehlt?**

Signor Rossi, ... questo posto!

- ☐ a. prenda
- ☐ b. prendi
- ☐ c. non prendere
- ☐ d. prendete

B1 3. **Was passt?**

Signori, per favore, ... da questa parte!

- ☐ a. veniamo
- ☐ b. venga
- ☐ c. vieni
- ☐ d. vengano

B1 4. **Welche zwei Formen sind Imperative in der 2. Person?**

- ☐ a. Abbiano!
- ☐ b. Fa'!
- ☐ c. Vada!
- ☐ d. Sii!

B1 5. **Wie lautet die Übersetzung?**

Abbia fiducia!

- ☐ a. Haben wir Vertrauen!
- ☐ b. Habt Vertrauen!
- ☐ c. Haben Sie Vertrauen!
- ☐ d. Habe Vertrauen!

B1 6. **Welche Höflichkeitsformen des Imperativs stimmen?**

- ☐ a. stiano/stai
- ☐ b. stia/stiano
- ☐ c. sta'/stia
- ☐ d. state/stiano

B1 7. **Welche Sie-Form Singular des Imperativs stimmt?**

- ☐ a. Aspettate: servitevi!
- ☐ b. Aspetta: serviti!
- ☐ c. Aspetti: si serva!
- ☐ d. Aspettino: si servino!

B1 8. **Durch was ist die Höflichkeitsform des Imperativs im Plural ersetzbar?**

- ☐ a. die 2. Person Plural
- ☐ b. nicht ersetzbar
- ☐ c. die 1. Person Plural
- ☐ d. den Infinitiv

9. Was ergänzt den Satz? B2

Franco, non .... sempre il mio computer!

- ☐ a. usi
- ☐ b. usa
- ☐ c. usano
- ☐ d. usare

10. Wie lautet die Übersetzung? B2

Gib mir das Buch.

- ☐ a. Datemi il libro.
- ☐ b. Mi dai il libro.
- ☐ c. Dammi il libro.
- ☐ d. Mi dia il libro.

11. Welche verneinte Du-Form des Imperativs stimmt? B1

- ☐ a. Non vadano via!
- ☐ b. Non va' via!
- ☐ c. Non vanno via!
- ☐ d. Non andare via!

12. In welchen zwei Sätzen ist die Stellung der Pronomen korrekt? B2

- ☐ a. Ascoltateci!
- ☐ b. Loro spedisca la lettera!
- ☐ c. Non ci andate!
- ☐ d. Ce lo porti subito!

13. Was bedeutet der folgende Satz? C1

L'hai preso tu? Ridaglielo subito.

- ☐ a. Sie soll es ihm oder ihr weitergeben.
- ☐ b. Sie kann es ihm oder ihr wiedergeben.
- ☐ c. Sie soll es ihm oder ihr wiedergeben.
- ☐ d. Sie soll es ihm oder ihr wieder wegnehmen.

14. Wie heißt der Imperativ der 2. Person Singular von dare? B1

- ☐ a. Da'!
- ☐ b. Date!
- ☐ c. Diano!
- ☐ d. Dia!

15. Welches Pronomen fehlt? B1

Bussano. Aprite...... la porta!

- ☐ a. si
- ☐ b. mi
- ☐ c. li
- ☐ d. gli

Lösungen

1 b. 2 a. 3 d. 4 b., d. 5 c. 6 b. 7 c. 8 a. 9 d.
10 c. 11 d. 12 a., d. 13 c. 14 a. 15 d.

A1

17 Das Passiv

Das Wichtigste in Kürze

Das Passiv mit **essere** + Partizip Perfekt kann sowohl einen **Vorgang** als auch einen **Zustand** ausdrücken.

Statt **essere** wird auch das Verb **venire** in der Bedeutung *werden* für die Bildung des **Vorgangspassivs** verwendet:
Il computer **viene spento** da me. *Der Computer wird von mir ausgeschaltet.*

Daneben gibt es das häufig verwendete **Si**-Passiv (A Napoli e dintorni **si mangia** molta pizza. *In Neapel und Umgebung isst man viel Pizza.*)

B2

Grundsätzlich kann im Italienischen jedes transitive Verb, d. h. jedes Verb, das ein Akkusativobjekt nach sich ziehen kann, passive Formen bilden. Die Umwandlung vom Aktiv ins Passiv führt zu folgenden Veränderungen im Satz:

- Das direkte Objekt des aktiven Satzes wird zum Subjekt des passiven Satzes.
- Die Form des Verbs ändert sich von einer Aktiv- in eine Passivzeit.
- Sind Urheber oder Ursache der Handlung bekannt und sollen genannt werden, wird dies durch die Präposition da *von* (mit oder ohne Artikel) ausgedrückt:

Alfredo affitta un appartamento. → Un appartamento **è affittato da** Alfredo.
*Alfredo vermietet eine Wohnung. → Eine Wohnung **wird von** Alfredo **vermietet**.*

Formen

Das Passiv setzt sich aus einer Form von essere *sein* und dem Partizip Perfekt des Vollverbs zusammen. Dabei richtet sich das Partizip Perfekt in Genus und Numerus nach dem Subjekt. In den einfachen Zeiten wird statt essere auch das Verb venire in der Bedeutung *werden* für die Bildung des Passivs (▷ 17) verwendet.

Einfache und zusammengesetzte Passivzeiten im Überblick:

Präsens
è/viene cercato
er/sie/es wird gesucht

Passato prossimo
è stato cercato
er/sie/es ist gesucht worden

Imperfetto/Passato remoto
era/veniva cercato
fu/venne cercato
er/sie/es wurde gesucht

Trapassato prossimo
era/fu stato cercato
er/sie/es war gesucht worden

Futur I
sarà/verrà cercato
er/sie/es wird gesucht werden

Futur II
sarà stato cercato
er/sie/es wird gesucht worden sein

Konjunktiv Präsens
(che) sia/venga cercato
(dass) er/sie/es gesucht werde

Konjunktiv Perfekt
(che) sia stato cercato
(dass) er/sie/es gesucht worden sei

Konjunktiv Imperfekt
(se) fosse/venisse cercato
(wenn) er/sie/es gesucht würde

Konjunktiv Plusquamperfekt
(se) fosse stato cercato
(wenn) er/sie/es gesucht worden wäre

Konditional I
sarebbe/verrebbe cercato
er/sie/es würde gesucht werden

Konditional II
sarebbe stato cercato
er/sie/es wäre gesucht worden

Il C1 protocollo TCP/IP di Internet **è stato creato** nel 1973. *Das TCP/IP-Internet-Protokoll **ist** 1973 **erfunden worden.***
Molte case **erano** già state **vendute.** *Viele Häuser **waren** schon **verkauft worden.***
Il Parmigiano è un formaggio che **viene prodotto** in Italia. *Der Parmesan ist ein Käse, der in Italien **produziert wird.***

🛈 Auch der Imperativ, der Infinitiv, das Partizip und das Gerund haben entsprechende Passivformen, die allerdings veraltet sind und in der Umgangssprache kaum verwendet werden:
Sia santificato il tuo nome. ***Geheiligt werde** dein Name.*

🛈 Mit andare *gehen* und rimanere *bleiben* können auch Passivsätze gebildet werden, wobei diese Verben meist nicht übersetzt werden:

- andare + Partizip Perfekt:
  La C1 chiavetta USB **è andata persa.** *Der USB-Stick **ist verloren gegangen.***
  Molti soldi dei C1 contribuenti **sono andati sprecati.** *Viele Steuergelder **sind verschwendet worden.***
  Andare kann auch eine Notwendigkeit – etwa in der Bedeutung *müssen/sollen* – ausdrücken. In dieser Bedeutung wird es nur in den einfachen Zeiten verwendet:
  Questo lavoro **va fatto** subito. *Diese Arbeit **muss/soll** sofort **erledigt werden.***
- rimanere + Partizip Perfekt:
  Nella Champions League **è rimasta sconfitta** la squadra più forte. *In der Champions League **ist** die stärkste Mannschaft **besiegt worden.***

Die Modalverben und das Passiv

Die Modalverben selbst bilden keine Passivformen. Um das Passiv auszudrücken, wird die aktive Zeitform des Modalverbs mit dem Infinitiv Perfekt, der sich aus essere + Partizip Perfekt des Hauptverbs zusammensetzt, verbunden:
Questa lettera **deve essere scritta** oggi. *Dieser Brief **muss** heute **geschrieben werden.***
Voglio essere svegliato alle sette. *Ich **will** um sieben Uhr **geweckt werden.***

Das Passiv von *müssen/sollen* kann in den einfachen Zeiten gebildet werden durch:

- andare *gehen* + Partizip Perfekt
- essere (im Präsens) + Präposition da *von* + Infinitiv Präsens des Hauptverbs

Questa traduzione **va fatta/è da fare** entro un'ora. *Diese Übersetzung **muss** in einer Stunde **erledigt werden.***

17.1 Das Vorgangs- und das Zustandspassiv

B2

Das Passiv mit essere *sein* + Partizip Perfekt kann sowohl einen Vorgang als auch einen Zustand ausdrücken.

- Zustandspassiv: Steht das Verb eines passivischen Satzes im Präsens oder Imperfekt und ohne weitere Angaben, wird die Aussage als Zustand gewertet:
  Il computer **è/era** spento. *Der Computer **ist/war** ausgeschaltet.*
- Das Vorgangspassiv wird in den einfachen Zeiten zumeist mit dem Verb venire in der Bedeutung *werden* ausgedrückt:
  Il computer **viene** spento da me. *Der Computer **wird** von mir ausgeschaltet.*

17.2 Die Umschreibung des Passivs

Passivumschreibungen werden meist gebraucht, wenn man die Ursache oder den Urheber nicht nennen will oder kann. Das Italienische bietet zur Umschreibung des Passivs folgende Möglichkeiten:

- Bei transitiven Verben verwendet man das Reflexivpronomen si *sich*. Diese Umschreibung mit dem sogenannten si passivante dient u. a. dazu, das deutsche Pronomen *man* in der 3. Person Singular und Plural der einfachen Zeiten wiederzugeben (▷ 18.1):
  A Napoli e dintorni **si mangia** molta pizza. *In Neapel und Umgebung **isst man** viel Pizza.*
  In Italia **si parlano** ancora molti dialetti. *In Italien **spricht man** noch viele Dialekte.*
- Bei intransitiven Verben verwendet man das unpersönliche si (▷ 18.1):
  In questa città **si vive** bene. *In dieser Stadt **lebt man** gut.*
  ⚡ Bei den zusammengesetzten Zeiten mit essere hat das Partizip Perfekt dabei die Endungsform des Maskulinum Plural:
  Eravamo tutti stanchi e ad un certo punto si è andat**i** via. *Alle waren wir müde, und irgendwann sind wir gegangen.*
- Die Verwendung der 3. Person Plural des aktiven Verbs mit einem indirekten Objekt:
  Ti hanno chiesto come è successo l'incidente? ***Hat man dich gefragt**, wie der Unfall passiert ist?*
- Das Partizip Perfekt kann in von che *dass* eingeleiteten Relativsätzen (▷ 9.1) eine Passivform ersetzen und die Sätze so verkürzen:
  L'C1 escursione in bicicletta **che è stata organizzata** dal nostro circolo parte alle 9 da piazza Navona. → L'escursione in bicicletta **organizzata** dal nostro circolo parte alle 9 da piazza Navona. *Die von unserem Verein **organisierte** Radtour startet um neun Uhr von der Piazza Navona.*

Zwischentest 17

B2 **1. Wie lautet der Satz im Passiv?**

Molti tedeschi visitano Firenze.

☐ a. Firenze visitata da molti tedeschi.
☐ b. Firenze fu visitata da molti tedeschi.
☐ c. Firenze è visitata da molti tedeschi.
☐ d. Firenze è visitata di molti tedeschi.

B2 **2. Welche Übersetzung ist korrekt?**

Wenige Wale werden gerettet.

☐ a. Poche balene vengono salvate.
☐ b. Poche balene sono state salvate.
☐ c. Poche balene sono salvate.
☐ d. Poche balene verranno salvate.

B2 **3. Welche Verbform passt?**

Le ragazze italiane .... invitate ad una festa.

☐ a. sarò state
☐ b. vengono state
☐ c. sono stati
☐ d. sono state

B2 **4. Was entspricht der Passivform im Italienischen?**

Vincenzo behauptet, ***ich sei*** *optimal* ***versorgt worden****.*

☐ a. fui servito
☐ b. sia stato servito
☐ c. sono stato
☐ d. sarei stato

B2 **5. Welche Form von andare gehört in die Lücke?**

I miei documenti .... persi alla dogana.

☐ a. vanno
☐ b. andranno
☐ c. sono andati
☐ d. hanno andati

B2 **6. Wie lautet die deutsche Entsprechung?**

Rita è rimasta delusa da Alberto.

☐ a. Sie ist von ihm entäuscht worden.
☐ b. Er ist von ihr entäuscht worden.
☐ c. Sie blieb entäuscht.
☐ d. Sie wird von ihm entäuscht werden.

7. Welches ist die richtige Passivform (Perfekt)? B1

Giovanna e Sonia .... a grande maggioranza.

- ☐ a. vengono elette
- ☐ b. sono state elette
- ☐ c. è stata eletta
- ☐ d. sono stati eletti

8. Was gehört in die Lücke? B1

Un domani la terra .... dalla scienza.

- ☐ a. è rimasta salvata
- ☐ b. è salvata
- ☐ c. sarà salvata
- ☐ d. viene salvata

9. Welche Zuordnung ist korrekt? B2

- ☐ a. viene scritto → es wird geschrieben sein
- ☐ b. vengo servito → ich werde bedient
- ☐ c. furono chiamati → sie wird gerufen
- ☐ d. saremmo liberati → wir würden befreit sein

10. Was entspricht dem Hervorgehobenen (zwei Möglichkeiten)? B2

La macchina **deve essere lavata**.

- ☐ a. va lavata
- ☐ b. si lava
- ☐ c. viene lavata
- ☐ d. è da lavare

11. Was entspricht dem hervorgehobenen Ausdruck? C1

La commissione **che è stata istituita** dal parlamento.

- ☐ a. la quale istituita
- ☐ b. andata istituita
- ☐ c. rimasta istituita
- ☐ d. istituita

12. Welche Endung passt? B2

Come tutti gli anni si è partit...... troppo presto.

- ☐ a. -e
- ☐ b. -a
- ☐ c. -i
- ☐ d. -o

 **Lösungen**

1 c. 2 a. 3 d. 4 b. 5 c. 6 a. 7 b.
8 c. 9 b. 10 a., d. 11 d. 12 c.

A1

18 Das unpersönliche si

Das Wichtigste in Kürze

Im Italienischen gibt das unpersönliche **si** das deutsche *man* wieder.

Gibt es kein Objekt, so spricht man vom **si impersonale**:
In treno non **si fuma**.

Wenn hingegen ein Objekt im Singular steht, wird die 3. Person Singular verwendet:
In Italia **si mangia molto pesce**.

bzw. die 3. Person Plural, wenn das Objekt im Plural steht:
A Milano **si costruiscono molti grattacieli**.

Man spricht dann vom **si passivante**.

18.1 Si zur Wiedergabe des deutschen *man*

Für die Wiedergabe des deutschen *man* wird im Italienischen das unpersönliche si mit einem Verb in der 3. Person Singular verwendet. Dadurch kann eine Aussage oder ein Sachverhalt verallgemeinert werden:
In Toscana **si beve** sempre un buon vino rosso. *In der Toskana **trinkt man** immer einen guten Rotwein.*
Per le vacanze in Italia **si va** prevalentemente al mare. *In Italien **fährt man** zum Urlaub überwiegend ans Meer.*

Im Unterschied zum Deutschen wird bei Aufzählungen si bei jedem Verb wiederholt:
Conosco un locale che è aperto tutta la notte, dove **si** mangia, **si** beve e **si** balla senza pagare il biglietto d'ingresso. *Ich kenne ein Lokal, das durchgehend geöffnet ist, wo **man** isst, trinkt und tanzt, ohne Eintritt zu bezahlen.*

Alternativ lässt sich das deutsche *man* im Italienischen auch wiedergeben:

- durch das Indefinitpronomen (▶ 10) uno *einer*:
  Quando **si è** giovani ci si diverte. → Quando **uno** è giovane si diverte. *Wenn **man** jung **ist**, amüsiert man sich.*
- durch die 3. Person Plural einiger Verben wie dare *geben* und fare *machen*:
  Al cinema **si dà** un film in 3D. → Al cinema **danno** un film in 3D. *Im Kino **läuft** ein 3-D-Film.*
- durch unpersönliche Verben (▶ 11.3.4) wie bisogna *man muss* oder serve *man braucht*:
  Su questa autostrada **si deve** stare attenti. → Su questa autostrada **bisogna** stare attenti. *Auf dieser Autobahn **muss man** vorsichtig sein.*
- durch die 2. Person Singular:
  Tu pensi di aver fatto tutto secondo le regole e poi… ***Man glaubt** alles nach den Regeln gemacht zu haben und dann …*

18.2 Si und die Zeitformen

B2

Si und die einfachen Zeitformen

Das sogenannte si passivante (▶ 17.2) ist eine Konstruktion, die eingesetzt wird, wenn dem Verb ein direktes Objekt folgt. In dieser Verwendung richtet sich das Verb nach dem Objekt. Ist dieses im Singular, steht das Verb in der 3. Person Singular, ist es im Plural, steht es in der 3. Person Plural:
In Italia **si mangia** molto **pesce**. *In Italien **isst man** viel **Fisch**.*
Negli Stati Uniti **si vendono automobili** che consumano molta benzina. *In den USA **verkauft man Autos**, die viel Benzin verbrauchen.*

Bei reflexiven Verben (▶ 12) wird die unpersönliche si-Form in ci abgewandelt, um Wiederholungen zu vermeiden:
In vacanza **ci si** riposa. *Im Urlaub ruht* ***man sich*** *aus.*

Folgen dem Verb ein Adjektiv oder ein Substantiv als Ergänzung, dann stehen diese im Maskulinum Plural:
Quando **si deve** consegnare un lavoro **si è** spesso **nervosi**. *Wenn eine Arbeit abgeliefert* ***werden muss, ist man*** *oft* ***nervös.***
Quando **si è ragazzi** si fanno per amore le cose più assurde. *Wenn* ***man jung ist****, macht man aus Liebe die absurdesten Dinge.*

⚡ Ist das Subjekt aber eindeutig feminin, steht das Substantiv oder Adjektiv im Femininum Plural:
Se **si è laureate** è più facile per le donne trovare un lavoro adeguato.
Mit abgeschlossenem Studium (wörtl.: *Wenn man ein abgeschlossenes Studium hat) ist es für Frauen leichter, eine angemessene Beschäftigung zu finden.*

Si und die zusammengesetzten Zeitformen

Tritt si in zusammengesetzten Zeiten auf, wird immer essere *sein* verwendet. In diesem Zusammenhang ergeben sich für die Angleichung des Partizip Perfekts drei Möglichkeiten:

- Bildet das Verb die zusammengesetzten Zeiten ursprünglich mit avere *haben*, bleibt das Partizip Perfekt in der si-Konstruktion unverändert:
  Con questa linea aerea **ho** sempre **volato** male. → Con questa linea aerea **si è** sempre **volato** male. *Mit dieser Fluggesellschaft* ***ist man*** *immer schlecht* ***geflogen.***
  In questo ostello **abbiamo** sempre **dormito** tranquillamente. → In questo ostello **si è** sempre **dormito** tranquillamente. *In dieser Herberge* ***hat man*** *immer ruhig* ***geschlafen.***

- Bildet das Verb die zusammengesetzten Zeiten mit essere, steht das Partizip Perfekt im Maskulinum Plural:
  Il mese scorso **siamo andati** a piedi lungo il cammino di Santiago. →
  Il mese scorso **si è andati** a piedi lungo il cammino di Santiago. *Im vorigen Monat* ***sind wir*** *den Jakobsweg zu Fuß* ***gegangen.***
  Das gilt auch für reflexive Verben:
  Per la festa della maturità **ci si è vestiti** elegantemente. *Für die Abiturfeier* ***hat man sich*** *elegant* ***angezogen.***

- Hat das Verb eine direkte Objektergänzung, richten sich essere und das Partizip Perfekt nach ihr:
  In Emilia-Romagna **si vende** molta pasta. → In Emilia-Romagna **si è venduta** molta **pasta**. *In der Emilia-Romagna* ***wurden*** *viele Teigwaren* ***verkauft.***

A Francoforte **si allestiscono** molte mostre d'arte. → A Francoforte **si sono allestite** molte **mostre** d'arte. *In Frankfurt* ***hat man*** *viele Kunstausstellungen* ***veranstaltet.***
A Milano **si costruiscono** molti grattacieli. → A Milano **si sono costruiti** molti **grattacieli.** *In Mailand* ***hat man*** *viele Wolkenkratzer* ***gebaut.***

Stellung

Die Stellung von si im Satzgefüge, vor allem in Verbindung mit Pronomen unterliegt komplexen Regeln. C1

Das Ortsadverb ci *dort* sowie direkte und indirekte Pronomen werden si *man* vorangestellt:
La pizzeria tanto è vicina: **ci si** va a piedi? *Die Pizzeria ist doch so nah: Gehen* ***wir*** *zu Fuß* ***dorthin****?*
Antonio, da quando è fidanzato, **lo si** vede più poco. *Seitdem Antonio verlobt ist, sieht* ***man ihn*** *wenig.*
Marta ha mandato una mail: **Le si** risponde subito? *Marta hat eine Mail geschickt: Antworten* ***wir ihr*** *sofort?*
Mi sembra che quell'uomo sia del posto: **gli si** chiede la strada? *Der Mann da scheint von hier zu sein: Fragen* ***wir ihn*** *nach dem Weg?*

ℹ Vor allem in der Umgangssprache der Toskana wird die si-Konstruktion anstelle eines persönlichen *wir* verwendet:
Ci si vede. ***Man*** *sieht* ***sich*** (statt: Ci vediamo. *Wir sehen uns*).

Tritt die si-Konstruktion in Verbindung mit dem Pronominaladverb ne *davon, darüber* auf, folgt ne auf si *man*, das in dieser Kombination zu se wird:
Dappertutto si parla della crisi, anche a casa mia **se ne** discute spesso. *Überall spricht man von der Krise, auch bei mir zu Hause redet* ***man*** *oft* ***darüber****.*

⚡ Das Personalpronomen loro *sie/ihnen* wird in Verbindung mit si *man* ebenfalls nachgestellt:
Che facciamo: **si** scrive **loro** una lettera? *Was machen wir: Schreiben* ***wir ihnen*** *einen Brief?*

ℹ In Anzeigen (Zeitungen, Schilder u. a.) wird si *man* manchmal an das Verb in der 3. Person Singular gehängt:
Affitta**si** appartamento di lusso in riviera. *Luxuswohnung an der Riviera* ***zu vermieten****.*

Si wird auch an die 3. Person Plural gehängt, wenn von mehreren Objekten die Rede ist:
Compran**si** oro e oggetti preziosi. *Ankauf von (*wörtl.: ***Man*** *kauft) Gold und Wertgegenständen.*

Zwischentest 18

B2 **1. Was entspricht dem Hervorgehobenen?**

La bistecca alla fiorentina **viene mangiata** in Toscana.

- [ ] a. si è mangiata
- [ ] b. si mangia
- [ ] c. va mangiata
- [ ] d. rimane mangiata

B2 **2. Wie wird der Satz ergänzt?**

In alcune zone del Trentino ....

- [ ] a. si parla tedesco
- [ ] b. viene parlato tedesco
- [ ] c. si parlano tedesco
- [ ] d. uno parla tedesco

B2 **3. Was gehört in die Lücke?**

In Sicilia .... il tonno.

- [ ] a. si pescherà
- [ ] b. è da pescare
- [ ] c. si pescano
- [ ] d. si pesca

C1 **4. Wie lautet die Übersetzung?**

Wohnung in der Toskana zu verkaufen.

- [ ] a. Vendonsi appartamento in Toscana.
- [ ] b. Viene venduto appartamento in Toscana.
- [ ] c. Vendesi appartamento in Toscana.
- [ ] d. Si vendono appartamento in Toscana.

B2 **5. Welche Endung passt?**

Anche quando si è matur...... si possono fare errori.

- [ ] a. -i
- [ ] b. -e
- [ ] c. -o
- [ ] d. -a

B2 **6. Wie lautet si beve im Perfekt?**

- [ ] a. è bevuto
- [ ] b. è stata bevuto
- [ ] c. si è bevuto
- [ ] d. viene bevuto

B2 **7. Welche zwei Zuordnungen sind richtig?**

- [ ] a. si sale → si è salto
- [ ] b. si dorme → si è dormito
- [ ] c. si va → si è andati
- [ ] d. si corre → si è corso

8. Wie heißt der Satz im Italienischen? B2

Man hat viele Pizzas gegessen.

- ☐ a. Si è mangiata molte pizze.
- ☐ b. Si è mangiati molte pizze.
- ☐ c. Si sono mangiato molte pizze.
- ☐ d. Si sono mangiate molte pizze.

9. Welcher Satz ist korrekt? C1

- ☐ a. Maria non la si sente più.
- ☐ b. Maria non si la sente più.
- ☐ c. Maria non vi si sente più.
- ☐ d. Maria non lo si sente più.

10. Welche Form der Kombination si + ne passt? C1

Tra amici .... parla sempre.

- ☐ a. ne se
- ☐ b. ne si
- ☐ c. se ne
- ☐ d. si ne

11. Welche si-Konstruktion entspricht dem Satz? C1

Lo chiamiamo di rado al telefono.

- ☐ a. Si gli si telefona di rado.
- ☐ b. Gli si telefona di rado.
- ☐ c. Lo si telefona raramente.
- ☐ d. La si telefona di rado.

12. Welcher Satz ist korrekt? B2

- ☐ a. A teatro dà tutta la settimana la stessa tragedia.
- ☐ b. A teatro si deve dare tutta la settimana la stessa tragedia.
- ☐ c. A teatro si danno tutta la settimana la stessa tragedia.
- ☐ d. A teatro danno tutta la settimana la stessa tragedia.

13. Welche Formulierung passt zu einer Anzeige? C1

- ☐ a. Vendere una casa.
- ☐ b. Vende una casa.
- ☐ c. Vendesi una casa.
- ☐ d. Ci vende una casa.

Lösungen

1 b. 2 a. 3 d. 4 c. 5 a. 6 c. 7 b., c.
8 d. 9 a. 10 c. 11 b. 12 d. 13 c.

A1 19

Der Infinitiv

Das Wichtigste in Kürze

Der **Infinitiv** ist wie das Gerund und das Partizip eine **infinite** Verbform, d. h. er zeigt **weder Person noch Numerus** an.

Er wird sowohl als Substantiv als auch als Verb verwendet:
Leggere mi piace molto. → Substantiv
Devo **tradurre** un libro. → Verb

Seine Verwendungsmöglichkeiten entsprechen im Italienischen bis auf den Gebrauch mit Präpositionen denen der deutschen Sprache.

19.1 Der Infinitiv Präsens

A1

Formen

Die drei Konjugationsklassen der Verben bilden den Infinitiv Präsens durch Anhängen der Endungen -are, -ere und -ire an den jeweiligen Verbstamm:

guard-**are** *schauen*	vend-**ere** *verkaufen*	sent-**ire** *hören*

Verben mit unregelmäßiger Infinitivendung

B1

1. Konjugation:	trarre *ziehen* und Ableitungen: attrarre *anziehen*, C1 detrarre *abziehen*, B2 distrarre *ablenken, zerstreuen*, B2 sottrarre *subtrahieren, abziehen, entwenden*

Alcune spese si possono C1 **detrarre** dalle B2 tasse. *Einige Ausgaben können von den Steuern* ***abgezogen*** *werden.*

2. Konjugation:	porre *setzen, stellen, legen* und Ableitungen: comporre *bilden, wählen* (Telefonnummer), disporre *verteilen, verfügen*, proporre *vorschlagen*, riporre *zurücklegen*

Lei non può **disporre** del suo tempo libero come vorrebbe. *Sie kann nicht über ihre Freizeit* ***verfügen****, wie sie gerne möchte.*

3. Konjugation:	Ableitungen aus dem lateinischen *ducere*: condurre *führen*, introdurre *einführen, einleiten*, ridurre *kürzen, verringern*, B2 tradurre *übersetzen*

Devo **tradurre** un libro dal tedesco all'italiano. *Ich muss ein Buch vom Deutschen ins Italienische* ***übersetzen****.*

Die Endung -e entfällt beim Infinitiv Präsens:

- bei reflexiven und reflexiv gebrauchten Verben (▶ 12): chiamarsi *heißen*, lavarsi *sich waschen*, vestirsi *sich anziehen*
- wenn zwei Infinitive aufeinander folgen. In diesem Fall wird der erste Infinitiv verkürzt:
  Il **dover uscire** adesso mi sembra inopportuno. *Jetzt* ***ausgehen zu müssen****, scheint mir unangemessen zu sein.*
- in einigen Redewendungen:
  aver ragione/torto *Recht/Unrecht haben*: Credo di **aver ragione** nel rimproverare Luca. *Ich glaube,* ***Recht zu haben****, wenn ich Luca tadle.*
  (non) aver voglia di *(keine) Lust haben*: Carla dice di **non aver voglia di** andare al cinema. *Carla sagt, sie* ***habe keine Lust*** *ins Kino zu gehen.*
- wenn unbetonte Personalpronomen an den Infinitiv gehängt werden:
  Hai pensato a Ernesto? Avremmo dovuto **chiamarlo** già stamattina. *Hast du an Ernesto gedacht? Wir hätten* ***ihn*** *schon heute Morgen* ***anrufen*** *müssen.*

B2

19.2 Der Infinitiv Perfekt

Formen

Der Infinitiv Perfekt – auch hier kann die Endung -e entfallen – wird mit avere/essere *haben/sein* und dem Partizip Perfekt gebildet:

aver(e) guard**ato** *geschaut haben*, esser(e) usc**ito** *ausgegangen sein*

Bei reflexiven Verben entfällt das e beim Anhängen des Reflexivpronomens:
Per lei deve essere stato difficile, **essersi alzata** così presto. *Für sie muss es schwierig gewesen sein, so früh* ***aufzustehen.***
Der mit essere gebildete Infinitiv Perfekt richtet sich nach dem Subjekt:
Per le ragazze è stato importante **essere** andat**e** a quella festa. *Für die Mädchen ist es wichtig gewesen, das Fest* ***besucht zu haben.***

B1

19.3 Der Infinitiv im Satzgefüge

Der Gebrauch des Infinitiv Präsens oder des Infinitiv Perfekts hängt vom Zeitverhältnis zwischen Haupt- und Nebensatz ab. Findet die Handlung im Nebensatz vor der im Hauptsatz statt, verwendet man den Infinitiv Perfekt. Bei Zeitgleichheit steht der Infinitiv Präsens:
Mio cugino **è convinto** di **aver fatto** la cosa giusta. *Mein Cousin* ***ist überzeugt****, das Richtige* ***getan zu haben.***
Mio cugino **è convinto** di **fare** la cosa giusta. *Mein Cousin* ***ist überzeugt****, das Richtige* ***zu tun.***

In Verbindung mit dem Artikel wird der Infinitiv wie ein Substantiv gebraucht:
Il continuo **interrompere** di Sergio mi dà sui nervi. *Sergios* ***ständiges Unterbrechen*** *geht mir auf die Nerven.*

Der Infinitiv ohne Präposition

Der Infinitiv Präsens kann mit oder ohne Präposition verwendet werden. Ohne Präposition wird er gebraucht:

- als Subjekt des Satzes:
  Andare d'accordo è l'unico compromesso possibile. ***Sich zu vertragen*** *ist der einzig mögliche Kompromiss.*
- zur Bildung des verneinten Imperativs der 2. Person Singular (▷ 16.2):
  Non credere di poterti permettere tutto! ***Glaub*** *bloß* ***nicht****, dir alles erlauben zu dürfen!*
- nach unpersönlichen Ausdrücken mit essere *sein* in Verbindung mit einem Adjektiv/Adverb (▷ 11.3.4):
  Sarà meglio B2 **rinunciare** alla gita in barca. ***Es wird besser sein****, auf die Bootsfahrt zu* ***verzichten.***

- nach unpersönlichen Verben (▷ 11.3.4):
  Bisogna aspettare il momento adatto. ***Man muss*** *auf den geeigneten Augenblick* ***warten.***
- nach den Modalverben (▷ 11.3.3):
  Vorrei saper ballare il tango come un ballerino B2 professionista. ***Ich möchte*** *Tango wie ein Profitänzer tanzen* ***können.***
- nach Verben der Wahrnehmung wie vedere *sehen*, sentire *hören*:
  Non mentire: ti abbiamo **visto parlare** con Elena. *Lüg nicht: Wir haben dich mit Elena* ***reden gesehen****!*
- nach fare in der Bedeutung von *veranlassen* und lasciare *(zu)lassen*:
  Domani **faccio riparare** la macchina. *Morgen* ***lasse*** *ich den Wagen* ***reparieren.***
  Ti **lasci** B2 **trascinare** dalla routine. *Du* ***lässt*** *dich von der Routine* ***treiben.***
- nach Verben wie desiderare *wünschen*, preferire *vorziehen*, intendere *beabsichtigen*:
  Preferisco correre piuttosto che **nuotare.** *Ich* ***ziehe*** *das* ***Laufen dem Schwimmen vor.***
  Mio zio **intende farmi** un bel regalo di compleanno. *Mein Onkel* ***beabsichtigt,*** *mir ein schönes Geburtstagsgeschenk* ***zu machen.***
  ⚡ Haben Haupt- und Nebensatz nicht das gleiche Subjekt, wird der Nebensatz durch che + Konjunktiv eingeleitet:
  Desideriamo che nostra figlia **ritorni** a casa prima di mezzanotte. ***Wir möchten, dass*** *unsere Tochter vor Mitternacht nach Hause* ***kommt.***
- In Aufforderungen und Vorschriften:
  Muoversi, muoversi! ***Weitergehen****, weitergehen!*
  Attenzione! **Limitare** la velocità. *Achtung! Die Geschwindigkeit* ***begrenzen.***
- nach dem Adverb ecco (▷ 5.3):
  Ecco spuntare Giulio! ***Da erscheint*** *Giulio endlich!*

Der Infinitiv mit Präposition

Der Infinitiv Präsens kann durch vorangestellte Präpositionen an die finite Verbform angeschlossen werden. Die wichtigsten sind a, di und da.

Mit der Präposition a steht der Infinitiv nach:

- Verben der Bewegung und des Bleibens wie andare *gehen*, venire *kommen*, rimanere *bleiben*:
  Siamo **andati a fare** un torneo di squash. *Wir haben an einem Squashturnier teilgenommen.*
  Giorgio, **rimani a bere** una birra con noi? *Giorgio, bleibst du und trinkst ein Bier mit uns?*
- einigen Verben mit einem direkten Objekt wie (in)cominciare *beginnen*:
  Pietro **comincia a lavorare** domani. *Pietro beginnt morgen zu arbeiten.*

- einigen reflexiven Verben wie abituarsi *sich daran gewöhnen* und mettersi *sich daran machen*:
  Quando **ti abitui ad arrivare** in orario? *Wann gewöhnst du dich daran, pünktlich zu erscheinen?*
- einigen Adjektiven wie bravo *gut, geschickt* oder pronto/disposto *bereit*:
  Sei **bravo a giocare** a golf? *Bist du ein guter Golfspieler* (wörtl.: *Bist du gut im Golfspielen)?*
  Lei è **disposta a studiare** molto. *Sie ist bereit, viel zu lernen.*

Mit der Präposition di steht der Infinitiv u. a. nach:

- Verben des Fragens, Sagens, Erinnerns wie dire *sagen*, domandare/chiedere *fragen*, ricordare *sich erinnern*, dimenticare *vergessen*:
  La mia ragazza **si dimentica** regolarmente **di spegnere** la TV. *Meine Freundin vergisst regelmäßig, den Fernseher auszuschalten.*
- Verben, die eine Meinung oder Hoffnung ausdrücken, wie credere *glauben*, pensare *denken*, sperare *hoffen*:
  Chi **credi di essere?** *Was glaubst du eigentlich, wer du bist?*
- einigen Wendungen mit avere wie aver bisogno *brauchen*, aver paura *Angst haben*, aver voglia *Lust haben* und avere in Verbindung mit einigen abstrakten Substantiven wie il diritto *das Recht*, il coraggio *der Mut*, il dovere *die Pflicht*:
  Mia nonna **ha paura di restare** sola la notte. *Meine Großmutter hat Angst, nachts allein zu bleiben.*
  Avete il coraggio di saltare? *Habt ihr den Mut zu springen?*
- Adjektiven in Verbindung mit essere *sein*, die eine Gemütsverfassung bezeichnen, wie contento/scontento *zufrieden/unzufrieden*, felice *froh*, triste *traurig*, stanco *müde*, sicuro *sicher*:
  Sono **contenti di essere** scampati al pericolo. *Sie sind froh, der Gefahr entkommen zu sein.*
- einer Reihe von Präpositionen wie prima di *bevor*, a patto di/a condizione di *unter der Bedingung*, a meno di *es sei denn*:
  Prima di studiare si deve essere riposati. *Bevor man lernt, muss man ausgeruht sein.*
- den meisten Verben mit direktem Objekt wie aspettare *warten*, pregare *bitten*, cercare *versuchen*, smettere *aufhören*, sperare *hoffen*, tentare *versuchen*:
  Spero di arrivare in tempo. *Ich hoffe, rechtzeitig anzukommen.*

Mit der Präposition da steht der Infinitiv nach:

- Substantiven, die einen Zweck angeben: macchina **da cucire** *Nähmaschine*, macchina **da scrivere** *Schreibmaschine*
- Fragewörtern wie che cosa? *was?* und Adverbien der Menge wie poco *wenig*, molto *viel*, niente *nichts*, tutto *alles*, qualcosa *etwas*:
  Che cosa c'è **da ridere?** *Was gibt es zu lachen?*
  Avrei **molto da riferire.** *Ich hätte viel zu berichten.*

- così *so* und tanto *so viel*, wenn die Folge angegeben wird:
  Lei è **così/tanto** educata **da dire** sempre sì a tutti. *Sie ist so höflich, dass sie immer zu allen ja sagt.*
- essere *sein* in passiver Bedeutung:
  Questo computer **è da buttare.** *Der Rechner hier ist zum Wegwerfen.*
- avere *haben* in der Bedeutung von *müssen*:
  Ho da ricaricare il telefonino. *Ich muss mein Handy aufladen.*

Präpositionen, auf die ein Infinitiv folgt, sind:

per *um zu*:	Gioco a frisbee **per divertirmi.** *Ich spiele Frisbee,* ***um mich zu amüsieren.***
senza *ohne*:	Ho studiato lo spagnolo sui libri **senza** mai **parlarlo.** *Ich habe Spanisch aus Büchern gelernt,* ***ohne es*** *jemals* ***zu sprechen.***
invece *statt*:	**Invece di mangiare** sempre, prova a fare sport. ***Statt*** *immer* ***zu essen****, versuche Sport zu machen.*

Der Infinitiv und die Pronomen

B2

Pronomen können vor oder nach dem Infinitiv stehen oder an ihn gehängt werden:

- Betonte Objektpronomen stehen nach dem Infinitiv (Präsens und Perfekt):
  Guido propone di **assumere lei** e non Paola. *Guido schlägt vor, sie und nicht Paola einzustellen.*
- Beim verneinten Imperativ der 2. Person Singular kann das Pronomen vor oder nach dem Infinitiv stehen:
  Non **prenderlo** in giro! Non **lo prendere** in giro! *Nimm ihn nicht auf den Arm!*
- Bei den Modalverben können Pronomen an den Infinitiv gehängt werden oder vor dem konjugierten Modalverb stehen:
  Potremmo **portarli** con noi./**Li potremmo** portare con noi. *Wir könnten sie mitnehmen.*
- Unbetonte Objektpronomen werden an den Infinitiv Präsens ohne die Endung -e oder beim Perfekt an die Formen von essere/avere gehängt:
  Abbiamo il dovere di **aiutarli.** *Wir haben die Pflicht, ihnen zu helfen.*
  Sei sicuro di **averlo** letto? *Bist du sicher, es gelesen zu haben?*

Zwischentest 19

B1 **1. Welche drei Ableitungen stimmen?**

- ☐ a. sottraggo → sottrarre
- ☐ b. introduco → introdurre
- ☐ c. propongo → proporre
- ☐ d. tradisco → tradurre

B1 **2. Wie lautet der Infinitiv Präsens von *heißen/sich nennen*?**

- ☐ a. chiamare si
- ☐ b. chiamarsi
- ☐ c. si chiamare
- ☐ d. chiamaresi

B1 **3. In welchen zwei Fälllen kann das -e am Ende des Infinitivs entfallen?**

- ☐ a. wenn der Infinitiv unregelmäßig ist
- ☐ b. wenn der Infinitiv sehr lang ist
- ☐ c. wenn Pronomen an den Infinitiv gehängt werden
- ☐ d. wenn zwei Infinitive nacheinander stehen

B2 **4. Was entspricht dem Hervorgehobenen?**

*Er behauptet, im Ozean **geschwommen zu sein.***

- ☐ a. aver avuto una nuotata
- ☐ b. aver nuotato
- ☐ c. essere nuotato
- ☐ d. essere stato a nuotare

B2 **5. Welche Infinitivform passt in die Lücke?**

Eravamo contenti di .... il problema.

- ☐ a. aver risolto
- ☐ b. essere risolto
- ☐ c. aver risolvuto
- ☐ d. aver risoluto

B1 **6. Wie lautet die Übersetzung des Hervorgehobenen?**

*Seid ihr froh, **euch wiedergesehen zu haben**?*

- ☐ a. di essere rivisti da voi?
- ☐ b. di avere rivisto noi?
- ☐ c. di esservi rivisti?
- ☐ d. di avervi rivisti?

B2 **7. Welcher Ausdruck ist richtig?**

- ☐ a. Bisogna rispettarsi la precedenza.
- ☐ b. Bisogna rispettare la precedenza.
- ☐ c. Bisogna rispettarla la precedenza.
- ☐ d. Bisogna rispetti la precedenza.

8. Welche Übersetzung stimmt? B1

Er möchte Französisch sprechen.

- ☐ a. Vorrà parlare francese.
- ☐ b. Vorrebbe parlare francese.
- ☐ c. Vuole parlare francese.
- ☐ d. Volesse parlare francese.

9. Was gehört in die Lücke? B1

Preferiscono che i loro genitori .... a casa.

- ☐ a. restati
- ☐ b. restare
- ☐ c. restino
- ☐ d. restano

10. Welche Präposition fehlt? B2

Clara, vai .... comprare della frutta?

- ☐ a. per
- ☐ b. da
- ☐ c. di
- ☐ d. a

11. Wie lautet die richtige Übersetzung? B2

Ich helfe dir beim Lernen.

- ☐ a. Ti aiuto a studiare.
- ☐ b. Ti aiuto di studiare.
- ☐ c. Ti aiuto per studiare.
- ☐ d. Ti aiuto studiare.

12. Welche Ergänzung stimmt? B2

Mi si accusa .... insensibile.

- ☐ a. senza essere
- ☐ b. a essere
- ☐ c. di essere
- ☐ d. per essere

13. Welcher Infinitiv Perfekt ist falsch? B2

- ☐ a. aver rimasto
- ☐ b. aver corso
- ☐ c. essere stato
- ☐ d. aver fatto

14. Welche Präposition gehört in die Lücke? B2

Mi dedico allo yoga .... rilassarmi.

- ☐ a. a
- ☐ b. di
- ☐ c. per
- ☐ d. da

Lösungen

1 a., b., c. 2 b. 3 c., d. 4 b. 5 a. 6 c. 7 b. 8 b.
9 c. 10 d. 11 a. 12 c. 13 a. 14 c.

A1

20 Das Partizip

Das Wichtigste in Kürze

Das Partizip ist eine finite Verbform.

Im Italienischen gibt es wie im Deutschen das Partizip Präsens und das Partizip Perfekt.

Es kann als **Adjektiv** (La tua amica era molto **preoccupata**.) und als **Verb** zur **Bildung zusammengesetzter Zeiten** (Oggi ho **mangiato** a casa.) verwendet werden.

Das Partizip Präsens wird seltener als im Deutschen und fast ausschließlich in der Schriftsprache gebraucht.

20.1 Das Partizip Präsens

B1

Formen

Das Partizip Präsens wird durch das Anhängen der Endung -ante (bei Verben der 1. Konjugation) und -ente (bei Verben der 2. und 3. Konjugation) an den Verbstamm gebildet.

	Infinitiv	Endung	Partizip Präsens
1. Konjugation	affascin-are *bezaubern*	**-ante**	affascin**ante** *bezaubernd*
2. Konjugation	sorrid-ere *lächeln*	**-ente**	sorrid**ente** *lächelnd*
3. Konjugation	B2 segu-ire *folgen*	**-ente**	segu**ente** *folgend*

Das Partizip Präsens verhält sich wie Adjektive auf -e (▷ 4): Es hat im Singular Maskulinum und Femininum die Endung -e und im Plural die Endung -i:
il giorno segu**ente** *der folgende Tag* → i giorni segu**enti** *die folgenden Tage*

Besonderheiten:
- Einige Verben der 3. Konjugation bilden das Partizip Präsens mit der Endung -iente wie z. B. esaurire *erschöpfen* → esaur**iente**.
- Ableitungen von sentire *(zu)hören* wie assentire *zustimmen* und consentire *gestatten, erlauben* ändern den Auslautkonsonanten des Verbstamms von t zu z: assentire → assen**z**iente, consentire → consen**z**iente.
- Eine Reihe unregelmäßiger Verben verwendet für die Bildung des Partizips Präsens den Verbstamm des Imperfetto:

Infinitiv	Stamm + Endung des Imperfetto	Partizip Präsens
dire *sagen*	dic-evo	dic-**ente**
fare *machen*	fac-evo	fac-**ente**
bere *trinken*	bev-evo	bev-**ente**

Gebrauch

Im heutigen Italienisch wird das Partizip Präsens selten gebraucht. Es findet sich vor allem in literarischen Texten oder in amtlichen Dokumenten, in denen es einen Relativsatz ersetzt:
Il B2 **richiedente** (colui che richiede) apponga la firma nell'apposito spazio.
Der ***Antragsteller*** *unterzeichne an der dafür vorgesehenen Stelle.*
Tutti i medici raccomandono una dieta **contenente** (che contiene) frutta e verdura. *Alle Mediziner empfehlen eine an Obst und Gemüse reiche Diät.*

Weiter wird das Partizip Präsens verwendet als:

Adjektiv: Abbiamo visto un film molto **divertente**. *Wir haben einen sehr* ***amüsanten*** *Film gesehen.*

Substantiv: In Italia ci sono molti **cantanti** famosi. *In Italien gibt es viele berühmte **Sänger**.*
Il mio **insegnante** è italiano. *Mein **Lehrer** ist Italiener.*

Präposition: **Durante** la dimostrazione ci sono stati piccoli incidenti. ***Während** der Demonstration gab es kleine Zusammenstöße.*

B2 Wiedergabemöglichkeiten deutscher Partizip-Präsens-Formen:

- durch einen Relativsatz:
  Non svegliar il can **che dorme**! *Nur keinen **schlafenden** Hund wecken!*
- durch ein Partizip Perfekt:
  In pieno inverno ho sognato di campi **fioriti**. *Im tiefen Winter habe ich von **blühenden** Feldern geträumt.*
- durch einen präpositionalen Ausdruck:
  Una macchina piombò **a tutta velocità** contro la folla. *Ein **rasendes** Auto fuhr in die Menschenmenge.*
- durch ein Gerund:
  Lui trovò la soluzione **giocando**. *Er fand **spielend** die Lösung.*
- durch ein Adjektiv:
  Nel processo il Signor B. è stato un C1 testimone **silenzioso**. *Im Prozess war Herr B. ein **schweigender** Zeuge.*

A2

20.2 Das Partizip Perfekt

Formen

Die regelmäßigen Verben bilden das Partizip Perfekt duch Anhängen der Endungen -ato, -uto bzw. -ito an den jeweiligen Verbstamm.

Infinitiv	Endung	Partizip Perfekt
am-are *lieben*	**-ato**	am-**ato** *geliebt*
cred-ere *glauben*	**-uto**	cred-**uto** *geglaubt*
sent-ire *hören*	**-ito**	sent-**ito** *gehört*

- Verben auf -ere wie piacere *mögen, gefallen*, tacere *schweigen* und conoscere *kennen* haben der Aussprache wegen ein i zwischen Stamm und Partizipendung: piacere → piaciuto, tacere → taciuto.
- Einige Verben mit einem unregelmäßigen Infinitiv Präsens (▷ 19.1), wie z. B. attrarre *anziehen*, bilden ein ebenso unregelmäßiges Partizip Perfekt: attr-arre *anziehen* → attr-**atto** *angezogen*
- Viele unregelmäßige Verben der 2. und 3. Konjugation haben eine unregelmäßige Partizip-Perfekt-Form (▷ Unregelmäßige Verben): essere *sein* → stato, vivere *leben* → vissuto, aprire *öffnen* → aperto.

Gebrauch

Das Partizip Perfekt dient in Verbindung mit den Hilfsverben avere/essere *haben/sein* zur Bildung der zusammengesetzten Zeiten und des Passivs (▷ 17). Beim Passiv gleicht es sich sowohl in Verbindung mit essere als auch mit venire in Genus und Numerus an das Subjekt an:
Lei è stat**a** amat**a** e odiat**a**. *Sie ist geliebt und gehasst worden.*

Bei den zusammengesetzten Zeiten wird das Partizip Perfekt angeglichen, wenn diese mit essere gebildet werden. Ist avere im Einsatz, unterbleibt die Angleichung in der Regel, es sei denn, ein direktes Objekt in Form eines Personalpronomens geht dem mit avere verbundenen Partizip Perfekt voran:
Le ragazze poi **sono** andat**e** via? ***Sind** die Mädchen dann **weggegangen**?*
Avete comprato la macchina elettrica? ***Habt** ihr das Elektroauto **gekauft**?*
E le mie scarpe? Dove **le hai** mess**e**? *Und meine Schuhe? Wo **hast** du **sie hingetan**?*

Das Partizip Perfekt kann allein, ohne Hilfsverb, verwendet werden:
- als Adjektiv oder Substantiv:
  Se ripenso agli anni **trascorsi** in ufficio, divento triste. *Wenn ich an die im Büro **verbrachten** Jahre zurückdenke, werde ich traurig.*
  Mantenete la **promessa** fatta! *Haltet das gegebene **Versprechen**!*
- anstelle eines Nebensatzes mit eigenem Bezugswort, der gegenüber der Handlung im Hauptsatz eine Vorzeitigkeit ausdrückt (= absolutes Partizip Perfekt): 
  Il monitor **inviato** per corriere non è ancora arrivato. *Der per Kurier **verschickte** Monitor ist noch nicht da.*
- anstelle von Temporalsätzen:
  Arrivati sul campo, cominciammo a giocare a pallone. ***Nachdem** wir auf dem Feld **angekommen waren**, fingen wir an, Fußball zu spielen.*
- anstelle von Kausalsätzen:
  Restati soli, si misero a giocare al computer. ***Da** sie allein **geblieben waren**, fingen sie an, am Computer zu spielen.*

⚡ Bezieht sich ein allein stehendes Partizip Perfekt (ohne Hilfsverb) auf das Subjekt des Hauptsatzes, wird es in Numerus und Genus an dieses angeglichen:
Arrivat**a** a New York Serena ha saputo della notizia. *In New York angekommen hat Serena die Nachricht erfahren.*

Ersetzt das Partizip Perfekt einen Nebensatz, dessen Subjekt ein anderes ist als das des Hauptsatzes, richtet es sich nach dem eigenem Subjekt:
Arrivat**a** mia madre, mio marito è uscito con i suoi amici. *Weil meine Mutter angereist war, ging mein Mann mit seinen Freunden aus.*
Finit**i** i convenevoli, passai alle vere trattative. *Nachdem die Floskeln ausgetauscht waren, bin ich zu den eigentlichen Verhandlungen übergegangen.*

Zwischentest 20

B1 **1. Welche zwei Partizipbildungen stimmen?**

- [ ] a. parlare → parlante
- [ ] b. leggere → leggiente
- [ ] c. esaurire → esauriente
- [ ] d. capire → capiscente

B2 **2. Was bedeutet se sono consenziente?**

- [ ] a. wenn ich mithöre
- [ ] b. wenn ich meine Erlaubnis gebe
- [ ] c. wenn ich Widerspruch einreiche
- [ ] d. wenn ich mitmache

B1 **3. Welche Endung ist richtig?**

Ho puntato sul cavallo perdent...... .

- [ ] a. -i
- [ ] b. -a
- [ ] c. -o
- [ ] d. -e

B2 **4. Welches Partizip Präsens wird als Substantiv verwendet?**

- [ ] a. dicente
- [ ] b. insegnante
- [ ] c. affascinante
- [ ] d. avvincente

B2 **5. Was heißt *schwere Koffer* auf Italienisch?**

- [ ] a. valigie pesanti
- [ ] b. valigie pesante
- [ ] c. valigie pesanta
- [ ] d. valigie pesanto

B1 **6. Welches Partizip Präsens dient als Präposition?**

- [ ] a. saltante
- [ ] b. piangente
- [ ] c. durante
- [ ] d. vincente

A2 **7. Welche zwei Formen sind richtig abgeleitet?**

- [ ] a. mangiare → mangato
- [ ] b. condurre → condotto
- [ ] c. attrarre → attratto
- [ ] d. conoscere → conoscuto

A2 **8. Was muss in die Lücke?**

Quel cantante non mi è .... per niente.

- [ ] a. piaciuti
- [ ] b. piatto
- [ ] c. piaciuto
- [ ] d. piacito

9. Wie lautet das Partizip Perfekt von vivere? B2

- [ ] a. vivuto
- [ ] b. vivato
- [ ] c. vissuto
- [ ] d. visto

10. Welche Übersetzung ist richtig? A2

Ho perso la patente.

- [ ] a. Ich habe den Führerschein gemacht.
- [ ] b. Ich habe den Führerschein erneuert.
- [ ] c. Ich habe den Führerschein beantragt.
- [ ] d. Ich habe den Führerschein verloren.

11. Welches Partizip ersetzt che contiene? B2

- [ ] a. contenente
- [ ] b. continente
- [ ] c. incontinente
- [ ] d. contenuto

12. Welche Partizipialkonstruktion entspricht dem hervorgehobenen Nebensatz? B2

Poiché le ferie erano finite, siamo ritornati a casa.

- [ ] a. Finito le ferie
- [ ] b. Finiti le ferie
- [ ] c. Finite le ferie
- [ ] d. Finita le ferie

13. Was passt in die Lücke? B2

Quando .... il telefono, mangiavo.

- [ ] a. squillò
- [ ] b. squillato
- [ ] c. squillato
- [ ] d. squillante

14. Wann wurde geheiratet? B2

Subito dopo essersi conosciuti in vacanza si sono sposati.

- [ ] a. vor dem Urlaub
- [ ] b. während des Urlaubs
- [ ] c. lange nach dem Urlaub
- [ ] d. sofort nach dem Urlaub

15. Welche zwei Partizipien können den Satz ergänzen? B2

.... gli studi, lui ha trovato un posto di lavoro.

- [ ] a. Conosciuti
- [ ] b. Terminati
- [ ] c. Completati
- [ ] d. Ritardati

Lösungen

1 a., c. 2 b. 3 d. 4 b. 5 a. 6 c. 7 b., c. 8 c.
9 c. 10 d. 11 a. 12 c. 13 a. 14 d. 15 b., c.

A1 21

Das Gerund

Das Wichtigste in Kürze

Das Gerund ist eine infinite Form, die keine Entsprechung im Deutschen hat.

Es gibt das **Gerund der Gegenwart** und das **Gerund der Vergangenheit**.

Das Gerund der Gegenwart wird überwiegend zur **Verkürzung von Haupt- und Nebensätzen** verwendet:
Marco mangia **ascoltando** la radio. *Marco isst, während er Radio hört.*

21.1 Das Gerund der Gegenwart

B2

Formen

Die italienische Bezeichnung, Gerundio semplice, weist darauf hin, dass es sich im Gegensatz zum Gerund der Vergangenheit, dem Gerundio composto, um eine einfache Form handelt. Sie wird bei den Verben der 1. Konjugation durch Anhängen der Endung -ando an den Verbstamm gebildet. Die Verben der 2. und 3. Konjugation hängen -endo an. Das Gerund ist unveränderlich.

	Infinitiv	Endung	Gerund der Gegenwart
1. Konjugation	am-are *lieben*	**-ando**	am-**ando**
2. Konjugation	sorrid-ere *lächeln*	**-endo**	sorrid-**endo**
3. Konjugation	sent-ire *hören*	**-endo**	sent-**endo**

Einige unregelmäßige Verben hängen die Endungen des Gerunds der Gegenwart an den Verbstamm der 1. Person Singular des Indikativs Präsens:
dic-o *ich sage* → dic-**endo**, fac-cio *ich mache* → fac-**endo**, bev-o *ich trinke* → bev-**endo**, pon-go *ich setze/stelle/lege* → pon-**endo**
⚡ Folgt dem Gerund von essere *sein*, essendo, ein Adjektiv, richtet sich dieses in Numerus und Genus nach dem Subjekt:
Essendo capac**i**, hanno fondato una ditta. *Da sie fähige Leute sind, haben sie eine Firma gegründet.*

Gebrauch

Das Gerund der Gegenwart wird überwiegend zur Verkürzung von Haupt- und Nebensätzen verwendet. Es kann unter folgenden Voraussetzungen zwei Hauptsätze oder einen Haupt- mit einem Nebensatz verbinden:

- Das Subjekt muss in beiden Sätzen identisch sein.
- Die Handlung muss in beiden Sätzen in der gleichen Zeit liegen.

Lui mangia. Lui ascolta la radio. → Lui mangia **ascoltando** la radio. *Er isst, während er Radio hört.*

Der Nebensatz mit dem Gerund kann als Ersatz stehen für einen:

- Temporalsatz:
  Renato **sorridendo** (= mentre sorrideva), disse di non andare più a scuola già da un anno. ***Während er lächelte**, sagte Renato, dass er schon seit einem Jahr nicht mehr zur Schule gehe.*
- Kausalsatz:
  Essendo curiosa (= poiché è curiosa), lei studia biologia all'università. ***Weil sie ein wissbegieriger Mensch ist**, studiert sie Biologie an der Universität.*

- Konditionalsatz:
  Sognando troppo si possono fare molti errori. ***Wenn man*** *zu sehr* ***träumt****, kann man viele Fehler machen.*
- Modalsatz:
  Mi rilasso prevalentemente **leggendo** i giornali. *Ich entspanne mich vor allem* ***durch das Lesen*** *von Zeitungen.*
- Konzessivsatz, den die Konjunktion pur(-e) *auch wenn, obwohl* einleitet:
  Pur essendo (= sebbene sia) dotata, Tina non riesce a lavorare nella moda. ***Obwohl*** *sie begabt* ***ist****, gelingt es Tina nicht, im Modegeschäft zu arbeiten.*

B2

21.2 Das Gerund der Vergangenheit

Formen

Das Gerund der Vergangenheit setzt sich aus dem Gerund der Gegenwart von essere/avere *sein/haben* und dem Partizip Perfekt des Verbs zusammen.

am-are *lieben*	→ avendo amato
sorrid-ere *lächeln*	→ avendo sorriso
usc-ire *ausgehen*	→ essendo uscito/-a/-i/-e

Während das mit avere auftretende Partizip unveränderlich ist, richtet sich das Partizip mit essere in Genus und Numerus nach dem Subjekt:
Essendo arrivat**e** presto, le ragazze si riposarono un po' in albergo. *Da die Mädchen früh angekommen waren, ruhten sie sich im Hotel etwas aus.*

Gebrauch

Das Gerund der Vergangenheit wird fast ausschließlich in der Schriftsprache und temporal, kausal oder konzessiv verwendet. Wie das Gerund der Gegenwart verkürzt es Sätze unterschiedlicher Funktion und kann – bei gleichem Subjekt – zwei Sätze verbinden, wobei die Handlung im Hauptsatz zeitlich nach der des Nebensatzes liegen muss:

- Kausalsatz:
  Non **avendo studiato**, hanno preso un brutto voto. ***Da*** *sie nicht* ***gelernt hatten****, haben sie eine schlechte Note bekommen.*
- Temporalsatz:
  Avendo preso un caffè, lui si è finalmente svegliato. ***Nachdem*** *er einen Kaffee* ***getrunken hatte****, ist er endlich wach geworden.*
- Konzessivsatz – zusammen mit der Konjunktion pur(e) *auch wenn, obwohl*:
  Pur essendo stati avvisati, sono voluti partire di notte. ***Obwohl man sie gewarnt hatte****, wollten sie in der Nacht losfahren.*

21.3 Gerund und Pronomen

B2

In der Regel werden unbetonte Objektpronomen, die Pronominaladverbien ci und ne sowie die Reflexivpronomen an das Gerund gehängt:
Mettendo**si** gli occhiali, Andrea si accorse che una stanghetta era rotta. *Als Andrea die Brille aufsetzte, merkte er, dass ein Bügel kaputt war.*
Avendo**ne** parlato spesso, hanno deciso di andare a Venezia. *Weil sie oft **davon** gesprochen hatten, haben sie beschlossen, nach Venedig zu fahren.*

Betonte Objektpronomen und das unbetonte indirekte Objektpronomen loro folgen dem Gerund:
Vedendo **lui**, è come se avessi rivisto suo padre. *Wenn ich **ihn** sehe, ist es so, als würde ich seinen Vater wiedersehen.*
Avendo scritto **loro**, non ho bisogno di telefonare. *Da ich **ihnen** geschrieben habe, brauche ich nicht anzurufen.*

⚡ Beim Gerund der Gegenwart der Modalverben können unbetonte Pronomen an das Gerund oder den Infinitiv gehängt werden:
Volendo**mi** fare/Volendo far**mi** una sorpresa, gli amici mi aspettarono davanti casa. *Weil sie **mich** überraschen wollten, erwarteten mich meine Freunde vor der Wohnung.*

21.4 Das Gerund mit stare, andare und venire

C1

Den Verben stare *bleiben, stehen*, andare *gehen* und auch venire *kommen* folgt in den einfachen Zeiten häufig ein Gerund. Durch stare + Gerund wird betont, dass eine Handlung gerade in Gang ist bzw. zeitgleich abläuft:
Che cosa **stai ascoltando**? – **Sto ascoltando** un'aria dalla Traviata. *Was **hörst du gerade**? – **Ich höre gerade** eine Arie aus La Traviata.*
⚡ Bei stare + Gerund der Gegenwart geht das unbetonte Objektpronomen dem Verb stare voraus:
Come volete: **vi sto** semplicemente **avvisando**! *Wie ihr wollt: **Ich warne euch** nur **hiermit**!*

Seltener als stare beschreibt venire + Gerund den tendenziellen Verlauf einer Handlung:
Piano piano **mi vengo convincendo** che avevi ragioni tu. *Nach und nach **komme ich zu der Überzeugung**, dass du Recht hattest.*

Das Verb andare + Gerund betont eine mehr oder weniger langsame Entwicklung oder die permanente Wiederholung eines Vorgangs:
Sergio **andava raccontando** di essere perseguitato dal fisco. *Sergio **erzählte ständig**, dass er vom Finanzamt verfolgt wurde.*

Zwischentest 21

B2 **1. Welche zwei Ableitungen des Gerunds stimmen?**

- ☐ a. ripetere → ripetiendo
- ☐ b. stare → stando
- ☐ c. uscire → uscendo
- ☐ d. dire → direndo

B2 **2. Wie lautet das Gerund der Gegenwart von fare?**

- ☐ a. fariendo
- ☐ b. facendo
- ☐ c. farendo
- ☐ d. faciendo

B2 **3. Was gehört in die Lücke?**

.... squillare il campanello, aprirono la porta.

- ☐ a. Sentendo
- ☐ b. Avendo
- ☐ c. Essendo
- ☐ d. Volendo

C1 **4. Wie lautet die Übersetzung?**

Ich war gerade dabei, eine Mail zu lesen.

- ☐ a. Stavo per leggere una mail.
- ☐ b. Sto leggendo una mail.
- ☐ c. Vengo leggere una mail.
- ☐ d. Stavo leggendo una mail.

B2 **5. Welcher Nebensatz kann das Gerund ersetzen?**

Essendo single, Sergio è in cerca di una compagna.

- ☐ a. Poiché è single
- ☐ b. Per quanto single
- ☐ c. Sebbene single
- ☐ d. Quando è single

B1 **6. Wie ist der Satz zu übersetzen?**

I prezzi vanno salendo rapidamente.

- ☐ a. Die Preise steigen langsam.
- ☐ b. Die Preise steigen und fallen schnell.
- ☐ c. Die Preise steigen schnell.
- ☐ d. Die Preise fallen langsam.

B2 **7. Welche zwei Formen des Gerunds sind richtig?**

- ☐ a. essendo stato
- ☐ b. avendo avuto
- ☐ c. essendo preso
- ☐ d. avendo stato

8. Wie heißt der Satz auf Italienisch? C1

Ich bin im Begriff zu gehen.

- ☐ a. Essendo uscito.
- ☐ b. Sto da uscire.
- ☐ c. Sto uscendo.
- ☐ d. Sto per uscire.

9. Welche Endung passt? B1

Essendo sol...... in ufficio, Carmela può lavorare in pace.

- ☐ a. -i
- ☐ b. -e
- ☐ c. -a
- ☐ d. -o

10. Wie lässt sich der Satzbeginn verkürzen? B2

Sebbene siano di origine italiana ...

- ☐ a. Anche se essendo ...
- ☐ b. Essendo stati italiani ...
- ☐ c. Essendo italiani ...
- ☐ d. Pur essendo italiani ...

11. Welches Pronomen muss angehängt werden? B2

Ascoltando...... parlare, sembra tutto così facile!

- ☐ a. vi
- ☐ b. lui
- ☐ c. voi
- ☐ d. lei

12. Was ist zu ergänzen? B2

Ti ho visto mentre .... il tassì.

- ☐ a. stavo aspettando
- ☐ b. aspettando
- ☐ c. avendo aspettato
- ☐ d. venivo aspettando

13. Was kann den Nebensatz ersetzen? B2

Dopo essere stata malato, Gina adesso è guarita.

- ☐ a. Avendo stata malata
- ☐ b. Stando malata
- ☐ c. Essendo stata malata
- ☐ d. Essendo stato malato

14. Wie lässt sich die Frage betonter ausdrücken? C1

Che cosa fai adesso?

- ☐ a. Che cosa stai facendo?
- ☐ b. Che cosa fai di bello?
- ☐ c. Cosa vanno facendo?
- ☐ d. Che vieni facendo?

Lösungen

1 b., c. 2 b. 3 a. 4 d. 5 a. 6 c. 7 a., b. 8 d.
9 c. 10 d. 11 a. 12 a. 13 c. 14 a.

B1

22 Das Verb und seine Ergänzung

Das Wichtigste in Kürze

Wie im Deutschen hat das Italienische

- **transitive**, mit einem **direkten Objekt** anschließende Verben (**aiutare qu.**),

und

- **intransitive** Verben, die ein **präpositionales** Objekt nach sich ziehen oder allein stehen (**chiedere a qu.**).

Manchen transitiven Verben im Italienischen entsprechen im Deutschen intransitive Verben und umgekehrt.

22.1 Die Verben mit direktem Objekt

B2

Im Italienischen und im Deutschen gibt es eine relativ große Übereinstimmung bei den Verben mit direktem Objekt (Akkusativobjekt):

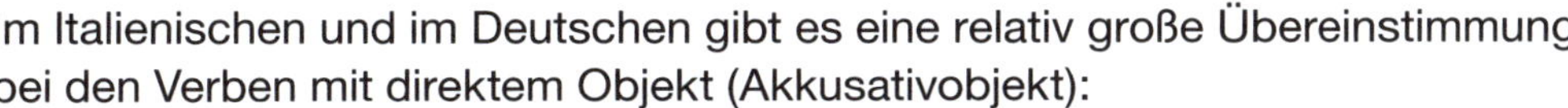

Ho venduto **una bici**. *Ich habe* ***ein Fahrrad*** *verkauft.*
Avete visto **i vostri amici**? *Habt ihr* ***eure Freunde*** *gesehen?*

Es gibt aber auch einige Verben, die im Italienischen mit direktem und im Deutschen mit indirektem Objekt stehen:

direktes Objekt im Italienischen ⟷	indirektes Objekt im Deutschen
aiutare qu. *jdm. helfen*	prevenire qu./qc. *jdm./einer Sache zuvorkommen*
ascoltare qu./qc. *jdm./einer Sache zuhören*	ringraziare qu. *jdm. danken*
contraddire qu./qc. *jdm./einer Sache widersprechen*	seguire qu./qc. *jdm./einer Sache folgen*
minacciare qu. *jdm. drohen*	soccorrere qu. *jdm. helfen, zu Hilfe eilen*

Bruno ha un carattere C1 autoritario e non **lo** si può **contraddire**. *Bruno hat einen autoritären Charakter, und man kann* ***ihm*** *nicht* ***widersprechen****.*

Ebenso gibt es Verben, die im Italienischen mit direktem und im Deutschen mit präpositionalem Objekt stehen:

direktes Objekt im Italienischen →	präpositionales Objekt im Deutschen
aspettare qu./qc. *auf jdn./etw. warten*	sbagliare qc. *sich in etw. irren*
chiedere/domandare qc. *nach etw. fragen, um etw. bitten*	sconsigliare qc. *von etw. abraten*
	sognare qu./qc. *von jdm./etw. träumen*

Ho chiesto un favore al mio migliore amico. ***Ich habe*** *meinen besten Freund* ***um*** *einen Gefallen* ***gebeten****.*

22.2 Die Verben mit indirektem bzw. präpositionalem Objekt

B2

Auch bei den Verben mit indirektem Objekt gibt es relativ viele Übereinstimmungen mit dem Deutschen. Einige wichtige Verben, die im Italienischen mit indirektem Objekt stehen, haben aber im Deutschen ein direktes Objekt:

chiedere/domandare a qu. *jdn. fragen*
mentire a qu. *jdn. belügen*
telefonare a qu. *jdn. anrufen*

Hai chiesto **a Sandro** quando vogliamo incontrarci? *Hast du* ***Sandro*** *gefragt, wann wir uns treffen wollen?*
Hanno mentito **ai loro genitori**. *Sie haben* ***ihre Eltern*** *belogen.*

Verben mit der Präposition a	
appartenere **a** *gehören*	credere **a** *glauben*
assistere **a** *beistehen, beiwohnen*	parlare **a** *sprechen zu*
badare **a** *achten auf*	pensare **a** *denken an*
cedere **a** *nachgeben*	rispondere **a** *beantworten*

Verben mit der Präposition di	
approfittare **di** *profitieren von*	ridere **di** *lachen über*
discutere **di** *diskutieren über*	ringraziare **di**/per *danken für*
dubitare **di** *zweifeln an*	trattare **di** *handeln von*
parlare **di** *sprechen/reden von*	soffrire **di** *leiden an/unter*

Verben mit anderen Präpositionen	
allontanarsi **da** *sich entfernen von*	convenire **su** *sich einigen auf*
sperare **in** *hoffen auf*	giocare **con** *spielen mit*
preoccuparsi **per** *besorgt sein um*	

(Weitere Verben mit präpositionaler Ergänzung ▶ Verben mit Präpositionen)

B2

22.3 Die Verben mit direktem oder indirektem Objekt

Eine Gruppe von Verben kann sowohl mit einem direkten als auch einem indirekten Objekt verwendet werden. Je nach der Art der Ergänzung resultiert daraus eine unterschiedliche Bedeutung wie die folgenden Beispiele zeigen:

Verb + direktes Objekt	Verb + indirektes Objekt
applaudire qu. *jdm. Beifall spenden* Tutti i membri del partito **hanno applaudito** il presidente. *Alle Parteimitglieder **haben** dem Präsidenten **Beifall gespendet**.*	applaudire a qc. *einer Sache seine Zustimmung geben* **Avete applaudito al** programma? *Habt ihr dem Programm **zugestimmt**?*
compiacere qu. *jdn. zufriedenstellen* Fanno di tutto per **compiacere** i figli. *Sie machen alles, um ihre Kinder **zufriedenzustellen**.*	C1 compiacere a qu. *jdm. gefällig sein* Lui cerca di **compiacere ai** desideri dei superiori. *Er versucht, seinen Vorgesetzten **gefällig** zu **sein**.*
partecipare qc. *etw. mitteilen, bekannt geben* La coppia **ha partecipato** il loro matrimonio. *Das Paar hat seine Hochzeit* **bekannt gegeben**.	partecipare a qc. *an etw. teilnehmen* Due anni fa **ho partecipato alle** Olimpiadi. *Vor zwei Jahren habe ich* **an** *den Olympischen Spielen* **teilgenommen**.

22.4 Die Verben mit direktem und indirektem Objekt

B2

Einige Verben können zwei Ergänzungen mit sich führen. Sie haben gleichzeitig sowohl eine direkte als auch eine indirekte Objektergänzung. In der Regel ist dabei das indirekte dem direktem Objekt nachgestellt.

Verben mit zwei Objektergänzungen

affidare qc. a qu. *jdm. etw. anvertrauen*
chiedere qc. a qu. *jdn. um etw. bitten/nach etwas fragen*
consigliare qc. a qu. *jdn. zu etw. raten*
dare qc. a qu. *jdm. etw. geben*
dire qc. a qu. *jdm. etw. sagen*
ordinare qc. a qu. *bei jdm. etw. bestellen*
prestare qc. a qu. *jdm. etw. leihen*
promettere qc. a qu. *jdm. etw. versprechen*
raccontare qc. a qu. *jdm. etw. erzählen*
scrivere qc. a qu. *jdm. etw. schreiben*

Ho **affidato** la mia macchina **a** un buon meccanico. *Ich habe meinen Wagen einem guten Mechaniker anvertraut.*

ⓘ Das indirekte Objekt kann dem direkten aber auch vorausgehen. Das ist dann der Fall:

- wenn es besonders betont werden soll (▷ 25.1):
  Ho affidato **a un buon meccanico** la mia macchina. *Ich habe einem guten Mechaniker meinen Wagen anvertraut.*
  E proprio **a Lucia** hai inviato quei file di musica? *Und ausgerechnet Lucia hast du die Musikdateien gesendet?*
- wenn dem direkten Objekt ein Nebensatz (in Form eines Infinitiv-, Relativsatzes u. a.) folgt:
  Avete detto a Flavia **di arrivare** puntuale al ristorante? *Habt ihr Flavia gesagt, dass sie pünktlich ins Restaurant kommen soll?*
  Ho prestato **a Antonio** quel libro **che** mi avevi regalato. *Ich habe Antonio das Buch geliehen, das du mir geschenkt hattest.*

Zwischentest 22

B2 **1. Was gehört in die Lücke?**

Ecco mia zia: .... aiutiamo ad entrare?

- ☐ a. gli
- ☐ b. le
- ☐ c. la
- ☐ d. lo

B2 **2. Was sage ich, wenn ich von einem Lottogewinn träume?**

- ☐ a. Sogno una vincita.
- ☐ b. Sogno di una vincita.
- ☐ c. Sogno per una vincita.
- ☐ d. Sogno da una vincita.

B2 **3. Mit welcher Präposition bindet mentire Objekte an?**

- ☐ a. mit keiner
- ☐ b. mit da
- ☐ c. mit di
- ☐ d. mit a

B2 **4. Welche zwei Verb-Ergänzungen stimmen?**

- ☐ a. rispondere → di
- ☐ b. rispondere → a
- ☐ c. telefonare → con
- ☐ d. telefonare → a

B2 **5. Wo fehlt die einleitende Präposition a?**

- ☐ a. Chiedo solamente un'informazione.
- ☐ b. Si è rivolta alle autorità.
- ☐ c. Ha risposto tutte le domande.
- ☐ d. Gli hanno ricordato la festa.

B2 **6. Welche Ergänzung passt?**

Hanno sempre creduto .... giustizia.

- ☐ a. alla
- ☐ b. per la
- ☐ c. la
- ☐ d. nella

C1 **7. Welche zwei Bedeutungen kann servire haben?**

- ☐ a. ausdienen
- ☐ b. verdienen
- ☐ c. auftischen
- ☐ d. bedienen

B2 **8. Welche Ergänzung fehlt?**

Mi passa .... per favore?

- ☐ a. il sale
- ☐ b. col sale
- ☐ c. del sale
- ☐ d. sale

9. Wie lautet die Übersetzung? B2

Er spricht von Autos.

- [ ] a. Parla sulle macchine.
- [ ] b. Parla alle macchine.
- [ ] c. Parla di macchine.
- [ ] d. Parla da macchine.

10. Was sagt man, wenn etwas nicht schmeckt? C1

- [ ] a. Non sa di niente.
- [ ] b. Sa di poco.
- [ ] c. Ha molto sapore.
- [ ] d. Sa di molto.

11. Welche Übersetzung passt? B1

Passiamo domani verso le dieci.

- [ ] a. Wir kommen morgen gegen zehn vorbei.
- [ ] b. Wir laufen morgen um zehn.
- [ ] c. Wir fliegen morgen gegen zehn.
- [ ] d. Wir fahren morgen gegen zehn ab.

12. Was sage ich, wenn ich keine Zeit habe? B2

- [ ] a. Mi manca tempo.
- [ ] b. Mi manca del tempo.
- [ ] c. Non ho tempo.
- [ ] d. Mi serve il tempo.

13. Welche Ergänzung passt? B2

La mia ragazza .... consiglia molto bene.

- [ ] a. di me
- [ ] b. per me
- [ ] c. a me
- [ ] d. mi

14. Was entspricht prestare qc. a qu.? B2

- [ ] a. dare a qu. qc. per sempre
- [ ] b. ridare a qu. qc. per sempre
- [ ] c. ridare a qu. qc.
- [ ] d. dare a qu. qc. temporaneamente

15. Mit welchen zwei Präpositionen steht mancare? B2

- [ ] a. mit di
- [ ] b. mit con
- [ ] c. mit per
- [ ] d. mit a

Lösungen

1 c. 2 a. 3 d. 4 b., d. 5 c. 6 d. 7 c., d. 8 a. 9 c.
10 b. 11 a. 12 c. 13 d. 14 d. 15 a., d.

A2

23 Die Konjunktion und die Interjektion

Das Wichtigste in Kürze

Konjunktionen sind unveränderlich.
Sie verbinden Satzteile sowie zwei oder mehrere Sätze miteinander.
Grundsätzlich wird zwischen **nebenordnenden** und **unterordnenden** Konjunktionen unterschieden.
Im Italienischen folgt den **nebenordnenden** Konjunktionen der **Indikativ**, während bei den unterordnenden Konjunktionen der Indikativ oder der **Konjunktiv** stehen kann.

Auch **Interjektionen** sind unveränderlich.
Mit ihnen drückt der Sprecher bestimmte Empfindungen aus.
Ihre Bedeutung ist häufig abhängig von der **Intonation**.

23.1 Die nebenordnende Konjunktion A2

Nebenordnende Konjunktionen verbinden gleichrangige Sätze sowie Satzteile.

Aneinanderreihende Konjunktionen A2

Sie signalisieren eine einfache Verbindung:

- e(d) *und*:
  Mangi il primo **e** il secondo. *Du isst den ersten **und** den zweiten Gang.*
- anche/pure *auch*:
  A scuola Silvia va bene **anche/pure** in chimica. *In der Schule ist Silvia **auch** in Chemie gut.*
- né *und auch nicht*:
  Non posso, **né** voglio partire a queste condizioni. *Ich kann **und** will **auch nicht** unter diesen Bedingungen abreisen.*
- neanche *auch nicht/nicht einmal*:
  Non lo voglio rivedere **neanche** per sogno! *Ich will ihn **nicht einmal** im Traum wiedersehen!*
- B2 nonché *sowie*:
  Alla festa verrà Giorgio **nonché** la sua ragazza spagnola. *Zum Fest werden Giorgio **sowie** seine spanische Freundin kommen.*
- B2 inoltre *außerdem*:
  Lei non poteva proprio venire, **inoltre** aspettava una telefonata. *Sie konnte wirklich nicht kommen, und **außerdem** wartete sie auf einen Anruf.*

Ausschließende Konjunktionen B1

Sie verbinden zwei Satzelemente mit der gleichzeitigen Aufforderung, sich für die eine oder die andere Sache zu entscheiden:

- o/oppure/ovvero *oder*:
  Che cosa fai, vieni con noi **o/oppure/ovvero** vai da solo? *Was machst du, kommst du mit uns **oder** gehst du allein (hin)?*
- o... o *entweder … oder*:
  Deciditi: **o** prendi un'aperitivo **o** un caffè. *Entscheide dich: **Entweder** nimmst du einen Aperitif **oder** einen Kaffee.*

Entgegensetzende Konjunktionen 

Sie drücken einen Gegensatz aus:

- ma/però *aber*:
  Non ho tanta voglia di andare al cinema, **ma** vengo lo stesso. *Ich habe keine große Lust ins Kino zu gehen, **aber** ich komme trotzdem.*
- invece *jedoch, hingegen*:
  Fausto ama la musica hip-hop, suo fratello **invece** quella rap. *Fausto liebt Hip-Hop, sein Bruder **hingegen** Rap-Musik.*

- tuttavia *trotzdem, dennoch*:
  Hai ragione, **tuttavia** pensaci sopra. *Du hast recht, denke **trotzdem** darüber nach.*
- anzi *(ja/oder) sogar*:
  Fa freddo. È meglio mettersi un maglione, **anzi** un cappotto di lana. *Es ist kalt. Besser ziehen wir einen Pulli **oder sogar** einen Wollmantel an.*
- piuttosto *eher, vielmehr*:
  Mi piace nuotare **piuttosto** che correre. *Ich mag **eher** Schwimmen als Laufen.*
- C1 nondimeno *nichtsdestoweniger, trotzdem*:
  Lui non aveva molta voglia di uscire, **nondimeno** accettò l'invito. *Er hatte keine große Lust auszugehen, **trotzdem** nahm er die Einladung an.*

B1

Erläuternde Konjunktionen

Durch sie wird eine Erklärung oder eine genaue Angabe eingeleitet:

- cioè *das heißt*:
  Lei viene lunedì, **cioè** il 30 maggio. *Sie kommt Montag, **d.h.** am 30. Mai.*
- infatti *in der Tat, nämlich*:
  Il commissario dubitava della notizia e **infatti** era falsa. *Der Kommissar zweifelte die Nachricht an, und sie war **in der Tat** falsch.*
- B2 ossia *oder, besser gesagt*:
  Il download, **ossia** lo scaricare file da internet può essere pericoloso. *Das Downloaden **oder** das Herunterladen von Dateien aus dem Internet kann gefährlich sein.*

B1

Schlussfolgernde Konjunktionen

Sie weisen auf eine Schlussfolgerung oder einen Grund hin:

- dunque, quindi, allora *also, folglich*:
  Sei arrivato tardi, **dunque** adesso devi aspettare. *Du bist spät gekommen, **also** musst du jetzt warten.*
- ebbene *nun, nun gut*:
  Non hai seguito il mio consiglio? **Ebbene** questo è il risultato. *Bist du meinem Ratschlag nicht gefolgt? **Nun**, das ist das Ergebnis.*
- perciò *deshalb, daher*:
  In Sicilia faceva molto caldo, **perciò** di giorno siamo rimasti dentro casa. *In Sizilien war es sehr heiß, **deshalb** sind wir tagsüber im Haus geblieben.*

B1

Korrelative Konjunktionen

Sie stellen eine Zuordnung zwischen zwei oder mehreren Satzelementen her:

- e… e, sia… sia *sowohl … als auch*:
  Dove abitavo c'era rumore, **sia** di giorno **sia** di notte. *Wo ich wohnte, war es laut, **sowohl** tagsüber **als auch** nachts.*

- B2 né… né *weder … noch*:
  Non mi piace **né** la carne di manzo **né** quella di maiale. *Ich mag **weder** Rind- **noch** Schweinefleisch.*
- B2 non solo… ma anche *nicht nur … sondern auch*:
  Non solo non hai telefonato, **ma** sei **anche** arrivato in ritardo! *Du hast **nicht nur** nicht angerufen, **sondern** hast dich **auch** noch verspätet!*

23.2 Die unterordnende Konjunktion

B1

Unterordnende Konjunktionen verbinden voneinander abhängige Sätze. In dergestalt eingeleiteten Nebensätzen kann das Verb im Konjunktiv oder Indikativ stehen.

Konditionale Konjunktionen

C1

Sie leiten Konditionalsätze ein, in denen eine Bedingung bzw. eine Voraussetzung angegeben wird:

- se *wenn*:
  Se fossi in te, mi comporterei diversamente. ***Wenn** ich an deiner Stelle wäre, würde ich mich anders verhalten.*
- purché *nur, wenn*:
  Ti lascio andare, **purché** ritorni presto. *Ich lasse dich **nur** gehen, **wenn** du schnell zurückkehrst.*
- a condizione che, a patto che *unter der Bedingung, dass*:
  Puoi uscire, **a condizione che** prima mi sistemi il computer. *Du kannst ausgehen, **unter der Bedingung, dass** du zuerst meinen Computer wieder zum Laufen bringst.*
- nel caso che, qualora *falls*:
  Nel caso che dovessi incontrare Serena, dille che le voglio parlare. ***Falls** du Serena treffen solltest, sage ihr, dass ich sie sprechen will.*

Kausale Konjunktionen

B1

Sie leiten Nebensätze ein, die einen Grund bzw. ein Motiv angeben:

- perché, poiché, siccome, visto che, dal momento che *da, weil*:
  Siccome non hai risposto al telefono, credevo che fossi uscito. ***Da** du dich nicht am Telefon gemeldet hast, dachte ich, du wärest ausgegangen.*
- B2 ché/che *denn*:
  Sbrighiamoci, **ché** è tardi. *Lasst uns gehen, **denn** es ist spät.*
- B2 non perché *nicht dass, nicht weil*:
  Non sono venuto, **non perché** mi fossi dimenticato, ma perché ho ricevuto all'improvviso visite. *Ich bin nicht gekommen, **nicht weil** ich es vergessen hätte, sondern weil ich plötzlich Besuch bekommen habe.*

B1
Temporale Konjunktionen

Sie drücken das zeitliche Verhältnis zwischen Haupt- und Nebensatz aus:

- quando *als, wenn*:
  Quando parti per Roma, dammi un colpo di telefono. ***Wenn*** *du nach Rom reist, ruf mich kurz an.*
  Quando lo vidi arrivare alla stazione, fui contento. ***Als*** *ich ihn am Bahnhof ankommen sah, war ich glücklich.*
- come *wie, als, sobald*:
  Come arrivi, chiamami. ***Sobald*** *du ankommst, ruf mich an.*
- ogni volta che *jedes Mal, wenn*:
  Ogni volta che vai in Italia, compri un paio di scarpe. ***Jedes Mal, wenn*** *du nach Italien gehst, kaufst du ein Paar Schuhe.*
- da quando *seitdem*:
  Da quando hai un computer, non ti fai più vedere. ***Seitdem*** *du einen Computer hast, lässt du dich nicht mehr blicken.*
- B2 fino a quando *solange*:
  È impossibile chiudere la porta **fino a quando** non sono ritornati tutti. *Es ist unmöglich, die Tür abzuschließen,* ***solange*** *nicht alle zurück sind.*
- B2 finché *bis*:
  Finché non sei guarito del tutto, è meglio non esagerare con lo sport. ***Bis*** *du nicht wieder richtig fit bist, ist es besser, mit dem Sport nicht zu übertreiben.*
- C1 prima che *bevor, ehe*:
  Ero già uscito **prima che** tu chiamassi. *Ich war schon weg,* ***bevor*** *du anriefst.*
- C1 dopo che *nachdem*:
  Dopo che avevo cambiato lavoro, ho trovato nuovi amici. ***Nachdem*** *ich die Arbeitsstelle gewechselt hatte, habe ich neue Freunde gewonnen.*
- B2 mentre, intanto che *während*:
  Mentre Lucia si lavava i denti, squillò il telefono. ***Während*** *sich Lucia die Zähne putzte, klingelte das Telefon.*

B2
Finale Konjunktionen

Sie drücken den Zweck oder das Ziel einer Handlung aus:

- affinché, perché *damit*:
  Ho messo un filmino su YouTube, **affinché** tutti lo possano vedere. *Ich habe einen Videoclip in YouTube gestellt,* ***damit*** *alle ihn sehen können.*

C1
Konsekutive Konjunktionen

Sie drücken die Folgen des im Hauptsatz Gesagten aus:

- in modo che, in maniera che, così... che *so ... dass*:
  Era **così** malato **che** non riusciva ad alzarsi. *Er war* ***so*** *krank,* ***dass*** *er nicht aufstehen konnte.*

- tanto… che *so sehr/viel, dass*:
  Giovanni ha parlato **tanto che** io ho mal di testa. *Giovanni hat **so viel** gesprochen, **dass** ich Kopfschmerzen habe.*

Konzessive Konjunktionen

C1

Sie leiten eine Art Zugeständnis ein, allerdings werden die Folgen daraus verneint. Die wichtigsten konzessiven Konjunktionen werden mit dem Konjunktiv verwendet:

- benché, sebbene, seppure, con tutto (che), nonostante (che), malgrado (che) *obwohl, obgleich*:
  Sebbene avesse una macchina, a Gaetano piaceva andare a piedi.
  ***Obgleich** Gaetano ein Auto hatte, gefiel es ihm, zu Fuß zu gehen.*
  Malgrado gli avvertimenti via radio sulle code in autostrada, molti si sono messi in viaggio per il primo maggio. ***Trotz** der Warnungen im Radio vor Staus auf der Autobahn, haben sich viele zum 1. Mai auf die Reise gemacht.*
- per + Adjektiv/Adverb + che, per quanto *wie … auch*:
  Per tranquilla che sia, anche Monica si lascia trascinare dalla musica.
  ***Wie ruhig sie auch** ist, lässt Monica sich doch von der Musik mitreißen.*
  Per quanto fosse allenato e forte non riusciva a sollevare quel peso.
  ***Wie** stark und trainiert er **auch** war, er schaffte es nicht, das Gewicht zu heben.*
- anche se *auch wenn*:
  Anche se in Europa l'euro viene accettato praticamente dappertutto, è meglio portare con sé qualche assegno. ***Auch wenn** der Euro in Europa praktisch überall akzeptiert wird, ist es besser, einige Schecks mitzunehmen.*

Modale Konjunktionen

B2

Sie kennzeichnen im Nebensatz die Art und Weise der Handlung im Hauptsatz. Die meisten werden mit dem Konjunktiv gebraucht:

- come, nel modo che *wie*:
  Come ti avevo già accennato, non posso proprio farti quel favore. ***Wie** ich dir schon angedeutet hatte, kann ich dir den Gefallen nicht tun.*
- come se (+ Konjunktiv) *als*:
  Dopo l'incidente urlava **come se** fosse impazzito. *Nach dem Unfall schrie er, **als** wäre er wahnsinnig geworden.*
- C1 eccetto/salvo/tranne che (+ Konjunktiv) *es sei denn, dass/außer wenn*:
  Abbiamo deciso di viaggiare ad agosto, **salvo che** i miei genitori si sentano male. *Wir haben beschlossen, im August zu verreisen, **es sei denn** meinen Eltern geht es schlecht.*
  Ci troviamo davanti alla solita pizzeria, **tranne che** piova. *Wir treffen uns vor der üblichen Pizzeria, **es sei denn** es regnet.*

- C1 senza che (+ Konjunktiv) *ohne dass*:
  Hanno telefonato per ore **senza che** noi ce ne fossimo accorti. *Sie haben stundenlang telefoniert, **ohne dass** wir etwas bemerkt haben.*
  Durch senza che eingeleitete Nebensätze können durch senza + Infinitiv ersetzt werden. Dazu müssen die Subjekte beider Sätze übereinstimmen:
  Sono andati a fare windsurf al mare **senza** dirlo a nessuno. *Sie sind zum Windsurfen ans Meer gefahren, **ohne** jemandem etwas davon zu sagen.*

B2 23.3 Konjunktionen mit mehreren Funktionen

Unterordnende Konjunktionen wie che, come, mentre, perché, quando, se können mehrere Funktionen zwischen Haupt- und Nebensatz erfüllen:

	Funktion der Konjunktion	
che	erklärend	Ti dico **che** hai ragione. *Ich sage dir, **dass** du Recht hast.*
	final	Parla chiaro **che** tutti capiscano! *Sprich klar, **damit** es alle verstehen!*
	konsekutiv	Era **così** stanca **che** non è riuscita a svegliarsi. *Sie war **so** müde, **dass** sie nicht wach geworden ist.*
	temporal	Sono anni **che** non lo sento. *Ich höre **seit** Jahren nichts mehr von ihm.*
	eingrenzend	**Che** io sappia, non lavora più qui. ***Soviel** ich weiß, arbeitet er nicht mehr hier.*
come	modal	È proprio forte **come** credevo. *Er ist wirklich **so** stark, **wie** ich glaubte.*
	vergleichend	Si comporta **come** fosse ricco. *Er tut so, **als** wäre er reich.*
	temporal	**Come** lo vidi fui molto sorpreso. ***Als** ich ihn sah, war ich sehr überrascht.*
	erklärend	Gli dissi **come** fossi contento del nuovo lavoro. *Ich erzählte ihm, **wie** zufrieden ich mit der neuen Arbeit sei.*
	indirekte Frage	Mi domando **come** tutto ciò possa succedere. *Ich frage mich, **wie** das alles geschehen kann.*
mentre	temporal	L'ho incontrata **mentre** stava andando a scuola. *Ich traf sie, **als** sie zur Schule ging.*
	Gegensatz	È sempre triste, **mentre** potrebbe essere contento. *Er ist immer traurig, **dabei** könnte er glücklich sein.*
perché	kausal	L'ho comprato **perché** costava poco. *Ich habe es gekauft, **weil** es preiswert war.*
	konsekutiv	È troppo intelligente **perché** possa fallire. *Er/Sie ist zu intelligent, als **dass** er/sie versagen könnte.*
	indirekte Frage	Mi piacerebbe sapere **perché** non dici niente. *Ich würde gern wissen, **warum** du nichts sagst.*

	Funktion der Konjunktion	
quando	temporal	Non parlare **quando** parlo io! *Rede nicht, **wenn** ich spreche!*
	Gegensatz	Vuole che scriva io, **quando** dovrebbe essere lui a farlo per primo. *Er will, dass ich schreibe, obgleich eigentlich er es als Erster tun müsste.*
	kausal	Devi riprovare, **quando** sai di aver ragione. *Du musst es erneut versuchen, **wenn** du weißt, dass du im Recht bist.*
	indirekte Frage	Chiedile **quando** parte. *Frage sie, **wann** sie abreist.*
se	konditional	**Se** arriva, chiamami subito. ***Wenn** er/sie ankommt, rufe mich sofort an.*
	kausal	**Se** è venuto, significa che è stato invitato. ***Wenn** er gekommen ist, ist er wohl eingeladen worden.*
	konzessiv	Non lo mangerei nemmeno **se** morissi di fame. *Ich würde es nicht essen, nicht einmal, **wenn** ich am Verhungern wäre.*
	indirekte Frage	Mara è in dubbio **se** andare o no. *Mara ist unsicher, **ob** sie gehen soll oder nicht.*

23.4 Die Interjektion

Interjektionen sind unveränderliche und lautmalerische Ausrufe-, Ausdrucks- oder Empfindungswörter. Im Italienischen wie im Deutschen werden sie emphatisch verwendet, vor allem in der gesprochenen Sprache. In der Schriftsprache sind sie durch ein Ausrufezeichen gekennzeichnet. Interjektionen sind zumeist nur im Kontext zu verstehen, eine Übersetzung ins Deutsche ist nur bedingt möglich.

- Ausdruck körperlichen Schmerzes:
  Ahi, mi hai fatto male! ***Aua**, du hast mir weh getan!*
- Ausdruck der Kälte:
  Brrr, fa un freddo cane! ***Brrr**, was für eine Hundekälte!*
- Ausdruck des Ekels:
  Puah, non si può mangiare! ***Igitt**, das kann man nicht essen!*
- Ausdruck der Geringschätzung, Verachtung und Indifferenz:
  Bah, lascia perdere che non ne vale la pena. ***Ach**, lass es, es ist nicht der Rede wert.*
- Ausdruck des Zweifels und der Unsicherheit:
  Che cosa ne sai della faccenda? – **Boh**! *Was weißt du über die Sache? – **Keine Ahnung**!*
- Aufforderung zum Still- oder Ruhigsein:
  Sst... parla piano per favore! ***Pst**, sei bitte leise!*
- Ärger, Unwillen:
  Uffa, che caldo! ***Puh**, ist es heiß!*

Zwischentest 23

A2

1. Was verbinden beiordnende Konjunktionen?

☐ a. Konsekutive- und Modalnebensätze
☐ b. Haupt- und Nebensätze
☐ c. Gleichwertige Satzteile oder Sätze
☐ d. Zwei oder mehrere Nebensätze

B2

2. Was drückt der Satz aus?

Sei venuto di nuovo in ritardo, ma guarda che è l'ultima volta!
☐ a. Ärger über die Verspätung
☐ b. Gleichmut über die Verspätung
☐ c. Überraschung über die Verspätung
☐ d. Freude über die Verspätung

B1

3. Von welcher Möglichkeit ist im Satz die Rede?

Abbiamo solo una settimana: o vieni al mare o vai in montagna!
☐ a. eine Woche ans Meer
☐ b. entweder ans Meer oder in die Berge
☐ c. zwei Wochen ans Meer
☐ d. eine Woche in die Berge

A2

4. Was passt in die Lücke?

Non ci andava di uscire .... siamo rimasti a casa.
☐ a. invece
☐ b. tuttavia
☐ c. ossia
☐ d. perciò

A2

5. Welche Konjunktion hat die gleiche Funktion wie anche?

☐ a. pure
☐ b. neanche
☐ c. inoltre
☐ d. ovvero

B1

6. Was gehört in die Lücke?

O ti limiti col telefono .... paghi la bolletta di tasca tua!
☐ a. ossia
☐ b. oppure
☐ c. anzi
☐ d. però

7. Was entspricht dem deutschen *nichtsdestoweniger*? C1

- ☐ a. finché
- ☐ b. infatti
- ☐ c. nondimeno
- ☐ d. tuttavia

8. Welche Konjunktion passt? C1

.... tu dovessi vedere Carlo, digli che gli voglio parlare.

- ☐ a. finché
- ☐ b. se
- ☐ c. perché
- ☐ d. malgrado

9. Wann steht die Konjunktion dopo che? C1

- ☐ a. bei Vorzeitigkeit
- ☐ b. bei Gleichzeitigkeit
- ☐ c. bei Nachzeitigkeit
- ☐ d. bei Nebenzeitigkeit

10. Welche italienische Entsprechung zu *damit* gehört in die Lücke? B2

Ho messo il curriculum su internet, ... qualche ditta possa contattarmi.

- ☐ a. poco che
- ☐ b. tanto che
- ☐ c. affinché
- ☐ d. cioè

11. Was drückt mentre im Satz aus? B2

Mentre mangiava, ascoltava la radio.

- ☐ a. Gleichzeitigkeit
- ☐ b. Nachzeitigkeit
- ☐ c. Vorzeitigkeit
- ☐ d. Vergangenheit

12. Nach welchen zwei Konjunktionen folgt der Konjunktiv? C1

- ☐ a. quando
- ☐ b. sebbene
- ☐ c. per quanto
- ☐ d. perché

13. Welche Interjektion passt? C1

.... Mi sono fatto male con il coltello!

- ☐ a. Uh!
- ☐ b. Ahi!
- ☐ c. Bah!
- ☐ d. Uff!

Lösungen

1 c. 2 a. 3 b. 4 d. 5 a. 6 b. 7 c. 8 b.
9 c. 10 c. 11 a. 12 b., c. 13 b.

A1

24 Die Präposition

Das Wichtigste in Kürze

Präpositionen sind unveränderlich.
Sie verbinden Wörter oder Satzteile und bestimmen deren Verhältnis zueinander.

Im Italienischen verschmelzen Präpositionen häufiger als im Deutschen mit dem bestimmten Artikel, z. B. **da + il = dal**.

Die häufigsten Präpositionen sind einsilbig. Neben mehrteiligen Fügungen gibt es auch eine Gruppe von Adjektiven und Adverbien, die als Präpositionen verwendet werden.

24.1 Die einsilbige Präposition

A1

Die einsilbige Präposition und der bestimmte Artikel

Die Präpositionen di, a, da, in, con, su, per und tra/fra können mit und ohne bestimmten Artikel gebraucht werden:
Luca è **in** contatto **con** molti amici **su** Facebook. *Luca ist **mit** vielen Freunden **über** Facebook **in** Kontakt.*

Die Verwendung einer Präposition mit bestimmtem bzw. ohne Artikel kann sich im Deutschen und Italienischen entsprechen, muss es aber nicht:
Lei è molto capricciosa e **per** amore la assecondo. *Sie ist sehr launisch, und **aus** Liebe gebe ich immer nach.*
Quando ti sposti per lavoro vai **in** treno? *Wenn du beruflich unterwegs bist, fährst du (dann) **mit dem** Zug?*

Ein Anhaltspunkt für den Gebrauch der Präpositionen mit bestimmtem Artikel ist eine nähere Bestimmung des auf die Präposition folgenden Substantivs:
Siamo in vacanza **con gli** amici tedeschi. *Wir sind **mit den** deutschen Freunden im Urlaub.*
Aber: Siamo in vacanza **con** amici. *Wir sind **mit** Freunden im Urlaub.*

Die einsilbigen Präpositionen können mit Ausnahme von per, tra, fra eine Verbindung mit dem bestimmten Artikel eingehen (▶ 2.3):
Ieri sono andato **dal** dentista. *Gestern bin ich **zum** Zahnarzt gegangen.*
Le mie foto sono **nel** computer. *Meine Fotos sind **im** Computer.*

Die einsilbige Präposition mit anderen Verbindungen

Präpositionen können auch zusammen mit den folgenden Wortarten auftreten:

- dem unbestimmten Artikel:
  Mi trovo **in una** strana situazione. *Ich befinde mich **in einer** sonderbaren Situation.*
- Adjektiven:
  Domani mi incontrerò **con vecchi** compagni di scuola. *Morgen werde ich mich **mit ehemaligen** Schulkameraden treffen.*
- Possessiv-, Demonstrativ-, Indefinit- oder Interrogativpronomen:
  Prima stavo sempre insieme **ai miei** amici. *Früher war ich immer **mit meinen** Freunden zusammen.*
  Con chi hai intenzione di uscire? ***Mit wem** willst du ausgehen?*
- Personal- oder Relativpronomen:
  Credo che il merito sia **di lei**. *Ich glaube, dass das Verdienst **von ihr** ist.*
  Le cose **di cui** ti parlo sono confidenziali. *Die Dinge, **über die** ich mit dir spreche, sind vertraulich.*

A1

Die Präposition a

Die Präposition a wird in erster Linie zur lokalen Bestimmung verwendet, man fragt dabei mit *wo* oder *wohin*:

Vivo **a** Napoli da diversi anni. *Ich lebe seit mehreren Jahren* ***in*** *Neapel.*
Vai **a** Milano? *Fährst du* ***nach*** *Mailand?*
Ogni anno Maria andava **al** mare. *Jedes Jahr fuhr Maria* ***ans*** *Meer.*

Bei Städten und kleinen Inseln verwendet man die Präposition a, bei großen Inseln jedoch die Präposition in:

Vado **a** Barcellona e fra una settimana sarò **a** Ischia. *Ich gehe* ***nach*** *Barcelona, und in einer Woche werde ich* ***in*** *Ischia sein.*
Noi viviamo **in** Sicilia. *Wir leben* ***auf*** *Sizilien.*

Die Präposition a wird außerdem gebraucht:

B1

- zur Angabe des Mittels und der Art und Weise:
  Al giorno d'oggi quasi più nessuno scrive **a** macchina. *Heutzutage schreibt fast niemand mehr* ***mit der*** *Schreibmaschine.*
  Vorrei mangiare una bistecca **alla** fiorentina. *Ich möchte ein Steak* ***nach*** *Florentiner Art essen.*
  I verbi irregolari devono essere imparati **a** memoria. *Unregelmäßige Verben müssen auswendig gelernt werden.*
  Lei ha comprato una bici **a** rate. *Sie hat sich ein Rad* ***auf*** *Raten gekauft.*
  Wendungen mit a sind: parlare **a** quattr'occhi ***unter*** *vier Augen sprechen*, parlare **a** voce alta *laut sprechen*, andare **a** cavallo *reiten*.
- als Ausdruck eines indirekten Objekts (▶ 22.2):
  Ho risposto **alle** domande. *Ich habe die Fragen beantwortet.*

A2

- bei zahlreichen temporalen Bestimmungen:
  alle sette ***um*** *sieben Uhr*, **a** mezzogiorno/**a** mezzanotte ***am*** *Mittag*/***um*** *Mitternacht*, **a** dopo/**a** più tardi ***bis*** *dann/später*, **a** domani ***bis*** *morgen*, **a** settembre ***im*** *September*, **a** Natale/Pasqua ***an*** *Weihnachten/Ostern*, **a…** anni ***mit*** *… Jahren*:
  Oggi **a** cinquanta anni si è ancora giovani. *Heute ist man* ***mit*** *50 Jahren noch jung.*
- zur Angabe eines Preises und Maßes:
  L'ho comprato **a** duecento euro. *Ich habe es* ***für*** *200 Euro gekauft.*

B2

- zur Angabe eines Grundes:
  Alla triste notizia lui impallidì. ***Bei*** *der traurigen Nachricht erblasste er.*
- zur Angabe eines Vor- oder Nachteils:
  La verdura fa bene **alla** salute. *Gemüse ist gut* ***für*** *die Gesundheit.*
- in der Bedeutung *je/pro*:
  Mio padre lava la macchina una volta **alla** settimana. *Mein Vater wäscht einmal* ***pro*** *Woche das Auto.*

Die Präposition da

A1

Die Präposition da wird verwendet:

- zur Angabe eines Ausgangspunkts (auch in übertragener Bedeutung) oder der Herkunft (meist mit dem Verb venire *kommen*):
  Arriviamo **da** Torino. *Wir kommen **von** Turin.*
  Partiamo **dai** fatti e non **dalle** chiacchiere. *Gehen wir **von** den Tatsachen und nicht **von** dem Geschwätz aus.*
  Vengo **dal** Lazio. *Ich komme **aus** dem Latium.*
- in der Bedeutung *bei, zu* bei Personen:
  Ti aspetto **dal** dottore. *Ich warte **beim** Arzt auf dich.*
  Vado **dall'**avvocato. *Ich gehe **zum** Rechtsanwalt.*
- bei Zeitangaben in der Bedeutung *seit, ab*:
  Sono in Germania **da** dieci anni. *Ich bin **seit** zehn Jahren in Deutschland.*
- zur Angabe von Gründen: impallidire **dalla** paura ***vor** Angst erblassen*, piangere **dal** dolore ***vor** Schmerz weinen* A2
- zur Angabe des Zwecks und der Bestimmung: bicicletta **da** corsa *Rennrad*, vasca **da** bagno *Badewanne*, ferro **da** stiro *Bügeleisen*
- zur Angabe von Merkmalen bei Personen: una persona **dall'**intelligenza straordinaria *eine Person **von** überragender Intelligenz* C1
- im indirekten Vergleich (*als, wie*): parlare **da** amico ***als** Freund sprechen*, agire **da** stupido *sich **wie** ein Dummkopf benehmen* B1
- beim Passiv (▶ 17): B2
  Il ladro fu preso **dai** poliziotti. *Der Dieb wurde **von** den Polizisten festgenommen.*
- zur Wertangabe: una giacca **da** dieci euro *eine Jacke **für/zu** 100 Euro*

Die Präposition di

A1

Di, die meistverwendete Präposition, dient vor allem zur Angabe von:

- Herkunft (mit dem Verb essere): Sono **di** Trento. *Ich bin **aus** Trient.*
  ⚡ Zur Angabe der Herkunft aus einem Land verwendet man das jeweilige Nationalitätenadjektiv, nicht den Ländernamen mit Präposition:
  Sono italiano. *Ich bin aus Italien/Italiener.*
- Material und Beschaffenheit: un foglio **di** carta *ein Blatt Papier* A2
- Zeit: **di** notte ***bei** Nacht*, **di** giorno ***am** Tag*, **d'**estate ***im** Sommer*
- Alter und Maß: un bambino **di** dieci mesi *ein zehn Monate altes Kind*, una strada **di** cento chilometri *eine 100 Kilometer lange Straße* B2
- Grund: tremare **di** freddo ***vor** Kälte zittern*
- Art und Weise: arrivare **di** corsa *herangeeilt kommen*

Weiterhin steht sie bei:

- Mengenangaben (▶ 28.5): un chilo **di** mele *ein Kilo Äpfel*
- Vergleichen (▶ 6): più alto **di** una casa *höher **als** ein Haus* B1
- zur näheren Bestimmung eines Substantivs: il mese **di** giugno *der Monat Juni*

Im Deutschen kann di + Substantiv Folgendem entsprechen:
- dem ersten Teil eines Kompositums: una B2 conferenza **di pace** *eine **Friedens**-konferenz.*
- dem Genitivanschluss an ein Substantiv: la bici **di** Marco *Marcos Fahrrad.*

A1
Die Präposition in

In bezeichnet eine Stellung oder Position und wird verwendet zur Angabe von:
- Orten (auch in übertragenem Sinn):
  Abito **in** via Mazzini. *Ich wohne **in der** via Mazzini.*
  Ho fiducia **in** te. *Ich habe Vertrauen **in** dich.*
- Richtung:
  Quest'anno vado **in** Francia. *Dieses Jahr fahre ich **nach** Frankreich.*
- Fortbewegungsmitteln: andare **in** aereo, **in** bicicletta, **in** autobus, **in** treno
  ***mit** dem Flugzeug fliegen, mit dem Fahrrad, Bus, Zug fahren*

A2
- Zeit: Sono nato **nel** 1960. *Ich bin 1960 geboren.*
  Un lavoro che si fa **in** un'ora. *Eine Arbeit, die **in** einer Stunde erledigt wird.*

B1
- Art und Weise: una serata **in** allegria *ein lustiger Abend*, vivere **in** B2 solitudine *einsam leben*

B2
- Material: due statue **in** bronzo *zwei Bronzestatuen*

B1
Die Präposition con

Con wird vor allem in der Bedeutung *mit* und *bei* verwendet zur Angabe:
- einer Begleitung:
  Il mio piatto preferito è arrosto **con** patate. *Mein Lieblingsgericht ist Rostbraten **mit** Kartoffeln.*
  Vado volentieri **con** lui. *Ich gehe gern **mit** ihm.*
- eines Mittels:
  Dopo l'incidente lui camminava **con** un bastone. *Nach dem Unfall ging er **am** Stock.*
- der Art und Weise bzw. des Umstands:
  Passeggiavo soltanto **con** il bel tempo. *Ich ging nur **bei** schönem Wetter spazieren.*
- eines Merkmals: una donna **con** i capelli rossi *eine Frau **mit** roten Haaren*
- eines Grundes:
  Con il freddo non lavoro bene. ***Bei** Kälte arbeite ich nicht gut.*

B1
Die Präposition su

Die Präposition su wird vor allem in der Bedeutung *auf* und *über* verwendet:
- lokal (*wo?, wohin?*):
  La borsa è **sulla** sedia. *Die Tasche liegt **auf** dem Stuhl.*
  Andiamo **sul** terrazzo. *Gehen wir **auf** die Terrasse.*

- übertragen: la mostra **sul** medioevo *die Ausstellung* ***über*** *das Mittelalter*
- temporal: una donna **sui** quarant'anni *eine Frau* ***von etwa*** *vierzig Jahren*, venire **sulla** sera ***gegen*** *Abend kommen*

Die Präposition per

B1

Die Präposition per drückt eine Verbindung oder Vermittlung aus:
- lokal:
  Sono seduto **per** terra. *Ich sitze* ***auf*** *dem Boden.*
  Prima di partire **per** Roma, passo da te. *Bevor ich* ***nach*** *Rom reise, komme ich bei dir vorbei.*
- temporal:
  Ho aspettato **per** tre ore. *Ich habe drei Stunden (lang) gewartet.*
- zur Angabe des Mittels: **per** telefono ***per*** *Telefon*, **per** fax ***per*** *Fax*
- zur Angabe des Ziels/Zwecks:
  Garibaldi ha combattuto **per** l'unità d'Italia. *Garibaldi hat* ***für*** *die Einheit Italiens gekämpft.*
  Mia moglie è in Germania **per** affari. *Meine Frau ist geschäftlich in Deutschland.*
- zur Angabe des Grunds:
  Tremiamo **per** il freddo. *Wir zittern* ***vor*** *Kälte.*

Die Präpositionen tra und fra

B1

Die Präpositionen tra und fra haben die gleiche Bedeutung und werden vor allem in der Bedeutung *zwischen* und *unter* verwendet:
- lokal:
  Siamo **tra** amici. *Wir sind* ***unter*** *Freunden.*
  La Vespa era **tra** le due macchine. *Die Vespa stand/war* ***zwischen*** *den beiden Autos.*
  Torna **tra** noi. *Komm zurück* ***zu*** *uns.*
- temporal:
  Mi sposo **tra** due ore. *Ich heirate* ***in*** *zwei Stunden.*
  Vengo **tra** le cinque e le sei. *Ich komme* ***zwischen*** *fünf und sechs (Uhr).*
- beim Superlativ: B2
  Sei il migliore **tra** i miei studenti. *Du bist der beste* ***von*** *meinen Studenten.*

24.2 Adverbien und Adjektive als Präposition

B2

Viele Adverbien werden auch als Präpositionen gebraucht. In dieser Funktion folgt ihnen meist eine einsilbige Präposition und/oder ein Artikel:
- davanti – als Präposition *vor*, als Adverb *vorne*:
  La mia poltrona è proprio **davanti** al televisore. *Mein Sessel steht/ist* ***vor*** *dem Fernseher.*
  La casa ha un giardino **davanti**. *Das Haus hat* ***vorne*** *einen Garten.*

- dietro – als Präposition *hinter*, als Adverb *hinten*:
  Abbiamo un grande giardino **dietro** la casa. *Wir haben einen großen Garten **hinter** dem Haus.*
  Al cinema mi piace sedere **dietro**. *Im Kino sitze ich gern **hinten**.*
- contro – als Präposition *gegen*, als Adverb *dagegen*:
  La mia macchina ha l'assicurazione **contro** i furti. *Mein Wagen ist **gegen** Diebstahl versichert.*
  Sono sempre **contro**. *Ich bin immer **dagegen**.*
- prima und dopo – als Präpositionen *vor/nach*, als Adverb *erst/danach*:
  Prima della galleria andare piano. ***Vor** dem Tunnel langsam fahren.*
  Prima ci divertiamo e **dopo** lavoriamo. ***Erst** amüsieren wir uns und **danach** arbeiten wir.*
- insieme – als Präposition *mit/bei*, als Adverb *zusammen*:
  Insieme al computer trovi anche un manuale. ***Bei** dem Computer findest du auch ein Handbuch.*
  Stanno **insieme** da molti anni. *Sie sind seit vielen Jahren **zusammen**.*
- sopra – als Präposition *auf/über*, als Adverb *oben*:
  Il libro è **sopra** la scrivania. *Das Buch liegt **auf** dem Schreibtisch.*
  Il rumore viene da **sopra**. *Der Lärm kommt von **oben**.*
- sotto – als Präposition *unter*, als Adverb *unten*:
  L'erba cresce **sotto** l'asfalto. *Das Gras wächst **unter** dem Asphalt.*
  Papà è **sotto**, in cantina. *Papa ist **unten**, im Keller.*
- dentro – als Präposition *in*, als Adverb *drinnen/herein*:
  Solo tu mi sei rimasta **dentro** il cuore. *Nur du bist **in** meinem Herzen geblieben.*
  Deciditi: o **dentro** o fuori! *Entscheide dich: entweder **rein** oder raus!*
- fuori (di/da) – als Präposition *außerhalb*, als Adverb *draußen*:
  Fuori dell'Italia si parla l'italiano in Svizzera, Croazia e in Slovenia. ***Außerhalb** Italiens wird in der Schweiz, in Kroatien und in Slowenien Italienisch gesprochen.*
  È B2 piacevole mangiare **fuori**. *Es ist angenehm, **draußen** zu essen.*

Auch einige Adjektive können als Präpositionen verwendet werden:

- lungo *entlang* (als Adjektiv *lang*):
  Cammino **lungo** il fiume. *Ich laufe den Fluss **entlang**.*
- vicino *nah, in der Nähe* (als Adjektiv *nächster*):
  Il nuovo ristorante è **vicino** al teatro. *Das neue Restaurant ist **in der Nähe** des Theaters.*
- lontano *weit entfernt* (als Adjektiv *fern*):
  Lucio e Isabella abitano non **lontano** da noi. *Lucio und Isabella wohnen nicht **weit** von uns **entfernt**.*
- secondo *gemäß, nach* (als Adjektiv *zweiter*):
  Secondo me è uno sbaglio. *Meiner Meinung **nach** ist es ein Fehler.*

24.3 Weitere Präpositionen

B2

- escluso *außer*:
  Escluso Giorgio sono venuti tutti. ***Außer*** *Giorgio sind alle gekommen.*
- durante *während*:
  Durante il lavoro ascolto la radio. ***Während*** *der Arbeit höre ich Radio.*
- mediante *mittels, mit, durch*:
  Preferisco pagare **mediante** assegno. *Ich zahle lieber* ***mit*** *Scheck.*
- nonostante *trotz*:
  Nonostante il freddo è andato a nuotare. ***Trotz*** *der Kälte ist er schwimmen gegangen.*
- tranne *außer, abgesehen von*:
  Il museo è aperto tutti i giorni, **tranne** il lunedì. *Das Museum ist jeden Tag* ***außer*** *montags geöffnet.*
- senza *ohne*:
  Senza di te non posso vivere. ***Ohne*** *dich kann ich nicht leben.*
- verso *in Richtung/gegen* (lokal und temporal):
  Vado **verso** Viterbo. *Ich fahre* ***in Richtung*** *Viterbo.*
  Ci vediamo **verso** l'una. *Wir sehen uns* ***gegen*** *eins.*

Einige dieser Präpositionen wie durante und mediante sind Formen des Partizips Präsens (▷ 20.1) oder des Partizips Perfekt wie escluso (▷ 20.2).

24.4 Die präpositionale Fügung

B2

Präpositionen können sich auch mit anderen Präpositionen verbinden:

- a → **vicino a** me ***neben*** *mir*, **insieme a** Luigi ***zusammen mit*** *Luigi*, **davanti al** muro ***vor*** *der Mauer*, **dietro alla** porta ***hinter*** *der Tür*, **dentro al** cassetto ***in*** *der Schublade*, **fino al** mese scorso ***bis*** *(zum) letzten Monat*
- di → **Invece di** lamentarti, fai qualcosa! ***Anstatt zu*** *jammern, tu etwas!*
  Prima di mettere una foto in internet si deve pensare alla privacy. ***Bevor*** *man ein Bild ins Internet stellt, muss man an den Schutz der Privatsphäre denken.*
- da → Palermo è **lontano da** Roma. *Palermo ist* ***weit von*** *Rom entfernt.*

Andere präpositionale Fügungen setzen sich aus Präposition und Substantiv zusammen, wie per mezzo di *durch*:

Rita ha trovato lavoro **per mezzo di** suo padre. *Rita hat* ***durch*** *ihren Vater Arbeit gefunden.*

Fast immer haben solche präpositionalen Fügungen die gleiche Bedeutung wie die einfachen Präpositionen:

L'ho spedito **per mezzo di/tramite/con** un fax. *Ich habe es* ***per*** *Fax geschickt.*

Zwischentest 24

A1 **1. Welche zwei Übersetzungen stimmen?**

☐ a. per: über
☐ b. tra: zwischen
☐ c. vicino: auf
☐ d. a: zu

A2 **2. Was muss in die Lücke?**

Lavoro dalle otto .... quattro.

☐ a. alle
☐ b. colle
☐ c. delle
☐ d. sulle

B1 **3. Wie lautet die Übersetzung?**

Ich lerne etwas auswendig.

☐ a. Lo studio con la memoria.
☐ b. Lo imparo a memoria.
☐ c. Lo apprendo di corsa.
☐ d. Lo dimentico facilmente.

A2 **4. Welche Präposition drückt eine ungefähre Zeitangabe aus?**

☐ a. prima
☐ b. dopo
☐ c. verso
☐ d. in punto

B1 **5. Was gehört in die Lücke?**

Ha pianto .... gioia.

☐ a. tra
☐ b. in
☐ c. di
☐ d. da

B1 **6. Welcher Ausdruck gibt den Weinpreis an?**

☐ a. un vino da 100 euro
☐ b. un vino a 100 euro
☐ c. un vino su 100 euro
☐ d. un vino con 100 euro

B2 **7. Was ist richtig und schlagzeilenverdächtig?**

☐ a. Il cane morso nell'uomo.
☐ b. Il cane morso sull'uomo.
☐ c. Il cane morso dall'uomo.
☐ d. Il cane morso per l'uomo.

A1 **8. Welche Übersetzung ist richtig?**

Alberto ist aus Triest.

☐ a. Alberto abita a Trieste.
☐ b. Alberto è di Trieste.
☐ c. Alberto va a Trieste.
☐ d. Alberto passa per Trieste.

9. Welche Präposition passt? B2

Lo skateboard .... Giovanni è veloce.

- ☐ a. del
- ☐ b. sullo
- ☐ c. dal
- ☐ d. di

10. Welcher Satz stimmt? A1

- ☐ a. Abito in piazza Mazzini.
- ☐ b. Abito nella piazza Mazzini.
- ☐ c. Abito sulla piazza Mazzini.
- ☐ d. Abito tra piazza Mazzini.

11. Welches Ergänzungspaar passt? A1

Vado .... Luigi .... discoteca.

- ☐ a. con/dentro
- ☐ b. da/in
- ☐ c. con/in
- ☐ d. di/nella

12. Was heißt *im Vergleich zu*? C1

- ☐ a. in confronto a
- ☐ b. sulla base di
- ☐ c. nel mezzo di
- ☐ d. in capo a

13. Wie alt ist Giorgio? A2

Giorgio è sui trenta.

- ☐ a. jünger als dreißig
- ☐ b. dreißig
- ☐ c. älter als dreißig
- ☐ d. etwa dreißig

14. Welche Präposition ergänzt den Satz? B1

Preferisco comunicare .... e-mail.

- ☐ a. per
- ☐ b. con
- ☐ c. di
- ☐ d. su

15. Was heißt *zwischen/unter* auf Italienisch? B1

- ☐ a. sul
- ☐ b. tra
- ☐ c. con le
- ☐ d. dalle

16. Was entspricht penso che? B1

- ☐ a. secondo me
- ☐ b. contro di me
- ☐ c. senza di me
- ☐ d. eccetto me

Lösungen

1 b, d. 2 a. 3 b. 4 c. 5 c. 6 a. 7 c. 8 b.
9 d. 10 a. 11 c. 12 a. 13 d. 14 a. 15 b. 16 a.

A1

25 Die Wortstellung

Das Wichtigste in Kürze

Die italienische Wortstellung weicht stark von der deutschen ab:

So steht im Italienischen das Prädikat **nie am Ende eines Nebensatzes**, auch geht die **Negation dem Verb in der Regel voraus**.

Durch die Wortstellung können einzelne Satzelemente besonders hervorgehoben bzw. betont werden.

25.1 Der einfache Satz

A1

Der einfache Satz besteht aus Subjekt und Prädikat, wobei das Subjekt in Form eines Pronomens im Italienischen in der Regel ausgelassen wird:
Andrea mangia. *Andrea isst.* aber: Mangio. *Ich esse.*

Einfache Sätze können weitere Satzglieder enthalten. Diese sind entweder obligatorische oder fakultative Ergänzungen wie Objekte, adverbiale Bestimmungen und Attribute:
Un gatto nero attraversa lentamente la strada. *Eine schwarze Katze überquert langsam die Straße.*

Die Wortstellung im einfachen Satz weicht beim Aussagesatz, Fragesatz und bei verneinten Sätzen voneinander ab.

Der Aussagesatz

Die regelmäßige bzw. unbetonte Wortstellung im Aussagesatz ist:

Subjekt – Prädikat – direktes Objekt – indirektes Objekt

Mio figlio (Subjekt) → **ha regalato** (Prädikat) → il computer (direktes Objekt) → al suo amico (indirektes Objekt). *Mein Sohn **hat** den Computer seinem Freund **geschenkt**.*

Die gleiche Wortstellung gilt im Unterschied zum Deutschen auch für Nebensätze:
Ho sentito che mio figlio **ha regalato** il computer al suo amico. *Ich habe gehört, dass mein Sohn den Computer seinem Freund **geschenkt hat**.*

⚡ Hilfsverb und Partizip Perfekt stehen in den zusammengesetzten Zeiten im Italienischen immer zusammen:
Ho visto un cavallo. *Ich **habe** ein Pferd **gesehen**.*

Besonderheit bei der Subjektstellung

B2

In folgenden Fällen weicht man von der Reihenfolge Subjekt – Prädikat ab, auch wenn man keine besondere Betonung des Subjekts erzielen will:
- nach den Ausdrücken c'è, ci sono *es gibt, es sind*:
  C'è prima **Luigi** e poi **Sandro**. *Zuerst **ist Luigi** dran und danach **Sandro**.*
- wenn der Hauptsatz in der direkten Rede nachgestellt oder eingeschoben ist:
  «Io non vengo», disse **Vanessa**. *„Ich komme nicht", sagte **Vanessa**.*

Das betonte Subjekt

Ein betontes Subjekt kehrt die normale Reihenfolge um und steht nach dem Verb oder am Satzende:
- wenn das Subjekt Schwerpunkt der Aussage ist:
  Sono partiti tutti i miei **amici**. *Alle meine **Freunde** sind abgereist.*

- oft bei der si-Konstruktion (▷ 18) oder in Passivsätzen (▷ 17):
  A Venezia si fanno B2 **multe** anche ai B2 motoscafi. *In Venedig bekommen auch Motorboote **Strafzettel**.*
  A Roma sono/vengono ospitati molti B2 **convegni** internazionali. *In Rom werden viele internationale **Treffen** veranstaltet.*
- bei betonter Gegenüberstellung:
  Lui sta zitto, ma purtroppo parla **lei**. ***Er** schweigt, aber leider spricht **sie**.*
- nach ecco (▷ 5.3): Ecco **Emanuele** che mi porta il pacchetto! *Da ist **Emanuele**, der mir das Paket bringt!*
- nach Umschreibungen mit essere *sein* und che *der, die das*, die umgangssprachlich oft zur Gegenüberstellung eingesetzt werden:
  Sono **loro** (non noi) **che** vogliono viaggiare sempre in autunno. ***Sie** (nicht wir) wollen immer im Herbst reisen.*
- B2 bei Partizipial- (▷ 20) und Gerundkonstruktionen (▷ 21), die den Satz verkürzen:
  Comprate **le cose** di cui avevano bisogno, salirono sul treno. *Nachdem sie **das Nötige** gekauft hatten, stiegen sie in den Zug ein.*
  Essendo finita la **benzina**, si ritrovarono fermi in piena notte. *Da das **Benzin** zu Ende war, blieben sie mitten in der Nacht stehen.*

B1 Das betonte direkte Objekt

Das direkte Objekt steht normalerweise nach dem Prädikat. Ist es betont, steht es jedoch am Satzanfang und muss durch ein unbetontes Objektpronomen wieder aufgenommen werden:

Leggo quotidianamente **il giornale**. *Ich lese täglich **die Zeitung**.* → **Il giornale lo** leggo quotidianamente. ***Die Zeitung** lese ich täglich.*

Bei den zusammengesetzten Zeiten wird das Partizip Perfekt dabei an das direkte Objekt angeglichen:

Questi biglietti li ho comprati ieri. ***Diese Karten** habe ich gestern gekauft.*
La gonna, l'ho messa stamattina. ***Den Rock** habe ich heute Morgen angezogen.*

◐ Die Wiederaufnahme durch ein Objektpronomen findet nicht statt, wenn ein unbestimmtes Zahladjektiv oder ein Zahlwort dem direkten Objekt vorangeht:

Poche volte abbiamo fatto l'autostop. ***Wenige Male** waren wir per Anhalter unterwegs.*

Dieci e-mail ho spedito! E Silvia ancora non risponde. ***Zehn** E-Mails habe ich verschickt! Und Silvia antwortet (immer) noch nicht.*

B1 Das betonte indirekte Objekt

Das indirekte Objekt steht im Gegensatz zum Deutschen nach dem direkten Objekt:

Silvio spedisce un messaggio **alla sua ragazza**. *Silvio sendet **seiner Freundin** eine Nachricht.*

◐ Ausnahme: Das indirekte Objekt steht vor dem direkten Objekt, wenn dieses:

- durch einen Relativsatz näher bestimmt wird:
  Ho riportato **al** mio professore **i** libri **che** mi aveva prestato. *Ich habe meinem Professor **die** Bücher zurückgebracht, **die** er mir geliehen hatte.*
- wegen vorausgehender Adjektive besonders lang ist:
  Lei ha regalato **ad** un'amica **quella bella borsa nera di pelle**. *Sie hat einer Freundin **diese schöne schwarze Ledertasche** geschenkt.*
- besonders hervorgehoben werden soll:
  Ho promesso **a** Silvia **quell'incarico**. *Ich habe Silvia **diesen Auftrag** versprochen.*

Das indirekte Objekt kann auch ganz an den Satzanfang gestellt werden, wenn man es besonders betonen will:
La mia macchina? **A lui** non la presto proprio! *Mein Auto? **Ihm** leihe ich es sicher nicht!*

Die präpositionale Objektergänzung 

Das Präpositionalobjekt – ein Objekt, das durch eine Präposition eingeleitet wird – steht in der Regel nach dem Prädikat:
Anna si è fidanzata **con Sergio**. *Anna hat sich **mit Sergio** verlobt.*
Nei blog si discute spesso **di politica**. *In den Blogs wird oft **über Politik** diskutiert.*
Durch die Stellung des Präpositionalobjekts kann auch der Satzanfang besonders betont werden, in diesem Fall steht es vor dem Prädikat.
Di politica si discute spesso nei blog. ***Über Politik** wird oft in den Blogs diskutiert.*

Die adverbiale Bestimmung B2

Zeit- und Ortsangaben können im Italienischen relativ frei im Satz stehen. Sie werden aber hervorgehoben, wenn sie am Satzanfang oder -ende stehen:

- normale Stellung:
  Mi incontro **oggi** con un amico. *Ich treffe mich **heute** mit einem Freund.*
  Andiamo **a Roma** per lavoro. *Wir fahren beruflich **nach Rom**.*
- betonte Stellung:
  Oggi mi incontro con un amico./Mi incontro con un amico **oggi**.
  A Roma andiamo per lavoro./Andiamo per lavoro **a Roma**.

Wenn Orts- und Zeitangaben zusammentreffen, stehen die Ortsangaben gewöhnlich vor den Zeitangaben:
Ci vediamo **alla gelateria** tra un'ora. *Wir sehen uns in einer Stunde bei der Eisdiele.*
Farò un C1 tirocinio **in Canada** tra un mese. *In einem Monat werde ich ein Praktikum in Kanada antreten.*

A1

Der Fragesatz

In der normalen, d. h. der unbetonten Stellung, steht das Subjekt nach dem Verb:
C'è anche **Antonio**? *Ist **Antonio** auch da?*
Quando vengono **Lucia** e **Roberto**? *Wann kommen **Lucia** und **Roberto**?*

In Fragesätzen ohne Fragewort kann die Reihenfolge wie im Aussagesatz sein, das Subjekt steht also vor dem Prädikat. Allein durch das Anheben der Stimme am Satzende wird wie im Deutschen der Satz als Frage verstanden:
Antonella poi come sta? *Wie geht es denn **Antonella**?*
Dario è stato dal pediatra? ***Dario** war beim Kinderarzt?*

B1 Durch vorausgehende Konjunktionen wie e *und*, ma *aber*, anche *auch*, allora *nun/also* wird das darauffolgende Subjekt betont:
E Toni quando comincia a lavorare? ***Und Toni**? Wann fängt er an zu arbeiten?*
Ma i tuoi amici che fanno? ***Aber** was machen **deine Freunde**?*

Direkte oder indirekte Objekte können ebenfalls am Satzanfang stehen und durch die oben erwähnten Konjunktionen verstärkt werden:
E allora **questi conti**, quando **li** paghi? ***Und diese Rechnungen**, wann bezahlst du **sie**?*
E a tuo figlio, quando **gli** parli? ***Und** wann sprichst du endlich **mit deinem Sohn**?*

A1

Die Verneinung

Die einfache Verneinung

Die einfache Verneinung wird im Italienischen durch non *nicht* und no *nein* ausgedrückt. Non steht vor dem Verb, auch in den zusammengesetzten Zeiten. Das deutsche *kein* wird meist mit non wiedergegeben:
Oggi **non faccio** l'(B2)escursione sull'Etna. *Heute mache ich **keinen Ausflug** auf den Ätna.*
Ieri lei **non ha fatto** i compiti. *Gestern **hat** sie **keine** Hausaufgaben **gemacht**.*

Die Negation non steht jedoch vor unbetonten Objektpronomen und vor Indefinitpronomen wie tutti *alle*, troppi *zu viele*, molti *viele*, pochi *wenige*:
Mario **non le** ha detto quello che pensa. *Mario hat **ihr nicht** gesagt, was er denkt.*
Non tutti hanno risposto alla e-mail. ***Nicht alle** haben die E-Mail beantwortet.*

Wird jedoch nicht das Verb, sondern ein anderes Satzelement (Objekt, adverbiale Ergänzung, Attribut usw.) verneint, steht die Verneinungspartikel non vor diesem:
Mi piace la musica rock e **non** (mi piace) quella classica. *Mir gefällt Rockmusik und **nicht** klassische Musik.*
Ho domandato a lui e **non** a lei. *Ich habe ihn und **nicht** sie gefragt.*

È meglio incontrarci **non** davanti al cinema, ma al bar. *Es ist besser, uns in der Bar und* ***nicht*** *vor dem Kino zu treffen.*

Manchmal wird non als Pleonasmus verwendet, d. h. als Füllung ohne verneinende Bedeutung. In diesem Fall kann es auch wegfallen:
(**Non**) appena so qualcosa ti avviso. *Sobald ich etwas weiß, werde ich dich benachrichtigen.*
L'escursione a piedi è un passatempo più tedesco che (**non**) italiano. *Ausflüge zu Fuß sind eher ein deutscher als ein italienischer Zeitvertreib.*

No entspricht dem deutschen *nicht*, wenn es am Satzende steht:
Mangi anche tu o no? *Isst du auch oder* ***nicht****?*
Perché no? *Warum* ***nicht****?*
Sonst bedeutet es *nein*:
Sei triste? – **No**, sto bene. *Bist du traurig? –* ***Nein****, mir geht's gut.*

Die Wendung se no wird im Deutschen mit *wenn nicht, andernfalls, sonst* wiedergegeben:
Accetta questo regalo, **se no** ci offendiamo! *Nimm das Geschenk an,* ***sonst*** *fühlen wir uns beleidigt!*

Die doppelte Verneinung A2

Im Italienischen wird oft die doppelte Verneinung benutzt. In dieser Konstruktion verbinden sich Pronomen und Adverbien mit der Negation non *nicht*. Die Verneinung wird dabei nicht aufgehoben:

- non… nessuno *niemand*:
  Non saluto **nessuno.** *Ich grüße* ***niemanden****.*
- non… niente/nulla *nichts*:
  Ma tu **non** senti proprio **niente**! *Du hörst ja wirklich überhaupt* ***nichts****!*
- non… neanche/nemmeno/neppure *auch nicht, nicht einmal*:
  Non vogliamo **neppure** questo politico! *Wir wollen* ***auch*** *diesen Politiker* ***nicht****!*
- non… né… né *weder … noch*:
  A Gina **non** piace **né** la carne **né** il pesce. *Gina mag* ***weder*** *Fisch* ***noch*** *Fleisch.*
- non… più *nicht/kein … mehr*:
  Salvatore **non** vuole **più** parlare di politica. *Salvatore will* ***nicht mehr*** *über Politik reden.*
- non… ancora *noch nicht*:
  Non siete **ancora** pronti? *Seid ihr* ***noch nicht*** *fertig?*
- non… mica *doch nicht, gar nicht*:
  Ma **non** può essere **mica** vero! *Das darf* ***doch nicht*** *wahr sein!*
- non… mai *nie*:
  Non riuscirò **mai** a suonare il pianoforte in maniera B2 accettabile. *Ich werde es* ***nie*** *schaffen, akzeptabel Klavier zu spielen.*

⚡ Nessuno, niente/nulla und mai können ohne non im positiven Sinn auftreten:
Hai visto **nessuno** al mare? *Hast du **jemanden** am Meer gesehen?/Hast du **niemanden** am Meer gesehen?*
C'è **niente** di nuovo oggi? *Gibt es **etwas** Neues heute?/Gibt es **nichts** Neues heute?*
Siete **mai** stati a Catania? *Seid ihr **jemals** in Catania gewesen?/Seid ihr **nie** in Catania gewesen?*

Betont stehen nessuno, niente/nulla, mai ohne non am Satzanfang:
Nessuno ha mai detto la verità! ***Niemand** hat jemals die Wahrheit gesagt!*
Niente fermerà la C1 cementificazione delle coste italiane. ***Nichts** wird die Zementierung der italienischen Küsten stoppen.*
Mai ho detto cose del genere! *Ich habe **nie** solche Dinge gesagt!*

Die zweiteilige Verneinung wird dreiteilig, wenn weitere Indefinitpronomen mit negativer Bedeutung auf non… mai *nie*, non… più *nicht mehr* folgen:
In quel bar **non** ho **mai** visto **nessuno**. *In jener Bar habe ich **nie jemanden** gesehen.*
Grazie, **non** desideriamo **più niente**. *Danke, wir möchten **nichts mehr**.*

Bei der doppelten und dreiteiligen Verneinung steht non in einfachen Zeiten vor dem Verb und das zweite und dritte Verneinungselement nach dem Verb:
Non telefona **neanche** mio fratello. ***Nicht einmal** mein Bruder ruft an.*

In den zusammengesetzten Zeiten stehen niente, nulla und nessuno nach dem Partizip:
Non è successo **nulla**. *Es ist **nichts** geschehen.*
Non è venuto **nessuno**. *Es ist **niemand** gekommen.*

Mai, mai più, ancora, neanche/nemmeno/neppure stehen vor dem Partizip:
Non abbiamo **mai** comprato una macchina nuova. *Wir haben **nie** einen Neuwagen gekauft.*
Hierbei ist jedoch auch eine andere bzw. eine betonte Stellung möglich:
Non abbiamo comprato **mai** una macchina nuova.

B2

25.2 Der zusammengesetzte Satz

Sätze können durch Satzzeichen (▷ 1.6), Konjunktionen (▷ 23), Relativpronomen (▷ 9.1) miteinander verbunden werden oder durch andere Konstruktionen mit Infinitiv (▷ 19), Partizip (▷ 20) oder Gerund (▷ 21). Die Verbindung eines Hauptsatzes mit einem anderen Hauptsatz kann hergestellt werden durch:

- Satzzeichen wie Komma oder Doppelpunkt:
  Ieri mi sono alzato presto, ho fatto la doccia e un po' di ginnastica. *Gestern bin ich aufgestanden, ich habe geduscht und etwas Gymnastik gemacht.*

- beiordnende Konjunktionen (▶ 23.1):
  Mio padre arriva domani **e** mia figlia parte lo stesso giorno. *Mein Vater kommt morgen an,* ***und*** *meine Tochter reist am gleichen Tag ab.*
- das Gerund:
  Scrivo una lettera **ascoltando** la radio. *Ich schreibe einen Brief, während ich Radio höre.*
  ℹ Das Gerund ersetzt hier die Konjunktion e *und*, die die Hauptsätze verbindet:
  Scrivo **e** ascolto la radio. *Ich schreibe* ***und*** *ich höre Radio.*

Ein Hauptsatz wird mit einem Nebensatz verbunden durch:
- unterordnende Konjunktionen:
  Non vengo **perché** ho da fare. *Ich komme nicht,* ***weil*** *ich zu tun habe.*
- Relativpronomen:
  La camera **che** ho prenotato è tranquilla. *Das Zimmer,* ***das*** *ich reserviert habe, ist ruhig.*
- Gerund:
  Volando sopra l'Italia ho visto il lago Trasimeno. ***Während*** *ich über Italien* ***flog****, habe ich den Trasimenischen See gesehen.*

Satzverkürzende Konstruktionen

Haupt- und Nebensätze können auf verschiedene Weise verkürzt werden, vorausgesetzt, sie haben das gleiche Subjekt. Verkürzte Konstruktionen ersetzen ein konjugiertes Verb durch eine infinite Verbform:
- di + Infinitiv in Verbindung mit Verben wie sapere *wissen*, credere *glauben*, pensare *denken*, sperare *hoffen*:
  Speriamo che si arrivi presto. → Speriamo **di arrivare** presto. *Hoffen wir, früh* ***anzukommen****.*
  Lei pensa che si comporta bene. → Lei **pensa di** comportarsi bene. *Sie* ***denkt****, sich gut zu benehmen.*
- Partizipialkonstruktionen, wenn die Handlung im Nebensatz vor der Handlung im Hauptsatz geschehen ist:
  Dopo che aveva telefonato, lui si sentì più tranquillo. → Dopo **aver telefonato**, lui si sentì più tranquillo. ***Nachdem*** *er angerufen hatte, fühlte er sich ruhiger.*
  Il file **che hai spedito** ieri purtroppo non è ancora arrivato. → Il file **spedito** ieri non è ancora arrivato. *Die Datei, die du gestern* ***geschickt*** *hast, ist noch nicht angekommen.*

Zwischentest 25

B1 **1. In welchem Satz ist das Subjekt besonders hervorgehoben?**

- ☐ a. Molti cani vengono abbandonati in estate.
- ☐ b. È arrivato Giorgio.
- ☐ c. I miei amici sono venuti alla festa.
- ☐ d. Laura e Luana vivono in Spagna.

B1 **2. Welche Reihenfolge ist üblich?**

- ☐ a. Verb – direktes Objekt – indirektes Objekt
- ☐ b. Verb – indirektes Objekt – direktes Objekt
- ☐ c. direktes Objekt – indirektes Objekt – Verb
- ☐ d. indirektes Objekt – Verb – direktes Objekt

B2 **3. Was entspricht dem Satz?**

Un vigile si trova all'incrocio.

- ☐ a. Un vigile c'è all'incrocio.
- ☐ b. All'incrocio è un vigile.
- ☐ c. Un vigile all'incrocio è.
- ☐ d. C'è un vigile all'incrocio.

B1 **4. Welche Negation fehlt?**

Vieni a vedere il film o .... ?

- ☐ a. mai
- ☐ b. no
- ☐ c. non
- ☐ d. niente

B1 **5. Welches Pronomen muss ergänzt werden?**

Ho visto Lara e .... mando un film.

- ☐ a. la
- ☐ b. le
- ☐ c. gli
- ☐ d. lei

C1 **6. Was entspricht dem Hervorgehobenen?**

Dopo che aveva comprato un lettore DVD, guardava molti film.

- ☐ a. Dopo avendo comprato …
- ☐ b. Dopo l'acquisto …
- ☐ c. Dopo comprato …
- ☐ d. Dopo aver comprato …

B1 **7. In welchen zwei Fällen wird das Subjekt dem Verb nachgestellt?**

- ☐ a. bei besonderer Betonung
- ☐ b. bei Verneinungen
- ☐ c. bei Fragesätzen
- ☐ d. bei einfachen Zeiten

8. Welche zwei Ergänzungen sind möglich? B1

.... tutti i tuoi compagni di scuola studiano?

- ☐ a. Non
- ☐ b. Ma
- ☐ c. Sebbene
- ☐ d. E

9. Wie wird die Antwort eingeleitet? A1

Siete poi andati al cinema? .... siamo usciti per niente.

- ☐ a. Non, no
- ☐ b. Non
- ☐ c. No, non
- ☐ d. No

10. In welchem Satz kann man auf non verzichten? C1

- ☐ a. Quando viaggio non posso mandarti messaggi.
- ☐ b. Se non dovessi essere in viaggio ti mando un messaggio.
- ☐ c. Se non sono in viaggio ti mando un messaggio.
- ☐ d. Non appena sono in viaggio ti mando un messaggio.

11. Wie ist der Satz zu übersetzen? B1

Rossano schickt dem Freund ein Foto.

- ☐ a. Rossano manda una al suo amico foto.
- ☐ b. Manda Rossano una foto al suo amico.
- ☐ c. Rossano manda una foto al suo amico.
- ☐ d. Rossano al suo amico una foto manda.

12. Welche zweiteilige Verneinung passt? B1

Loro .... fumano ....

- ☐ a. non/nè
- ☐ b. non/niente
- ☐ c. non/nessuno
- ☐ d. non/più

13. Welche Ergänzung ist richtig ? C1

Stasera penso .... moltissimo.

- ☐ a. che divertendo
- ☐ b. di divertirmi
- ☐ c. a divertirmi
- ☐ d. divertendo

Lösungen

1 b. 2 a. 3 d. 4 b. 5 b. 6 d. 7 a., c.
8 b., d. 9 c. 10 d. 11 c. 12 d. 13 b.

A1 26

Die indirekte Rede

Das Wichtigste in Kürze

Die Umwandlung der direkten in indirekte Rede betrifft

- **Zeiten und Modi des Verbs** und
- **Pronomen** sowie
- **Zeit- und Ortsangaben**.

Im Italienischen steht in der indirekten Rede in der Regel der Indikativ, im Deutschen wird hingegen – wenn auch überwiegend in der Schriftsprache – der Konjunktiv verwendet.

Die indirekte Rede ist von Verben des Sagens und Meinens und Fragens abhängig wie dire *sagen*, chiedere/domandare *fragen*, riportare/riferire *berichten*, comunicare *mitteilen*, sapere *wissen*.

Beim Aussagesatz der indirekten Rede steht die Konjunktion che *dass* vor dem Nebensatz, der den Inhalt der Äußerung wiedergibt. Vor dieser Konjunktion steht kein Komma. Sie kann auch nicht wie im Deutschen weggelassen werden:
Ugo dice: «Zio Alfredo arriva al porto alle cinque.» → Ugo dice **che** zio Alfredo **arriva** al porto alle cinque. *Ugo sagt: „Onkel Alfredo kommt um 5 Uhr am Hafen an." → Ugo sagt, **dass** Onkel Alfredo um 5 Uhr am Hafen **ankomme**.* Oder: *Ugo sagt, Onkel Alfredo **komme** um 5 Uhr am Hafen an.*

Ist das Subjekt beider Sätze gleich, kann statt der indirekten Rede auch eine Infinitivkonstruktion stehen:
Mara dice a tutti: «Finalmente ho un televisore.» → Mara dice a tutti che (lei) ha finalmente un televisore. Oder: Mara dice a tutti **di avere** finalmente un televisore. *Mara sagt zu allen: „Endlich habe ich einen Fernseher." → Mara sagt zu allen, **dass** sie endlich einen Fernseher **habe**.*

Die indirekte Frage wird durch die Konjunktion se *ob* oder durch Fragewörter wie perché *weil*, come *wie*, dove *wo*, che cosa *was* eingeleitet:
Luigi mi chiese **se** avessi cenato fuori. *Luigi fragte mich, **ob** ich außerhalb gegessen hätte.*

Das Verb venire *kommen* wird in der indirekten Rede zu andare *gehen*: 
Lei mi chiese: «Quando ti decidi di **venire** a trovarmi?» → Lei mi chiese quando mi decidevo/quando mi sarei deciso ad **andare** a trovarla. *Sie fragte, wann ich mich entschließen würde, **sie zu besuchen**.*

Diese Veränderung unterbleibt jedoch in Redewendungen oder wenn venire im übertragenen Sinn verwendet wird:
Il mio amico disse: «Non mi **viene in mente** niente». → Il mio amico disse che non **gli veniva** niente **in mente**. *Mein Freund sagte, **ihm fiele** nichts **ein**.*

26.1 Der Aussagesatz

B2

Die Veränderung der Pronomen

Beim Wechsel von Pronomen in der indirekten Rede ist die Perspektive des Sprechers entscheidend. Es gibt dabei zwei Möglichkeiten:

- Der Inhalt in der indirekten Rede bezieht sich nicht auf den Sprecher: Personalpronomen und Possessivpronomen in der 1. und 2. Person Singular/Plural → 3. Person Singular/Plural:

- Lara dice: «**Mia** zia Giulia viene a prender**vi.**» → Lara dice che **sua** zia viene a prender**ci.** *Lara sagt: „**Meine** Tante Julia holt **euch** ab." → Lara sagt, dass **ihre** Tante Julia **uns** abhole.*

- Der Inhalt in der indirekten Rede bezieht sich auf den Sprecher: Personalpronomen und Possessivpronomen in der 2. Person Singular/Plural → 1. Person Singular/Plural:
  Antonio dice: «Vengo da **te.**» → Antonio dice che **(lui)** viene da **me.** *Antonio sagt: „Ich komme zu **dir.**" → Antonio sagt, dass er zu **mir** komme.*

Die Veränderung der Adverbien

Zeit- und Ortsadverbien verändern sich beim Wechsel in die indirekte Rede – wenn diese nach einer Zeit der Vergangenheit steht – wie folgt:

direkte Rede		indirekte Rede
qui/qua *hier(her)*	→	lì/là *da(hin)/dort(hin)*
ora/adesso *jetzt*	→	allora *damals*
poco fa *vor Kurzem*	→	poco prima *kurz davor*
fra poco *in Kürze*	→	poco dopo *kurz danach*
oggi *heute*	→	quel giorno *an jenem Tag*
ieri *gestern*	→	il giorno prima *am Vortag*
domani *morgen*	→	il giorno dopo *am folgenden Tag*
stamattina *heute Morgen*	→	quella mattina *an jenem Morgen*
stasera *heute Abend*	→	quella sera *an jenem Abend*
ieri sera *gestern Abend*	→	la sera prima *am Abend zuvor*
il prossimo mese *im nächsten Monat*	→	il mese dopo/seguente/successivo *im darauffolgenden Monat*
un mese fa *vor einem Monat*	→	un mese prima *einen Monat zuvor*

Lui mi disse: «Vieni **qui da me**!» → Lui mi disse di andare **lì da lui**. *Er sagte zu mir: „Komm **hierher** zu **mir**!" → Er sagte zu mir, ich solle **dorthin** zu **ihm** kommen.*
Pietro mi confidò: «**Ieri** ho giocato a poker on line.» → Pietro mi confidò di aver giocato il **giorno prima** a poker on line. *Pietro vertraute mir an: „**Gestern** habe ich online Poker gespielt." → Pietro vertraute mir an, **am Vortag** online Poker gespielt zu haben.*
Lei ha ammesso: «**Ieri sera** ho telefonato per ore e ore.» → Lei ha ammesso di aver telefonato **la sera prima** per ore e ore. *Sie gab zu: „**Gestern Abend** habe ich stundenlang telefoniert." → Sie gab zu, **am Abend** zuvor stundenlang telefoniert zu haben.*

Auch Demonstrativpronomen werden in der indirekten Rede verändert, wenn der Hauptsatz in der Vergangenheit steht:

questo *dieser* → quello *jener*:
Giorgio mi ha detto: «**Questo** sito web è fatto male.» → Giorgio mi ha detto che **quel** sito web era fatto male. *Giorgio sagte zu mir: „Diese Webseite ist schlecht gemacht." Giorgio sagte zu mir, dass* ***jene*** *Webseite schlecht gemacht sei.*

Die Veränderung der Zeiten

Im Italienischen steht in der indirekten Rede in der Regel der Indikativ und nicht der Konjunktiv wie im Deutschen. Das Tempus in der indirekten Rede ist vom Zeitverhältnis zwischen Haupt- und Nebensatz und von der Zeitform des einleitenden Hauptsatzes abhängig.

Mögliches Zeitverhältnis zwischen Haupt- und Nebensatz:

- Vorzeitigkeit: Die Handlung im Nebensatz liegt zeitlich vor der Handlung im einleitenden Hauptsatz.
- Gleichzeitigkeit: Im Haupt- und im Nebensatz liegen die Handlungen auf der gleichen Zeitebene.
- Nachzeitigkeit: Die Handlung im Nebensatz liegt zeitlich nach der Handlung im einleitenden Hauptsatz.

Mögliche Zeitformen des einleitenden Hauptsatzes:

- Gegenwartszeiten: Präsens und Futur, auch Passato prossimo, wenn es sich auf die unmittelbare Vergangenheit bezieht.
- Vergangenheitszeiten: Imperfetto, Passato remoto, Passato prossimo usw.

Steht der einleitende Hauptsatz der direkten Rede in einer Zeit der Gegenwart, verändern sich die Zeitformen in der indirekten Rede nicht:
Clara **dice/dirà/ha appena detto**… *Clara* ***sagt/wird sagen/hat eben gesagt*** *…*

direkte Rede		indirekte Rede
Präsens	→	Präsens
«Mio figlio **telefona** troppo.»		… che suo figlio **telefona** troppo.
„Mein Sohn ***telefoniert*** *zu viel."*		*… dass ihr Sohn zu viel* ***telefoniere****.*
Futur I	→	Futur I
«Mio marito **verrà** tardi.»		… che suo marito **verrà** tardi.
„Mein Mann ***wird*** *spät* ***kommen****."*		*… dass ihr Mann spät* ***kommen wird****.*
Passato prossimo	→	Passato prossimo
«Mio figlio non **è** ancora **venuto**.»		… che suo figlio non **è** ancora **venuto**.
„Mein Sohn ***ist*** *noch nicht* ***gekommen****."*		*… dass ihr Sohn noch nicht* ***gekommen sei****.*
Konditional	→	Konditional
«Io lo **comprerei** subito.»		… che lei lo **comprerebbe** subito.
„Ich ***würde*** *es sofort* ***kaufen****."*		*… dass sie es sofort* ***kaufen würde****.*
«Io **sarei partita** subito.»		… che lei **sarebbe partita** subito.
„Ich ***wäre*** *sofort* ***abgereist****."*		*… dass sie sofort* ***abgereist wäre****.*

Steht der einleitende Hauptsatz der direkten Rede in einer Zeit der Vergangenheit, können sich die Zeitformen der indirekten Rede verändern:
Paolo **ha detto/disse...** *Paolo **sagte/hat gesagt** ...*

direkte Rede		indirekte Rede
Präsens + Imperfetto	→	Imperfetto
« Elena **ha/aveva** ragione. »		... che Elena **aveva** ragione.
*„Elena **hat/hatte** Recht."*		*... dass Elena Recht **habe**.*
Passato + Trapassato prossimo	→	Trapassato prossimo
« Gli **ho dato** dei soldi. »		... che gli **aveva dato** dei soldi.
*„Ich **habe** ihm Geld **gegeben**."*		*... dass er ihm Geld **gegeben hätte**.*
« **Ho/avevo preso** il treno. »		... che **aveva preso** il treno.
*„Ich **habe/hatte** den Zug **genommen**."*		*... dass er den Zug **genommen hätte**.*
Futur I + Konditional I	→	Konditional II
« Non **andrò** in ferie. »		... che non **sarebbe andato** in ferie.
*„Ich **werde** nicht in Urlaub **fahren**."*		*... er **würde** nicht in Urlaub **fahren**.*
« Non **viaggerei** da solo. »		... che non **avrebbe viaggiato** da solo.
*„Ich **würde** nicht allein **reisen**."*		*... dass er nicht allein **reisen würde**.*

⚡ In einem abhängigen Satz allgemeingültigen Inhalts steht auch nach einem Einleitungssatz in einer Zeitform der Vergangenheit das Präsens:
Da bambini il maestro ci spiegò: « La terra **gira** intorno al sole ». → Da bambini il maestro ci spiegò che la terra **gira** intorno al sole. *Als wir Kinder waren, erklärte uns der Lehrer, dass die Erde die Sonne **umkreise**.*

B2

26.2 Der Imperativ

Der Imperativ wird in der indirekten Rede meist durch di + Infinitiv wiedergegeben:

direkte Rede	indirekte Rede
Mio padre mi dice: « **Studia** di più! »	Mio padre mi dice **di** studiare di più.
*Mein Vater sagt zu mir: „**Lerne** mehr!"*	*Mein Vater sagt zu mir, dass ich mehr **lernen solle**.*
Lui le disse: « **Telefona** subito! »	Lui le disse **di telefonare subito**.
*Er sagte zu ihr: „**Ruf** sofort **an**!"*	*Er sagte zu ihr, dass sie sofort **anrufen solle**.*

⚡ Der Imperativ kann in der indirekten Rede auch wiedergegeben werden durch:

- eine Umschreibung mit dovere *sollen*:
  Lui dice **che devo telefonare** subito. *Er sagt, dass ich sofort anrufen solle.*
- che + Konjunktiv:
  Lui dice **che io telefoni** subito. *Er sagt, dass ich sofort anrufen solle.*

26.3 Die indirekte Frage

B2

Steht im einleitenden Hauptsatz das Präsens, Futur oder eine Zeit der unmittelbaren Vergangenheit, bleibt bei der indirekten Frage – wie bei der indirekten Rede – die Zeitform der direkten Frage erhalten:

direkte Rede	indirekte Rede
Lei mi chiede: « **Andrai** al mare con gli amici? » *Sie fragt mich: „**Wirst** du mit den Freunden ans Meer **fahren**?“*	Lei mi chiede se **andrò** al mare con gli amici. *Sie fragt mich, ob ich mit den Freunden ans Meer **fahren werde**.*

Enthält der Hauptsatz jedoch eine Zeit der Vergangenheit, ändert sich die Zeitform der indirekten Frage:

direkte Rede		indirekte Rede
Indikativ Präsens Lui mi chiese: « Dove **vai** stasera? » *Er fragte mich: „Wohin **gehst** du heute Abend?“*	→	Indikativ oder Konjunktiv Imperfetto Lui mi chiese dove **andavo/andassi** quella sera. *Er fragte mich, wohin ich an jenem Abend **gehe**.*
Indikativ Passato prossimo Lucia mi domandò: « **Hai comprato** il Parmigiano? » *Lucia fragte mich: „**Hast** du den Parmesan **gekauft**?“*	→	Indikativ oder Konjunktiv Trapassato Lucia mi domandò se **avevo/avessi comprato** il Parmigiano. *Lucia fragte mich, ob ich den Parmesan **gekauft habe**.*
Futur I Lei mi ha chiesto: « Mi **sposerai** presto? » *Sie hat mich gefragt: „**Wirst** du mich bald **heiraten**?“*	→	Konditional II Lei mi ha chiesto se l'**avrei sposata** presto. *Sie hat mich gefragt, ob ich sie bald **heiraten werde**.*

ℹ Die Wahl zwischen Indikativ und Konjunktiv ist oft eine Frage des Sprachstils: In der Alltagsprache wird eher der Indikativ benutzt, während der Konjunktiv im gehobenen und vor allem im schriftlichen Sprachgebrauch bevorzugt wird.

Zwischentest 26

B2 **1. Was entspricht dem deutschen *dass*?**

- [ ] a. se
- [ ] b. che
- [ ] c. il quale
- [ ] d. cosa

B2 **2. Welche indirekte Frage passt?**

Gli abbiamo subito chiesto ....

- [ ] a. dove andava
- [ ] b. dove fosse andato
- [ ] c. dove sarebbe andato
- [ ] d. dove andrà

B2 **3. Wie lautet der Satz in der indirekten Rede?**

Dice: « Mia madre sta bene. »

- [ ] a. Dice che nostra madre sta bene.
- [ ] b. Dice che tua madre sta bene.
- [ ] c. Dice che vostra madre sta bene.
- [ ] d. Dice che sua madre sta bene.

B2 **4. Zu was wird fra poco in der indirekten Rede?**

- [ ] a. per poco
- [ ] b. poco prima
- [ ] c. poco dopo
- [ ] d. da poco

B2 **5. Was ersetzt domani in der direkten Rede?**

Mi disse che sarebbe arrivato .... in bicicletta.

- [ ] a. dopodomani
- [ ] b. il giorno dopo
- [ ] c. il giorno prima
- [ ] d. oggi

B2 **6. Wie lautet der Satz in der indirekten Rede?**

Mio cugino disse: « Non andrò mai in aereo. »

- [ ] a. Disse che non sarebbe mai andato in aereo.
- [ ] b. Disse che sarebbe andato in aereo.
- [ ] c. Disse che non andrebbe in aereo.
- [ ] d. Disse non andò mai in aereo.

B2 **7. Was passt in die Lücke?**

Roberto ammise che lui stesso al concerto ....

- [ ] a. si sarebbe annoiato
- [ ] b. si annoiasse
- [ ] c. si annoierebbe
- [ ] d. si annoiava

8. Was hat Giovanna gesagt? B2

Giovanna ha detto a quel signore di parlare più lentamente.

- ☐ a. Parlino più lentamente!
- ☐ b. Parlava più lentamente!
- ☐ c. Parla più lentamente!
- ☐ d. Parli più lentamente!

9. Was entspricht questo in der indirekten Rede? C1

- ☐ a. quanto
- ☐ b. che
- ☐ c. quello
- ☐ d. come

10. Was hat meine Gastgeberin zu mir gesagt? B2

Mi ha detto che dovevo mangiare tutto.

- ☐ a. Che mangerò tutto!
- ☐ b. Che mangi tutto!
- ☐ c. Mangia tutto!
- ☐ d. Non mangiare tutto!

11. Welche zwei Umschreibungen sind korrekt? C1

Disse: «State attenti!»

- ☐ a. Disse di stare attenti.
- ☐ b. Dissi da stare attenti.
- ☐ c. Disse che stiano attenti.
- ☐ d. Disse che dovevano stare attenti.

12. Was steht in der indirekten Rede anstelle von la prossima settimana? B2

Alberto ha promesso che .... avrebbe fatto le ferie.

- ☐ a. la settimana attuale
- ☐ b. la settimana dopo
- ☐ c. la settimana prima
- ☐ d. la settimana scorsa

13. Welche Veränderung trifft in der indirekten Rede zu? B1

- ☐ a. stasera → quella sera
- ☐ b. ieri mattina → questa mattina
- ☐ c. laggiù → lassù
- ☐ d. qui → lì

14. Welche zwei Ergänzungen passen? C1

Lui mi chiese se in Irlanda .... bene.

- ☐ a. sarò stato
- ☐ b. sono stato
- ☐ c. ero stato
- ☐ d. fossi stato

Lösungen

1 b. 2 a. 3 d. 4 c. 5 b. 6 a. 7 a. 8 d.
9 c. 10 c. 11 a., d. 12 b. 13 d., a. 14 c., d.

C1

27 Die Wortbildung

Das Wichtigste in Kürze

Durch **Präfixe** und **Suffixe** sowie Kombinationen mit anderen Wörtern erhalten Wörter eine neue Bedeutung bzw. werden nuanciert, z. B. **vocabolo → vocabolario**.

Auch der Übergang in eine andere Wortart kann darüber geschehen, z. B. **fortuna → fortunato**.

Besonders bei Verkleinerungs- und Vergrößerungsformen hat das Italienische im Vergleich zum Deutschen ein reichhaltigeres Repertoire, z. B. **ragazzo → ragazzino**.

Die Wortbildung mittels Suffixen, seltener mittels Präfixen, kann zu einem grammatischen Kategoriewechsel führen: So kann ein Verb zu einem Substantiv oder zu einem Adjektiv werden. Suffixe und Präfixe können einem Wort aber auch eine besondere Nuance verleihen, die auf- oder auch abwertend sein kann.

27.1 Das Suffix

C1

Substantive aus Substantiven

Substantive, die u. a. ein Instrument, ein Gerät oder ein Werkzeug bzw. einen anderen, damit in Verbindung stehenden Gegenstand bezeichnen, werden aus anderen Substantiven durch folgende Suffixe gebildet:

-ale:	braccio *Arm* → bracc**iale** *Armband*
-ario:	vocabolo *Vokabel* → vocabol**ario** *Wörterbuch*
-iere:	pallottola *Kugel* → pallottol**iere** *Rechenbrett*
-iera:	insalata *Salat* → insalat**iera** *Salatschüssel*

Substantive, die u. a. eine Menge bezeichnen, werden mittels folgender Suffixe gebildet:

-eto/-eta:	frutta *Obst* → frutt**eto** *Obstgarten*
-ame:	scatola *Büchse* → scatol**ame** *Konserven*
-iera:	tasto *Taste* → tast**iera** *Tastatur*
-eria:	argento *Silber* → argent**eria** *Silbergeschirr*
-aglia:	muro *Mauer* → mur**aglia** *(große) Mauer*
-ata:	cucchiaio *Löffel* → cucchiai**ata** *ein Löffel (voll)*

⚡ Durch die Suffixe -aglia und -ata erhalten manche Substantive einen pejorativen Unterton: gente *Leute* → gent**aglia** *Pack, Gesindel*, buffone *Clown, Narr* → buffon**ata** *Posse, Blödsinn*.

ℹ In der medizinischen Fachsprache bezeichnet das Suffix -ite eine akute Entzündung (polmone *Lunge* → polmon**ite** *Lungenentzündung*) und -osi eine chronische Entzündung (artro *Gelenk, Glied* → artr**osi** *Arthrose*).

Substantive, die eine Tätigkeit, ein Handwerk oder einen Beruf bezeichnen, werden durch folgende Suffixe gebildet:

-aio:	benzina *Benzin* → benzin**aio** *Tankwart*
-aiolo:	bosco *Wald* → bosc**aiolo** *Holzfäller*
-iere:	banca *Bank* → banch**iere** *Bankier*
-ista:	auto *Wagen* → aut**ista** *Fahrer(in)*
-ano:	guardia *Wache* → guardi**ano** *Wächter*

ℹ Das Suffix -aro ist eine regionale (römische) Variante: palazzina *Mehrfamilienhaus* → palazzin**aro** *Baulöwe*.

Substantive, die in Verbindung mit Herstellung oder Handel stehen sowie ein Amt oder einen Amtsbereich angeben, werden durch folgende Suffixe gebildet:

-eria:	birra *Bier* → birr**eria** *Bierstube*
-ificio:	pasta *Nudeln, Teig* → past**ificio** *Pastafabrik*
-aio:	pollo *Huhn* → poll**aio** *Hühnerstall*
-ile:	cane *Hund* → can**ile** *Hundezucht, Tierheim (für Hunde)*
-ato:	console *Konsul* → consol**ato** *Konsulat*

Adjektive aus Verben

Viele Adjektive basieren auf einem Verb bzw. leiten sich durch folgende Suffixe aus Verben ab:

-ante, -ente:	incoraggiare *ermutigen* → incoraggi**ante** *ermutigend* diffidare *misstrauen* → diffi**dente** *misstrauisch* Mio padre è un po' **diffidente** davanti alle nuove tecnologie. *Mein Vater ist etwas* ***misstrauisch*** *gegenüber den neuen Technologien.*
-bile:	realizzare *realisieren* → realizza**bile** *realisierbar* Qualche volta i sogni sono **realizzabili.** *Manchmal sind Träume* ***realisierbar.***
-evole:	ammirare *bewundern* → ammir**evole** *bewundernswert* La temperanza è una virtù poco conosciuta, ma **ammirevole.** *Die Mäßigung ist zwar eine wenig bekannte, aber* ***bewundernswerte*** *Tugend.*

Adjektive aus Substantiven

Durch folgende Suffixe werden Adjektive aus Substantiven abgeleitet:

-ato:	fortuna *Glück* → fortun**ato** *glücklich*
-are:	popolo *Volk* → popol**are** *populär*
-aneo, -ineo:	momento *Augenblick* → moment**aneo** *augenblicklich*
-iario:	finanza *Finanz* → finanz**iario** *finanziell*
-izio:	reddito *Einkommen* → reddit**izio** *einträglich*
-ivo:	sport *Sport* → sport**ivo** *sportlich*
-ico:	atomo *Atom* → atom**ico** *atomar*
-istico, -astico:	arte *Kunst* → art**istico** *künstlerisch*
-ifico:	pace *Frieden* → pac**ifico** *friedlich*
-oso:	noia *Langweile* → noi**oso** *langweilig*

Substantive aus Adjektiven

Einige Suffixe verändern Adjektive zu Substantiven:

-ezza:	bello *schön* → bell**ezza** *Schönheit*
	lungo *lang* → lung**hezza** *Länge*
-ia:	geloso *eifersüchtig* → gelos**ia** *Eifersucht*
	allegro *fröhlich, lustig* → allegr**ia** *Fröhlichkeit*
-izia:	amico *Freund* → amic**izia** *Freundschaft*
	giusto *gerecht* → giust**izia** *Gerechtigkeit*
-ità, -(e)tà:	felice *glücklich* → felic**ità** *Glück(seligkeit)*
	fedele *treu* → fedel**tà** *Treue*
-itudine:	alto *groß, hoch* → alt**itudine** *Höhe*
	solo *einsam* → sol**itudine** *Einsamkeit*
-ismo, -esimo:	ateo *Atheist* → ate**ismo** *Atheismus*
	sociale *sozial* → social**ismo** *Sozialismus*
	cristiano *Christ* → cristian**esimo** *Christentum*
-anza, -enza:	arrogante *arrogant* → arrog**anza** *Arroganz*
	elegante *elegant* → eleg**anza** *Eleganz*
	paziente *geduldig* → pazi**enza** *Geduld*

Verben aus Substantiven

Verben, die sich von Substantiven ableiten:

-are, -ire:	canto *Gesang* → cant**are** *singen*
-eggiare:	amore *Liebe* → amor**eggiare** *flirten*
	bocca *Mund* → bocch**eggiare** *nach Luft schnappen/ringen*
-ificare:	pane *Brot* → pan**ificare** *Brot backen*
	piano *Plan* → pian**ificare** *planen*

Substantive aus Verben

Ebenso gibt es auch die Möglichkeit, Substantive aus Verben abzuleiten:

-zione:	esportare *exportieren* → esporta**zione** *Export*
	punire *bestrafen* → puni**zione** *Bestrafung*
-tore, -trice:	giocare *spielen* → gioca**tore**/gioca**trice** *Spieler/in,*
	dirigere *leiten* → diret**tore**/diret**trice** *Leiter/in*
-ivo:	fuggire *flüchten* → fuggit**ivo** *Flüchtling*

La Germania è campione di **esportazione**. *Deutschland ist **Export**meister.*
A Lampedusa, una piccola isola siciliana, arrivano quasi ogni giorno **fuggitivi** dall'Africa. *Auf Lampedusa, einer kleinen sizilianischen Insel, landen fast jeden Tag **Flüchtlinge** aus Afrika.*

27.2 Die Vergrößerung und die Verkleinerung

ℹ Im Italienischen gibt es viele Suffixe, die zwar die grundsätzliche Bedeutung eines Wortes nicht verändern, aber die persönliche Einstellung des Sprechers wiedergeben.
So kann etwa das Wort strada *Straße* zu strad**ona** *große, breite Straße,* zu strad**ina** *kleine Straße* oder zu strad**accia** *(vom Ruf oder Zustand her) schlechte Straße* werden. Die Wortart – Substantiv oder Adjektiv – bleibt dabei als solche erhalten.

Diese Suffixe lassen sich in die Gegensatzpaare groß/klein und negativ/positiv einordnen, wobei die eine Kategorie die andere nicht ausschließt. Beispielsweise drückt die Verkleinerungsform -etta in cas**etta** *ein kleines Haus* eine Verniedlichung aus, in donn**etta** *eine kleine, unscheinbare Frau* gibt sie dem Substantiv jedoch eine negative Färbung.

ℹ Die italienische Sprache ist reich an Wörtern, die – von Verkleinerungen oder Vergrößerungen abgeleitet – im Lauf der Zeit eine eigene Bedeutung erlangt haben wie z. B.:
forca *Heugabel* → forc**ella** *Stütze* (für Bäume), forc**ina** *Haarnadel*, forch**etta** *Gabel*, forc**one** *Mistgabel.*

Die Verkleinerung durch Suffixe

Den hochsprachlichen Verkleinerungssuffixen des Deutschen *-chen* oder *-lein* (z. B. *Häuschen*, *Männlein*) steht im Italienischen eine wesentlich größere Zahl von Verkleinerungsformen gegenüber.

Diese lassen sich nicht nur an Substantive hängen, sondern teilweise auch an Adjektive:

-ino:	facile *leicht* → facil**ino** *eher/relativ leicht*
	ragazzo *Junge* → ragazz**ino** *kleiner Junge*
-etto, -etta:	piccolo *klein* → piccol**etto** *ein kleiner Mann/Mensch*
	casa *Haus* → cas**etta** *ein kleines Haus*
-ello:	paese *Dorf* → paes**ello** *kleines Dorf*
	albero *Baum* → alber**ello** *Bäumchen*
-otto:	giovane *Junge* → giovan**otto** *junger Bursche*
	basso *klein* → un bass**otto** *ein kleiner Mann/Mensch*
-uccio:	cavallo *Pferd* → caval**luccio** *Pferdchen*
	caldo *warm* → cald**uccio** *gemütlich warm*
-iciattolo:	mostro *Monster* → mostr**iciattolo** *kleines Monster*
	fiume *Fluss* → fium**iciattolo** *Bach, kleiner Fluss*

Die Vergrößerung durch Suffixe

Im Deutschen werden Vergrößerungen mittels Präfixen oder durch das Anhängen von (teils umgangssprachlichen) Signalwörtern wie *über-*, *Erz-*, *Riesen-*, *Super-* (z. B. *Riesenhunger*) gebildet. Im Italienischen werden für diesen Zweck meist folgende Suffixe zur Vergrößerung und Wertung verwendet:

-one:	libro *Buch* → lib**rone** *großes Buch*
	uomo *Mann, Mensch* → om**one** *riesengroßer Mann*
-acchione:	(ironisch): furbo *schlau* → furb**acchione** *Schlaumeier*
	matto *Verrückter* → matt**acchione** *Spaßvogel*
-accio:	coltello *Messer* → coltell**accio** *großes/rostiges Messer*
	avaro *Geiziger* → avar**accio** *Geizkragen*

⚡ Uomo *Mann, Mensch* verliert das u- im Anlaut in den Vergrößerungs- und Verkleinerungsformen.

ℹ Die Suffixe -acchione und noch mehr -accio drücken eine Abwertung hin bis zur Verachtung aus. Das Gleiche ist der Fall, wenn mehrere Suffixe in Kombination miteinander auftreten: omaccione = (u)omo + accio + one *ungeschlachter Kerl*.

27.3 Das Präfix

Auch Präfixe können im Italienischen einem Wort eine andere, sogar gegenteilige Bedeutung verleihen:

Präfix	Bedeutung	Wortbildungen
ante-	vor (zeitlich oder räumlich)	**ante**fatto *Vorgeschichte*
anti-		**anti**pasto *Vorspeise*
pre-		**pre**dilezione *Vorliebe*
post-	nach (zeitlich oder räumlich)	**post**operatorio *postoperativ*
retro-		**retro**bottega *Hinterraum (eines Ladens)*
dis-	Entfernung und Verneinung	**dis**funzione *Funktionsstörung*
s-		**s**carica *Entladung*
con-	zusammen	**con**nazionale *Landsmann*
sin-		**sin**tonia *Einklang*
contro-	gegen	**contro**corrente *Gegenstrom*
contr(a)-		**contra**ttacco *Gegenangriff*
anti-		**anti**(i)ncendio *Feuerschutz-*
trans-	durch	**trans**oceanico *transozeanisch*
dia-		**dia**cronia *Diachronie*

Präfix	Bedeutung	Wortbildungen
sopra-	oben (als Position), Überlegenheit	**sopra**numero *überzählig*
sovra-		**sovra**produzione *Überproduktion*
super-		**super**pancia *Riesenbauch*
extra-	außerhalb, über	**extra**scolastico *außerschulisch*
fuori-		**fuori**programma *Extraprogramm*
intra-	innerhalb	**intra**cranico *im Schädelinneren*
entro-		**entro**terra *Hinterland*
endo-		**endo**scopio *Endoskop*
inter-	zwischen	**inter**regno *Zwischenregierung*
oltre-	jenseits, äußerst	**oltre**tomba *Jenseits*
ultra-		**ultra**suono *Ultraschall*
meta-		**meta**fisica *Metaphysik*
iper-		**iper**spazio *mehrdimensionaler Raum*
sotto-	unter	**sotto**scala *Raum unter der Treppe*
sub-		**sub**affitto *Untermiete*
infra-		**infra**rosso *infrarot*
ipo-		**ipo**teso *mit niedrigem Blutdruck*
vice-	anstelle von	**vice**sindaco *stellvertretender Bürgermeister*
pro-		**pro**console *Prokonsul*

Im Unterschied zu den Suffixen können manche Präfixe auch allein, als Präpositionen (▷ 24) oder Adverbien (▷ 5), stehen.

Weiterhin gibt es eine Anzahl von Vorsilben, die in ihrer Funktion dem Vergleich und dem Superlativ sehr nahe kommen:

- archi-, arci-, extra-, super-, stra-, ultra- drücken den höchsten Grad innerhalb einer beliebigen Hierarchie aus:
  architrave *Stützbalken*, **arci**prete *Erzpriester*, **arci**ricco *steinreich*, **extra**fino *extrafein*, **super**mercato *Supermarkt*, **stra**vizio *Ausschweifung*, **ultra**rapido *blitzschnell*
- iper- drückt ebenfalls den höchsten Grad aus:
  ipersensibile *übersensibel*, **iper**critico *überkritisch*
- ipo-, sotto-, sub- bezeichnen Unterlegenheit, Minderung:
  ipoacidità *Untersäuerung*, **sotto**ccupazione *Unterbeschäftigung*
- mezzo-, semi-, emi- bedeuten so viel wie *Halb-*, *die Hälfte*:
  mezzobusto *Halbbüste* (auch scherzhaft für Fernsehansager), **semi**freddo *Halbgefrorenes*, **emi**sfero *Erdhalbkugel*
- bi- heißt *zwei(mal)*:
  bisettimanale *zweiwöchig*, **bi**linguismo *Zweisprachigkeit*.

Wörter, die einen eindeutig negativen Sinn haben, lauten u.a. mit einem s- an wie sbeffeggiato *verspottet* oder haben als Präfixe in-, senza-, non- und dis-:

incapace *unfähig*, **in**afferrabile *unfassbar, unverständlich*
senzatetto *obdachlos*, **senza**lavoro *arbeitslos*
nonsenso *sinnlos, Unsinn*, **non**curante *rücksichtslos*
disonore *Ehrverlust, Schande*, **dis**onesto *unehrlich*.

Es gibt auch Präfixe, die entweder eine Tätigkeit verstärken (**stra**vincere *restlos besiegen*) oder den Aspekt eines Verbs ändern wie das Präfix ri- mit der Bedeutung *wieder*: fare *tun* → **ri**fare *wieder tun*, scrivere *schreiben* → **ri**scrivere *wieder schreiben*.
Die Präfixe contro-/contra- drücken einen Gegensatz aus: battere *schlagen* → **contro**battere *erwidern, kontern*, dire *sagen* → **contra**ddire *widersprechen*.

27.4 Das Kompositum

C2

Werden Wörter durch die Verbindung mit anderen Wörtern zu Komposita mit neuer Bedeutung (▶ 3.4), bilden häufig Verben die Grundlage:

accendi *anzünden* + il sigaro *die Zigarre*	→ l'**accendisigaro** *das Feuerzeug*
lava *waschen* + le stoviglie *das Geschirr*	→ la **lavastoviglie** *die Spülmaschine*
porta *tragen* + la cenere *die Asche*	→ il **portacenere** *der Aschenbecher*

Einige Komposita werden mit den Präfixen auto- und tele- gebildet:
l'**auto**analisi *Selbstanalyse*, il **tele**comando *Fernbedienung*

Bei einigen Komposita bildet ein Substantiv die Basis. Das zweite Element kann dabei ein Adjektiv oder ein zweites Substantiv sein:

la terra *Land* + ferma *fest*	→ la **terraferma** *das Festland*
la cassa *Kiste* + forte *stark, robust*	→ la **cassaforte** *der Geldschrank*
la carta *Papier* + la moneta *Geld*	→ la **cartamoneta** *das Papiergeld*

ℹ Mezzogiorno ist eine Zusammensetzung aus mezzo *halb* + giorno *Tag* und steht für *Mittag*. Großgeschrieben bedeutet Mezzogiorno dagegen *Süditalien*.

⚡ Keine Zusammensetzungen, sondern Wortassoziationen sind: un toccasana *ein Allheilmittel*, un fuggifuggi *eine wilde chaotische Flucht* oder un tira e molla *ein langes Hin und Her*.

Zwischentest 27

C1 **1. Wie nennt man jemanden, der Zeitungen verkauft?**

- [ ] a. giornalista
- [ ] b. giornalaro
- [ ] c. giornalaio
- [ ] d. giornaliero

C1 **2. Welche beiden Wörter bezeichnen einen Beruf?**

- [ ] a. benzinaio
- [ ] b. caffettaio
- [ ] c. peschista
- [ ] d. direttrice

C1 **3. Was passt in die Lücke?**

Chi dirige una banca è un ....

- [ ] a. bancatore
- [ ] b. bancaiolo
- [ ] c. banchista
- [ ] d. banchiere

C2 **4. Was bedeutet *ein kleines Eis*?**

- [ ] a. gelatone
- [ ] b. gelatino
- [ ] c. gelataccio
- [ ] d. gelatello

C1 **5. Was ergänzt den Satz?**

Anche un .... di poker dilettante può perdere soldi.

- [ ] a. giocante
- [ ] b. giochista
- [ ] c. giocatore
- [ ] d. giocaio

C1 **6. Welche zwei Ableitungen sind korrekt?**

- [ ] a. braccio → bracciale
- [ ] b. sedia → sediale
- [ ] c. piatto → piattale
- [ ] d. dito → ditale

C2 **7. Welcher Begriff bezeichnet eine *Lungenentzündung*?**

- [ ] a. bronchite
- [ ] b. epatite
- [ ] c. polmonite
- [ ] d. artrite

C2 **8. Wie muss der Satz ergänzt werden?**

Da ieri ho la pelle irritata, di sicuro è una ....

- [ ] a. pelloma
- [ ] b. pellite
- [ ] c. pellosi
- [ ] d. dermatite

9. Welches Wort gehört in die Lücke? C1

Stasera ho mangiato troppo: mi serve un ....

- ☐ a. sportivo
- ☐ b. aggettivo
- ☐ c. auditivo
- ☐ d. digestivo

10. Wie nennt man einen *stellvertretenden Minister*? C1

- ☐ a. sottoministro
- ☐ b. viceministro
- ☐ c. prominister
- ☐ d. superministro

11. Was entspricht dem Ausdruck un tira e molla? C2

- ☐ a. locker lassen
- ☐ b. ein langes Hin und Her
- ☐ c. ins Gras beißen
- ☐ d. alles hinschmeißen

12. Was hat Anna gemacht? C2

Oggi su eBay Anna ha fatto un affarone.

- ☐ a. ein gutes Geschäft
- ☐ b. ein normales Geschäft
- ☐ c. ein schlechtes Geschäft
- ☐ d. ein sonderbares Geschäft

13. Welche Zusammensetzung ist nicht korrekt? C2

- ☐ a. retroterra
- ☐ b. retroguardia
- ☐ c. retroluna
- ☐ d. retromarcia

14. Was drückt das Präfix sopra- aus? C1

- ☐ a. Unterlegenheit
- ☐ b. Überlegenheit
- ☐ c. dagegen sein
- ☐ d. dafür sein

15. Was passt in die Lücke? C1

Quando qualcosa è vecchio, antiquato, allora è ....

- ☐ a. fuoriserie
- ☐ b. fuoricorso
- ☐ c. fuorilegge
- ☐ d. fuorimoda

Lösungen

1 c. 2 a., d. 3 d. 4 b. 5 c. 6 a., d. 7 c. 8 d.
9 d. 10 b. 11 b. 12 a. 13 c. 14 b. 15 d.

A1

28 Zahlen und Zeitangaben

Das Wichtigste in Kürze

Zahlen werden im Italienischen in Grund- und Ordnungszahlen unterteilt.

Die Grundzahlen sind unveränderlich und im Unterschied zum Deutschen männlich: **il cinque** *die Fünf.*

Nach in Ziffern geschriebenen Ordnungszahlen steht kein Punkt, sondern der letzte Buchstabe des Zahlworts: 2ª - **la seconda** *die Zweite.*

Anders als im Deutschen begleitet Zeitangaben in der Regel der bestimmte Artikel:
Sono le due. *Es ist zwei Uhr.*

28.1 Die Grundzahl

A1

Formen

0	zero	30	trenta
1	uno	31	**trent**uno
2	due	33	trentatré
3	tre	40	quaranta
4	quattro	41	**quarant**uno
5	cinque	43	quarantatré
6	sei	50	cinquanta
7	sette	60	sessanta
8	otto	70	settanta
9	nove	80	ottanta
10	dieci	90	novanta
11	undici	100	cento
12	dodici	101	cent(o)uno
13	tredici	102	centodue
14	quattordici	103	centotré
15	quindici	198	centonovantotto
16	sedici	200	duecento
17	diciassette	300	trecento
18	diciotto	1.000	mille
19	diciannove	1.001	milleuno oder mille e uno
20	venti	1.008	milleotto
21	**vent**uno	2.000	due**mila**
22	ventidue	3.000	tremila
23	ventitré	3.652	tremila e seicentocinquantadue
24	ventiquattro	10.000	diecimila
25	venticinque	21.355	ventunmila trecentocinquantacinque
26	ventisei	100.000	centomila
27	ventisette	1.000.000	un milione
28	**vent**otto	2.500.000	due milioni cinquecentomila
29	ventinove	1.000.000.000	un miliardo

Die mit uno *eins* und otto *acht* zusammengesetzten Zahlen verlieren den Endvokal der Zehnerzahl: cinquant**a** + uno → cinquantuno *einundfünfzig;* ottant**a** + otto → ottantotto *achtundachtzig.*
Bei cento *hundert* ist dies zwar auch möglich, aber weniger gebräuchlich: centouno (centuno) *hunderteins*, centootto (centotto) *hundert(und)acht*.
Zusammensetzungen mit mille bewahren das End-e: milleotto *tausendundacht*.
Mit tre *drei* zusammengesetzte Zahlen bekommen einen Akzent auf dem -e: trenta + tre → trentatr**é** *dreiunddreißig.*

Gebrauch

Die Grundzahlen sind maskulin und in der Regel unveränderlich:
il cinque *die Fünf*, cinque bambini *fünf Kinder*

◐ Ausnahmen:

- uno (▷ 2) bildet eine Femininumform:
  uno svedese e **una** norvegese *ein Schwede und eine Norwegerin*
- zero *null* bildet den Plural auf -i:
  una cifra a quattro **zeri** *eine Ziffer mit vier Nullen.*
- mille *tausend* bildet den Plural auf mila: due**mila** *zweitausend*
- milione *Million*, bilione *Billion*, miliardo *Milliarde* sind Substantive mit regelmäßiger Pluralbildung. Nachfolgende Substantive werden mit di angeschlossen:
  tre milioni **di** B2 persone *drei Millionen Personen.*
  ⚡ Folgen Grundzahlen auf milione und miliardo, entfällt di:
  un **milione e trecentomila** dollari *eine **Million und dreihunderttausend** Dollar*

28.2 Die Ordnungszahl

Die Ordnungszahlen sind im Gegensatz zu den Grund- oder Kardinalzahlen nach Genus und Numerus veränderlich und stehen mit Artikel.

Formen

1°	il primo *der Erste*	13°	il tredicesimo *der Dreizehnte*
2°	il secondo *der Zweite*	18°	il diciottesimo *der Achtzehnte*
3°	il terzo *der Dritte*	19°	il diciannovesimo *der Neunzehnte*
4°	il quarto *der Vierte*	20°	il ventesimo *der Zwanzigste*
5°	il quinto *der Fünfte*	30°	il trentesimo *der Dreißigste*
6°	il sesto *der Sechste*	40°	il quarantesimo *der Vierzigste*
7°	il settimo *der Siebte*	90°	il novantesimo *der Neunzigste*
8°	l'ottavo *der Achte*	100°	il centesimo *der Hundertste*
9°	il nono *der Neunte*	200°	il duecentesimo *der Zweihundertste*
10°	il decimo *der Zehnte*	1.000°	il millesimo *der Tausendste*
11°	l'undice**simo** *der Elfte*	1.000.000°	il milionesimo *der Millionste*
12°	il dodicesimo *der Zwölfte*		

Ordnungszahlen bis zehn haben eine Sonderform. Ab elf werden sie mit -esimo gebildet, wobei der Endvokal der Einerzahl (außer bei tre *drei* und sei *sechs*) wegfällt:
trent + esimo → trentesimo *dreißigster*
quarantatré + esimo → quarantat**re**esimo *dreiundvierzigster*
ventisei + esimo → ventise**i**esimo *sechsundzwanzigster*

ℹ Bei sei *sechs* kann der Endvokal wegfallen: trentaseiesimo oder trantaseesimo *sechsunddreißigster.*

Gebrauch

Die Ordnungszahlen sind als Adjektive veränderlich (▷ 4), sie richten sich in Genus und Numerus nach ihrem Bezugswort:
La prima settimana di ferie è sempre la più bella. ***Die erste** Ferienwoche ist immer die schönste.*
Molti hanno più di un telefonino, ma **un terzo** è B2 proprio C1 superfluo. *Viele haben mehr als ein Handy, aber **ein drittes** ist wirklich überflüssig.*

Nach einer Ordnungszahl in Ziffern steht im Unterschied zum Deutschen kein Punkt, sondern der letzte Buchstabe des Zahlwortes in hochgestellter Form, der sich entsprechend dem Genus des nachfolgenden Substantivs ändert:
Il 1° (= primo) giorno del mese *der 1. Tag des Monats*, la 3ª (= terza) settimana *die 3. Woche*
Auch römische Ziffern, u. a. bei Jahrhunderten und Herrschernamen, stehen ohne Punkt: il secolo XVI *das 16. Jahrhundert*, Federico I *Friedrich I.*

Stellung

Die Ordnungszahlen werden dem Substantiv in der Regel vorangestellt:
al **terzo** piano *im **dritten** Stock*, i **primi** fiori *die **ersten** Blumen*
Ausnahmen sind:
- Herrscher- und Papstnamen:
  Umberto **I** (= **Primo**) *Umberto **I.***, Giovanni **III** (= **Terzo**) *Johannes **III.***
- Aufzählungen wie Szenen, Strophen, Kapitel oder Teile eines Werkes:
  scena **prima** ***erste** Szene*, capitolo **terzo** ***drittes** Kapitel*
- Jahrhunderte: il secolo **ventunesimo/XXI** *das 21. Jahrhundert*. Die Ordnungszahl kann hier aber auch vorausgehen: il **ventunesimo** secolo.

Eine besondere Ordnungszahl ist das Adjektiv ennesimo *x-te(r, s)*. Es benennt eine unbestimmte, aber sehr hohe Zahl: **l'ennesima** vittoria *der **x-te** Sieg*.

28.3 Weitere Zahlwörter B2

Die Vervielfältigungszahl B2

Die Zahlen dieser Gruppe drücken das Vielfache einer Menge aus. Sie bilden zwei Formen, ausgehend von den Grundzahlen + Suffix -plo oder -plice:

doppio	*doppelt*	du**plice**	*zweifach*
tri**plo**	*dreifach*	tri**plice**	*dreifach*
quadru**plo**	*vierfach*	quadru**plice**	*vierfach*
quintu**plo**	*fünffach*	quintu**plice**	*fünffach*
sestu**plo**	*sechsfach*	sestu**plice**	*sechsfach*
settu**plo**	*siebenfach* usw.	settem**plice**	*siebenfach* usw.

Doppio und triplo usw. beinhalten den Aspekt des Vergleichs. Es wird eine Menge bezeichnet, die zweimal, dreimal usw. größer ist als eine andere:
una **doppia** razione *eine **doppelte** Ration*, il **triplo** salto *der **dreifache** Salto*
In den anderen Fällen wird eine Umschreibung vorgezogen:
Ho venduto la mia casa **a sei volte di più** di quanto mi fosse costata. *Ich habe mein Haus für das **Sechsfache** des Preises verkauft, den es mich gekostet hatte.*

Duplice, triplice usw. legen den Schwerpunkt darauf, dass etwas aus mehreren Teilen besteht, sie wirken nicht vergleichend:
Il problema è **duplice** (= ha due aspetti diversi). *Das Problem ist ein **zweifaches** (= hat zwei verschiedene Aspekte).*
Il mio lettore mp3 ha un **triplice** uso. *Mein MP3-Player hat **drei** Funktionen.*
Mit due/tre/quattro volte tanto werden die deutschen Ausdrücke *zweimal, dreimal, viermal so viel* wiedergegeben:
Mio fratello guadagna **tre volte tanto**. *Mein Bruder verdient **dreimal so viel**.*

B2 Die Bruchzahl

Gemeine Brüche werden durch die Verbindung von Grundzahlen mit Ordnungszahlen gebildet: 1/3 un terzo *ein Drittel*, 1/4 un quarto *ein Viertel*, 1/100 un centesimo *ein Hundertstel*.
Steht der Zähler im Plural, muss auch der Nenner im Plural stehen:
3/9 tre noni *drei Neuntel*, 10/100 dieci centesimi *zehn Hundertstel*.
◐ Ausnahme: 1/2 (= un mezzo *ein halber*) wird meistens ohne Zähler und Artikel genannt:
Mi dia per favore **mezzo** pollo arrosto. *Geben Sie mir bitte ein **halbes** Brathähnchen.*
Dezimalbrüche werden nur mit Grundzahlen gebildet: 10,5 = dieci virgola cinque und 6,3 % = il sei virgola tre per cento.
Vor Prozentzahlen steht der bestimmte Artikel: **il** 30 % delle donne *30 % der Frauen*.

C1 Die Distributiv- und die Kollektivzahl

Distributivzahlen drücken aus, auf welche Art und Weise Personen oder Sachen verteilt sind:
Entrano in classe **uno alla volta**. *Sie treten **einer nach dem anderen** in den Klassenraum.*
L'orologio batte **ogni quindici minuti**. *Die Uhr schlägt **alle 15 Minuten**.*

Kollektivzahlen geben eine unbestimmte Zahl an. Sie werden aus den Grundzahlen + Suffix -ina oder -aio gebildet. Ihnen ist der unbestimmte Artikel + di vorangestellt: **una ventina di** surfisti ***etwa 20** Surfer*, **un centinaio di** invitati ***etwa 100** Gäste*, **un migliaio di** credenti ***etwa 1.000** Gläubige*.

Besonderheiten

C1

Im Italienischen hat man mehrere Möglichkeiten, eine bestimmte Anzahl von Personen oder Sachen anzugeben.

- Für die Zahl eins: singolo *einzeln*, unico *einzig*:
  i **singoli** articoli *die **einzelnen** Artikel*, il figlio **unico** *das **Einzel**kind* (aber: **l'unico** figlio *das **einzige** Kind*), l'atto **unico** *der **Ein**akter*
- Für die Zahl zwei hat man einmal die Wahl zwischen paio und coppia *Paar*:
  Ho comprato un **paio di** guanti. *Ich habe ein **Paar** Handschuhe gekauft.*
  Quei due sono una **coppia** affiatata. *Die zwei sind ein eingespieltes **Paar**.*
  ⚡ Paio *Paar* bildet im Gegensatz zum Deutschen den Plural im Femininum Plural: **due paia di** guanti ***zwei Paar** Handschuhe*.
  Weitere Möglichkeiten für zwei sind ambo/ambedue/entrambi *beide*. Ambo und ambedue sind unveränderlich, entrambi hat eine feminine Form. Ambedue und entrambi können Pronomen oder Adjektive sein:
  Sollevò **ambo** le mani. *Er/Sie hob **beide** Hände hoch.*
  In **entrambi/ambedue** i casi dobbiamo rivolgerci alla polizia. *In **beiden** Fällen müssen wir uns an die Polizei wenden.*
  Entrambe le ragazze si misero a ballare. ***Beide** Mädchen fingen an zu tanzen.*
- Zur Alters- und Zeitangabe werden die Suffixe -enne, -ennio, -ennale an Grundzahlen angehängt: una **ventenne** *eine Zwanzigjährige* oder bei einem Zeitraum: il **trentennio** *ein Zeitraum von 30 Jahren*, la **Biennale** di Venezia *die **Biennale** von Venedig*.

28.4 Zeitangaben

A1

Die Uhrzeit

Zur Angabe der Uhrzeit werden die Grundzahlen mit dem bestimmten Artikel verwendet, wobei zuerst die Stunde und dann die Minuten genannt werden:
Che ora è/Che ore sono? – Sono **le undici**. *Wie spät ist es? – Es ist **elf** (Uhr).*
Ti ho visto **alle (ore) dieci** di mattina. *Ich habe dich **um 10 Uhr** morgens gesehen.*

- Zeitangabe nach der vollen Stunde (meist bis 30 Minuten)
  → e + Anzahl der Minuten:
  2.05 = le due **e cinque**
  2.15 = le due **e un quarto**
  2.30 = le due **e mezzo**
- Zeitangabe vor der vollen Stunde (bis 20 Minuten davor)
  → meno *weniger*:
  1.50 = le due **meno dieci**
  1.45 = le due **meno un quarto**
  1.40 = le due **meno venti**

Weitere Zeitangaben: un quarto d'ora *eine Viertelstunde*, (una) mezz'ora *eine halbe Stunde*, un tre quarti d'ora *eine Dreiviertelstunde*, un'ora e mezzo/mezza *anderthalb Stunden*.

Besonderheiten:

- In den folgenden Fällen steht die Uhrzeit im Singular:
  È l'**una**. *Es ist* ***eins***.
  ohne Artikel: È **mezzogiorno.** *Es ist* ***Mittag***. È **mezzanotte.** *Es ist* ***Mitternacht***.
- Verso *gegen* wird verwendet, um eine ungefähre Uhrzeit anzugeben:
  Torno a casa **verso le sette.** *Ich komme* ***gegen sieben*** *nach Hause.*
- Mit der Präposition a wird das deutsche *um* wiedergegeben:
  La trasmissione comincia **alle nove.** *Die Sendung fängt* ***um neun*** *an.*

Bei offiziellen Zeitangaben (am Bahnhof) werden 24 Stunden gezählt:
Il treno da Viterbo arriva **alle ventuno e dodici** (minuti). *Der Zug aus Viterbo kommt* ***um 21.12*** *Uhr an.*
In der Umgangssprache wird jedoch wie im Deutschen nur bis zwölf gezählt.

Das Datum

Im Unterschied zum Deutschen werden beim Datum Grundzahlen verwendet.
Nach dem Datum wird folgendermaßen gefragt:
Quanti ne abbiamo oggi?/Qual è la data di oggi? – Oggi è il **dieci** marzo.
Den Wievielten haben wir heute?/Welches Datum haben wir heute? – Heute ist der ***10.*** *März.*
Ausnahme: Für den Ersten eines Monats steht die Ordnungszahl: il **primo** aprile *der* ***erste*** *April.*

Im Italienischen unterscheidet man nicht zwischen Datumsangaben wie ***der*** *15. Mai* und ***am*** *15. Mai*. Beide Formen werden mit **il** 15 maggio wiedergegeben.
Der bestimmte Artikel il *der* wird vor Vokal apostrophiert: **l'**otto settembre *der 8. September.*

Die Jahreszahl

Jahrezahlen stehen mit bestimmtem Artikel, gegebenfalls in Verbindung mit Präpositionen:
Il 2000 è stato un anno particolare. *2000 ist ein besonderes Jahr gewesen.*
Ho cominciato a scrivere **nel** 1990. *Ich habe 1990 angefangen zu schreiben.*

Das Jahrhundert

Für die Schreibung der Jahrhunderte werden die Ordnungszahlen verwendet, wobei ab dem 13. Jahrhundert die Möglichkeit besteht, sie mit substantivierten

Grundzahlen ohne das Wort mille *tausend* anzugeben:
il Duecento (il '200) oder il XIII secolo *das 13. Jahrhundert* (von 1201 bis 1300)
il Novecento (il '900) oder il XX secolo *das 20. Jahrhundert* (von 1901 bis 2000)

Das Lebensalter
Quanti anni **hai**? – **Ho** 20 **anni** (compiuti). *Wie alt **bist** du? – Ich **bin** 20 Jahre (alt).*
Ho un bambino **di tre anni**. *Ich habe ein Kind, das **drei Jahre alt** ist.*
Lui ha **due anni più/meno** di lei. *Er ist **zwei Jahre älter/jünger** als sie.*

Der Wochentag
Wochentage bleiben auch bei bestimmten Zeitangaben ohne Artikel:
Parto **domenica**. *Ich fahre **am Sonntag**.*
In der Bedeutung *montags*, *dienstags* usw. steht aber der bestimmten Artikel:
Il lunedì gioco a tennis. ***Montags** spiele ich Tennis.*

28.5 Maße und Mengenangaben 

A1

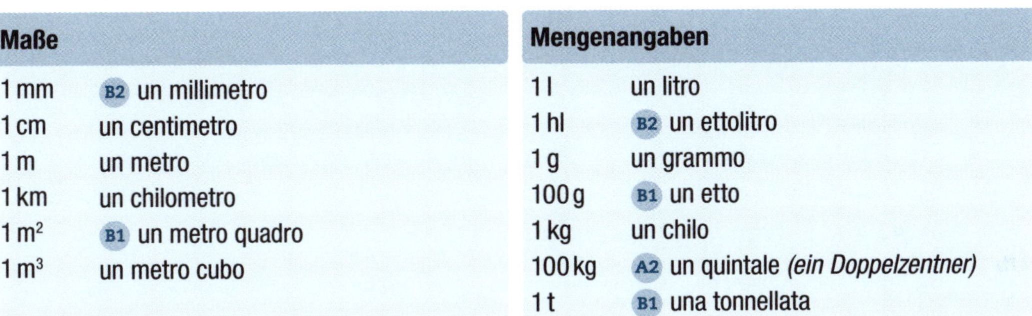

Maße	
1 mm	B2 un millimetro
1 cm	un centimetro
1 m	un metro
1 km	un chilometro
1 m^2	B1 un metro quadro
1 m^3	un metro cubo

Mengenangaben	
1 l	un litro
1 hl	B2 un ettolitro
1 g	un grammo
100 g	B1 un etto
1 kg	un chilo
100 kg	A2 un quintale *(ein Doppelzentner)*
1 t	B1 una tonnellata

Anders als im Deutschen werden Maße und Mengenangaben auch in den Plural gesetzt und die nachfolgenden Substantive mit der Präposition di angeschlossen:
due litri di vino ***zwei Liter** Wein*, **un etto di** formaggio ***hundert Gramm** Käse*.

Zwischentest 28

A1 **1. Welche Präposition ist zu ergänzen?**

Il debito è di circa 1.600 miliardi .... euro.

- a. con
- b. per
- c. a
- d. di

A1 **2. Wie wird die Zahl 98 ausgeschrieben?**

- a. novantaotto
- b. novantotto
- c. novotto
- d. noveotto

A1 **3. Wo trägt die ausgeschriebene Zahl drei einen Akzent?**

- a. in den zusammengesetzten Zahlen
- b. bei Zahlen über hundert
- c. nie
- d. immer

A1 **4. Was heißt 1.200 auf Italienisch?**

- a. mille eduecento
- b. mille duecento
- c. milleeduecento
- d. milleduecento

A1 **5. Welche der Zahlen ist unveränderlich?**

- a. uno
- b. tre
- c. mille
- d. milione

A2 **6. Wie heißt das Suffix für Ordnungszahlen?**

- a. -esimo
- b. -isimo
- c. -issimo
- d. -essimo

A1 **7. Was gehört in die Lücke?**

Vado in Australia la .... settimana di agosto.

- a. secondi
- b. seconda
- c. seconde
- d. secondo

C1 **8. Wie wird ennesimo übersetzt?**

- a. zum dritten Mal
- b. einmalig
- c. zum zweiten Mal
- d. zum x-ten Mal

9. Welcher Ausdruck passt? B2

Sto dormendo: mi serve un caffè ....

- [ ] a. doppio
- [ ] b. duplice
- [ ] c. a due
- [ ] d. per due

10. Welche Umschreibung für quadruplo ist richtig? C1

- [ ] a. tre volte più una
- [ ] b. quattro volte
- [ ] c. meno di quattro volte
- [ ] d. più di quattro volte

11. Welches Wort fehlt? B2

Il mio ombrello ha un .... uso: per la pioggia e come bastone.

- [ ] a. quadruplo
- [ ] b. doppio
- [ ] c. triplice
- [ ] d. duplice

12. Wie lautet die Bruchzahl 3/20 ausgeschrieben? B2

- [ ] a. tre per venti
- [ ] b. tre ventesimi
- [ ] c. terzo ventesimi
- [ ] d. tre ventesimo

13. Welche zwei Mengenangaben sind richtig? B2

- [ ] a. mezzo litro di olio
- [ ] b. mezza bottiglia di vino
- [ ] c. mezzi pane
- [ ] d. mezza pezzo

14. Wie lautet die Übersetzung für una decina? C1

- [ ] a. weniger als zehn
- [ ] b. mehr als zehn
- [ ] c. etwa zehn
- [ ] d. zwischen zehn und dreizehn

15. Welche Zahl ist richtig? C1

Penso di spendere un .... di euro.

- [ ] a. millesimo
- [ ] b. miglina
- [ ] c. mille
- [ ] d. migliaio

16. Was heißt *Viertel nach zehn*? (2 Möglichkeiten) A2

- [ ] a. le dieci meno un quarto
- [ ] b. le dieci e un quarto
- [ ] c. le nove e tre quarti
- [ ] d. le dieci e quindici

Lösungen

1 d. 2 b. 3 a. 4 d. 5 b. 6 a. 7 b. 8 d. 9 a.
10 b. 11 d. 12 b. 13 a., b. 14 c. 15 d. 16 b., d.

Lösungen der Niveaustufentests

Auf den folgenden Seiten finden Sie die Lösungen der Niveaustufentests A1 bis C2 von Seite 20–31. In den Empfehlungen am Ende der jeweiligen Lösungsangaben erhalten Sie die Auswertung Ihrer Ergebnisse entsprechend der erreichten Punktezahl sowie Empfehlungen zur Verbesserung Ihrer Sprachkenntnisse.

Lösungen 

1. Der Artikel

a. **Il** fratello di Giorgio è bravo in chimica.
b. **Lo** zio di Katia fa il meccanico.
c. Domani vado in piscina con **i** miei amici.

2. Das Substantiv

a. ✗ richtig: **il** poeta
b. ✓ **la** mano
c. ✗ richtig: **il** tram

3. Das Adjektiv

a. le situazioni **strane**
b. le persone **cordiali**
c. il partito **comunista**

4. Präsens Indikativ

a. (io) **scrivo**
b. (noi) **facciamo**
c. (tu) **finisci**

5. Infinitiv Präsens

a. loro danno → **dare**
b. tu chiedi → **chiedere**
c. lui va → **andare**
d. noi cantiamo → **cantare**

6. Präpositionen und bestimmter Artikel

a. Ho dimenticato l'ombrello **al** ristorante.
b. Molti agrumi provengono **dalla** Sicilia.
c. Hanno fatto le vacanze **con i** genitori.
d. Abbiamo messo i cappotti **nell'**armadio.

7. Das Personalpronomen

a. **Noi** ascoltiamo la radio e tu?
b. **Voi** andate al cinema e loro a teatro.
c. Mi scusi Signor Arditi, **Lei** è Italiano?
d. **Tu** sei di Roma, non è vero?

8. Die Verneinung

a. Oggi **non** ho proprio fame.
b. Hai visto Alberto? – **No**!
c. Hai sete o **no**?
d. A Laura **non** regalo niente!

Empfehlung

1–9 Punkte: Ihre Kenntnisse stehen leider noch auf schwachen Beinen. Am besten nehmen Sie sich die Themen der Niveaustufe A1 gleich noch einmal vor.

10–18 Punkte: Prima! Sie haben bereits gute A1-Kenntnisse, allerdings punktuell noch Schwächen. Wiederholen Sie die Themen, mit denen Sie noch nicht vertraut sind.

19–28 Punkte: Ausgezeichnet! Sie haben solide A1-Kenntnisse und können sich nun den Grammatikthemen der Niveaustufe A2 zuwenden.

Lösungen A2

1. Der Artikel

a. ✓ L'Italia è un bel paese.
b. ✗ richtig: Pantelleria è vicino alla Sicilia.
c. ✗ richtig: Mia zia Luisa parla tedesco.
d. ✓ La Signora Giacobbi ha un cagnolino.

2. Das Substantiv

a. lo psicologo → gli psicologi
b. la nave → le navi
c. la paura → le paure
d. lo studente → gli studenti

3. Das Adjektiv

a. gli aerei nuovi e veloci
b. le segretarie brave e efficienti
c. l'attrice famosa e interessante
d. un film nuovo e avvincente

4. Das Pronomen

a. Tra un'ora vi aspetto davanti al cinema.
b. Allora, venite con me?
c. Non ti abbiamo chiesto niente.
d. Luigi ha sempre un ombrello con sé.

5. Das Adverb

a. Oggi non vado in ufficio: mi sento proprio male!
b. Il tempo passa velocemente per tutti.
c. Il treno si muove lentamente.

6. Das Modalverb

a. Tania oggi non può uscire.
b. Devi andare dal medico.
c. Può (Sa) anche parlare tedesco?

7. Imperfetto

a. Lo scorso inverno facevamo lunghe passeggiate.
b. Mio nonno mi raccontava sempre delle favole.
c. In Italia (io) bevevo sempre un limoncello dopo cena.

8. Partizip Präsens

a. partecipanti
b. proveniente
c. riguardanti

Empfehlung

1–9 Punkte: Sie befinden sich noch am Anfang des Niveaus A2 und sollten alle Themen dieser Niveaustufe nochmals gründlich durcharbeiten.

10–18 Punkte: Gut so! Ihre A2-Kenntnisse sind schon weit gediehen. Bevor Sie sich den B1-Themen zuwenden, sollten Sie jedoch die Themen, die Ihnen Schwierigkeiten bereiten, nochmals anschauen.

19–28 Punkte: Ausgezeichnet. Sie kennen sich mit den Grammatikthemen der Niveaustufe A2 sicher aus und können die Niveaustufe B1 angehen.

Lösungen B1

1. Der relative Superlativ
a. Edith è la cuoca più brava di tutte le sue amiche.
b. La Sicilia è l'isola più grande del Mediterraneo.
c. Da qui si vede il panorama più bello della città.

2. Imperfetto oder Passato prossimo?
a. Da bambino giocava agli indiani.
b. Stamattina sono andato/a al mercato.
c. Un anno fa abbiamo fatto un viaggio in Brasile.

3. Das Modalverb
a. Tempo fa dovei/dovetti ricorrere all'aiuto di amici.
b. Allora non potemmo fare di più per lui.
c. Loro vollero comprare un televisore nuovo.
d. Tu potesti studiare grazie alla borsa di studio.

4. Das Pronomen
a. Vuoi qualcosa da bere?
b. Ognuno ha il suo posto a sedere.
c. Chi parla bene l'italiano, supera l'esame.

5. Das Passiv
a. Firenze è visitata da molti turisti.
b. Queste trattorie sono frequentate da parecchi studenti stranieri.
c. Il viaggio è organizzato dalla nostra associazione.

6. Nebenordnende Konjunktionen
a. Lucio non è bello, ma interessante.
b. Ti aspetto alle sei, cioè tra un'ora precisa.
c. L'offerta non è entusiasmante, tuttavia accetto.
d. Silvio ama la musica rap, io invece quella classica.

7. Indikativ oder Konjunktiv?
a. Mi dispiace che tu non abbia superato l'esame.
b. Secondo la nostra opinione l'albergo è troppo caro.
c. Pensi veramente che lei debba venire?
d. È impossibile che voi non abbiate freddo.

8. Präpositionale Fügungen
a. Il bar è rimasto chiuso fino al mese scorso.
b. Prima dell'incrocio gira a destra.
c. Salerno è vicino a Napoli.
d. Nostro figlio non abita lontano da noi.

Empfehlung
1–9 Punkte: Sie beherrschen zwar bereits die Niveaus A1 und A2, für die Niveaustufe B1 sollten Sie jedoch nochmals alle relevanten Themen wiederholen.

10–18 Punkte: Prima! Sie haben schon einige B1-Kenntnisse, sollten aber die Themen überarbeiten, die Sie noch nicht sicher beherrschen, ehe Sie die Niveaustufe B2 in Angriff nehmen.

19–28 Punkte: Ausgezeichnet! Sie haben das Niveau B1 im Griff und können nun mit dieser Basis die Niveaustufe B2 angehen.

Lösungen 

1. Konditional I
a. Andremmo volentieri al cinema.
b. Vorrei diventare ricco.
c. Potresti per favore aprire la finestra?

2. Konditional II
a. A me sarebbe piaciuto andare in montagna.
b. Ti avrei chiamato io, ma non potevo proprio.
c. Noi avremmo aiutato Luigi, ma lui non ha voluto.
d. Lei sarebbe venuta anche in aereo.

3. Zahlen, Mengen und Maße
a. Una ventina di persone sta aspettando.
b. Bastano poche migliaia di euro.
c. Il corso dura un biennio.

4. Unterordnende Konjunktionen
a. Non vado a scuola perché sto male.
b. Voi fate il bagno anche se il mare è molto mosso.
c. Non mi metto il cappotto, sebbene faccia molto freddo.
d. Da quando imparo l'inglese non parlo bene il tedesco.

5. Die Zeitenfolge im Konjunktiv
a. ✓ Dubitavo che lui arrivasse in tempo.
b. ✗ richtig: Pensavi che fosse sufficiente per essere felici?
c. ✓ Credevano che lei fosse partita ieri.
d. ✗ richtig: Eravamo sicuri che ci venisse a prendere.

6. Das Adjektiv
a. Quella ragazza ha un bel viso regolare.
b. Marco non ha buone maniere.
c. I Napoletani hanno un bello stadio.
d. Qui tutto è a buon prezzo.

7. Der absolute Superlativ
a. Mio zio è un uomo fortissimo/molto forte.
b. La pizza a Napoli è buonissima/molto buona/ottima.
c. Li ho trovati arrabbiatissimi/molto arrabbiati.
d. Quelle ragazze sono giovanissime/molto giovani.

8. Trapassato prossimo
a. Quando sono arrivato all'aeroporto l'aereo era partito.
b. Ieri ho incontrato degli amici che erano andati in Africa.
c. Dopo che la crisi era scoppiata tutti l'avevano prevista.
d. (io) Vi avevo detto di rispondere alle mail.

Empfehlung

1–10 Punkte: Ihre Kenntnisse der Niveaus A1 bis B1 haben Sie bereits bewiesen. Für die Niveaustufe B2 reicht es jedoch leider noch nicht. Überarbeiten Sie die wichtigen Themen dieses Niveaus gründlich.

11–20 Punkte: Gut so! Das Niveau B2 haben Sie fast in der Tasche. Lediglich einige Themen sollten Sie nochmals anschauen, bevor Sie in die Niveaustufe C1 starten.

21–30 Punkte: Ausgezeichnet! Mit Ihren Kenntnissen der Niveaustufe B2 können Sie sich nun mit den Themen des Niveaus C1 befassen.

Lösungen C1

1. Das Adjektiv

a. Mario gode di massima stima.
b. Per noi è stato un pessimo affare.
c. Lui vuole superare l'esame con un minimo sforzo.
d. È stato un ottimo pranzo.

2. Passato prossimo, Passato remoto und Imperfetto

a. Da giovani andavamo al mare ogni estate.
b. La prima guerra punica scoppiò nel 264 a. C.
c. Nel 1944 la seconda guerra mondiale durava già da cinque anni.
d. Un anno fa ho fatto una promessa che non ho mantenuto.

3. Kombinierte Personalpronomen

a. E i libri? Quando me li riporti?
b. Io gliel'ho detto subito.
c. Che figuraccia! Non ve ne vergognate?
d. Perché non ce lo racconti?
e. E le foto? Anna te le ha riportate?

4. Das Partizip

a. Le decisioni prese non si discutono.
b. Durante la guida non parlare al conducente.
c. I cibi precotti si diffondono sempre di più.
d. Chi assiste gli anziani si chiama badante.

5. Satzanschlüsse

a. Sono venuto per vedere come stai.
b. È andato via senza salutare nessuno.
c. Finiamo di studiare e poi usciamo.
d. Continui a/ad imparare l'arabo?
e. Non posso venire: ho molto da fare.

6. Das Adverb

a. Maria parla in modo/maniera molto convincente.
b. Ho imparato molte poesie a memoria.
c. Mio padre sta telefonando.
d. Preferiamo bere vino.
e. Speriamo di arrivare in tempo.

Empfehlung

1–9 Punkte: Sie sind zwar weit fortgeschritten, doch die Niveaustufe C1 beherrschen Sie noch nicht ausreichend. Wiederholen Sie alle relevanten Themen.

10–18 Punkte: Gut gemacht! Sie beherrschen die Niveaustufe C1 bis auf wenige Themen, die Sie sich am besten gleich noch einmal anschauen.

19–27 Punkte: Ausgezeichnet! Mit Ihren Kenntnissen der Niveaustufe C1 sind Sie bestens gerüstet, sich die Niveaustufe C2 vorzunehmen.

Lösungen 

1. Das Substantiv

a. le uova
b. i vaglia
c. i bar
d. le casseforti

2. Die Zeitenfolge

a. Sono sicuro che Natalia partirà domani sera.
b. Pensiamo che loro arrivino oggi.
c. Credo che lui sia stato assunto l'altro ieri.
d. Non sapevo che lei avesse dato l'esame.

3. Die Präposition

a. Tra/fra mare e monti preferisco il mare.
b. Ho dimenticato la borsa nel cassetto.
c. Il bar è sempre aperto, escluso/tranne il martedì.
d. Stamani ci siamo alzati all'alba.

4. Das Gerund

a. Essendo allenato Carlo vuole correre la maratona.
b. Parlando Sandra giocava con il telefonino.
c. Non essendo stati puntuali persero il treno.
d. Pur avendo lavorato tutto il giorno, Carla non era stanca.

5. Die indirekte Rede

a. Sergio dice che oggi sta meglio/di stare meglio oggi.
b. I miei amici mi chiesero se andassi veramente in Norvegia.
c. Alfredo obiettò che per lui avevano ragione.
d. Carla mi confessò che non sarebbe andata in ferie quell'anno.

6. Die Wortbildung

	(+)	(–)	(x)
a.	ragazzone	ragazzino	ragazzaccio
b.	omone	omino/ometto	omaccio
c.	–	casina/casetta	–
d.	–	–	tempaccio

7. Adjektive mit wechselnder Bedeutung

a. Mio zio è un grand'uomo.
b. Un detective deve essere una persona curiosa.
c. Un mio amico è fallito, adesso è un uomo povero.

Empfehlung

1–9 Punkte: Nicht aufgeben, Sie haben bereits fünf Niveaustufen gemeistert. Arbeiten Sie nochmals an den C2-Themen, dann schaffen Sie auch dieses Niveau.

10–18 Punkte: Ausgezeichnet! Sie haben die Niveaustufe C2 fast gemeistert. Widmen Sie sich noch einigen letzten schwachen Themen, dann sind Sie am Ziel.

19–27 Punkte: Gratulation! Mit Ihren Kenntnissen der Niveaustufe C2 sind Sie in der Meisterklasse angelangt.

Unregelmäßige Verben

Infinitiv Präsens	Indikativ Präsens	Passato prossimo	Passato remoto
andare *gehen*	vado, vai, va, andiamo, andate, vanno	sono andato, -a	andai
bere *trinken*	bevo, bevi, beve, beviamo, bevete, bevono	ho bevuto	bevvi
cadere *fallen*	cado	sono caduto, -a	caddi
chiedere *fragen, bitten*	chiedo	ho chiesto	chiesi
chiudere *schließen*	chiudo	ho chiuso	chiusi
conoscere *kennen(lernen)*	conosco	ho conosciuto	conobbi
correre *laufen*	corro	ho corso	corsi
dare *geben*	do, dai, dà, diamo, date, danno	ho dato	diedi (detti), desti, diede (dette), demmo, deste, diedero (dettero)
decidere *entscheiden*	decido	ho deciso	decisi
dire *sagen*	dico, dici, dice, diciamo, dite, dicono	ho detto	dissi
dovere *müssen, sollen*	devo, devi, deve, dobbiamo, dovete, devono	ho dovuto	dovei (dovetti)
fare *machen, tun*	faccio, fai, fa, facciamo, fate, fanno	ho fatto	feci, facesti, fece, facemmo, faceste, fecero
fingere *vortäuschen*	fingo, fingi, finge, fingiamo, fingete, fingono	ho finto	finsi
giungere *(an)kommen*	giungo, giungi, giunge, giungiamo, giungete, giungono	sono giunto, -a	giunsi

Futur I	Konditional I	Imperativ	Konjunktiv Präsens	Konjunktiv Imperfekt
andrò	andrei	vai (va'), vada, andiamo, andate, vadano	vada	andassi
berrò	berrei	bevi, beva, beviamo, bevete, bevano	beva	bevessi
cadrò	cadrei	cadi	cada	cadessi
chiederò	chiederei	chiedi	chieda	chiedessi
chiuderò	chiuderei	chiudi	chiuda	chiudessi
conoscerò	conoscerei	conosci	conosca	conoscessi
correrò	correrei	corri	corra	corressi
darò	darei	dai (da'), dia, diamo, date, diano	dia	dessi
deciderò	deciderei	decidi	decida	decidessi
dirò	direi	di', dica, diciamo, dite, dicano	dica	dicessi
dovrò	dovrei	–	debba	dovessi
farò	farei	fai (fa'), faccia, facciamo, fate, facciano	faccia	facessi
fingerò	fingerei	fingi, finga, fingiamo, fingete, fingano	finga	fingessi
giungerò	giungerei	giungi, giunga, giungiamo, giungete, giungano	giunga	giungessi

Infinitiv Präsens	Indikativ Präsens	Passato prossimo	Passato remoto
leggere *lesen*	leggo	ho letto	lessi
mettere *legen, stellen*	metto	ho messo	misi
morire *sterben*	muoio, muori, muore, moriamo, morite, muoiono	sono morto, -a	morii
muovere *bewegen*	muovo	ho mosso	mossi
nascere *geboren werden*	nasco	sono nato, -a	nacqui
parere *scheinen*	paio, pari, pare, paiamo (pariamo), parete, paiono	sono parso, -a	parvi
perdere *verlieren*	perdo	ho perso	persi
piacere *gefallen*	piaccio, piaci, piace, piacciamo, piacete, piacciono	sono piaciuto, -a	piacqui
potere *können*	posso, puoi, può, possiamo, potete, possono	ho potuto	potei
prendere *nehmen*	prendo	ho preso	presi
proporre *vorschlagen*	propongo, proponi, propone, proponiamo, proponete, propongono	ho proposto	proposi
rimanere *bleiben*	rimango, rimani, rimane, rimaniamo, rimanete, rimangono	sono rimasto, -a	rimasi
rispondere *antworten*	rispondo	ho risposto	risposi
salire *hochsteigen*	salgo, sali, sale, saliamo, salite, salgono	sono salito, -a	salii

Futur I	Konditional I	Imperativ	Konjunktiv Präsens	Konjunktiv Imperfekt
leggerò	leggerei	leggi	legga	leggessi
metterò	metterei	metti	metta	mettessi
morirò	morirei	muori, muoia, moriamo, morite, muoiano	muoia	morissi
moverò (muoverò)	moverei (muoverei)	muovi, muova, moviamo, movete, muovano	muova, moviamo, moviate, muovano	movessi (muovessi)
nascerò	nascerei	–	–	nascessi
parrò	parrei	–	paia	paressi
perderò	perderei	–	perda	perdessi
piacerò	piacerei	–	piaccia	piacessi
potrò	potrei	–	possa	potessi
prenderò	prenderei	prendi	prenda	prendessi
proporrò	proporrei	proponi, proponga, proponiamo, proponete, propongano	proponga	proponessi
rimarrò	rimarrei	rimani, rimanga, rimaniamo, rimanete, rimangano	rimanga	rimanessi
risponderò	risponderei	rispondi	risponda	rispondessi
salirò	salirei	sali, salga, saliamo, salite, salgano	salga	salissi

Infinitiv Präsens	Indikativ Präsens	Passato prossimo	Passato remoto
sapere *wissen*	so, sai, sa, sappiamo, sapete, sanno	ho saputo	seppi
scegliere *wählen*	scelgo, scegli, sceglie, scegliamo, scegliete, scelgono	ho scelto	scelsi
scendere *hinabsteigen*	scendo	sono sceso, -a	scesi
scrivere *schreiben*	scrivo	ho scritto	scrissi
sedere *sitzen*	siedo, siedi, siede, sediamo, sedete, siedono	sono seduto, -a	sedei (sedetti)
spegnere *ausmachen*	spengo, spegni, spegne, spegniamo, spegnete, spengono	ho spento	spensi
stare *sein, stehen*	sto, stai, sta, stiamo, state, stanno	sono stato, -a	stetti, stesti, stette, stemmo, steste, stettero
tenere *halten*	tengo, tieni, tiene, teniamo, tenete, tengono	ho tenuto	tenni
togliere *entfernen*	tolgo, togli, toglie, togliamo, togliete, tolgono	ho tolto	tolsi
tradurre *übersetzen*	traduco, traduci, traduce, tra-duciamo, traducete, traducono	ho tradotto	tradussi
uscire *ausgehen*	esco, esci, esce, usciamo, uscite, escono	sono uscito, -a	uscii
vedere *sehen*	vedo	ho visto	vidi
venire *kommen*	vengo, vieni, viene, veniamo, venite, vengono	sono venuto, -a	venni
vivere *leben*	vivo	ho vissuto sono vissuto, -a	vissi
volere *wollen*	voglio, vuoi, vuole, vogliamo, volete, vogliono	ho voluto	volli

Futur I	Konditional I	Imperativ	Konjunktiv Präsens	Konjunktiv Imperfekt
saprò	saprei	sappi, sappia, sappiamo, sapete, sappiano	sappia	sapessi
sceglierò	sceglierei	scegli, scelga, scegliamo, scegliete, scelgano	scelga	scegliessi
scenderò	scenderei	scendi	scenda	scendessi
scriverò	scriverei	scrivi	scriva	scrivessi
s(i)ederò	s(i)ederei	siedi, sieda, sediamo, sedete, siedano	sieda	sedessi
spegnerò	spegnerei	spegni, spenga, spegniamo, spegnete, spengano	spenga	spegnessi
starò	starei	stai (sta'), stia, stiamo, state, stiano	stia	stessi
terrò	terrei	tieni, tenga, teniamo, tenete, tengano	tenga	tenessi
toglierò	toglierei	togli, tolga, togliamo, togliete, tolgano	tolga	togliessi
tradurrò	tradurrei	traduci, traduca, traduciamo, traducete, traducano	traduca	traducessi
uscirò	uscirei	esci, esca, usciamo, uscite, escano	esca	uscissi
vedrò	vedrei	vedi	veda	vedessi
verrò	verrei	vieni, venga, veniamo, venite, vengano	venga	venissi
vivrò	vivrei	vivi	viva	vivessi
vorrò	vorrei	–	voglia	volessi

Musterkonjugationen

 essere *sein*

Hilfsverb

Indicativo

Presente	Passato prossimo	
sono	sono	stato
sei	sei	stato
è	è	stato
siamo	siamo	stati
siete	siete	stati
sono	sono	stati

Imperfetto	Trapassato prossimo	
ero	ero	stato
eri	eri	stato
era	era	stato
eravamo	eravamo	stati
eravate	eravate	stati
erano	erano	stati

Passato remoto	Trapassato remoto	
fui	fui	stato
fosti	fosti	stato
fu	fu	stato
fummo	fummo	stati
foste	foste	stati
furono	furono	stati

Futuro semplice	Futuro composto	
sarò	sarò	stato
sarai	sarai	stato
sarà	sarà	stato
saremo	saremo	stati
sarete	sarete	stati
saranno	saranno	stati

Congiuntivo

Presente	Imperfetto
sia	fossi
sia	fossi
sia	fosse
siamo	fossimo
siate	foste
siano	fossero

Passato		Trapassato	
sia	stato	fossi	stato
sia	stato	fossi	stato
sia	stato	fosse	stato
siamo	stati	fossimo	stati
siate	stati	foste	stati
siano	stati	fossero	stati

Condizionale

Presente	Passato	
sarei	sarei	stato
saresti	saresti	stato
sarebbe	sarebbe	stato
saremmo	saremmo	stati
sareste	sareste	stati
sarebbero	sarebbero	stati

Imperativo

(tu)	sii
(Lei)	sia
(noi)	siamo
(voi)	siate
(loro)	siano

Infinito passato

essere stato

Participio

Presente	Passato
essente	stato

Gerundio

Presente	Passato
essendo	essendo stato

avere *haben*

Hilfsverb

Indicativo

Presente	Passato prossimo	
ho	ho	avuto
hai	hai	avuto
ha	ha	avuto
abbiamo	abbiamo	avuto
avete	avete	avuto
hanno	hanno	avuto

Imperfetto	Trapassato prossimo	
avevo	avevo	avuto
avevi	avevi	avuto
aveva	aveva	avuto
avevamo	avevamo	avuto
avevate	avevate	avuto
avevano	avevano	avuto

Passato remoto	Trapassato remoto	
ebbi	ebbi	avuto
avesti	avesti	avuto
ebbe	ebbe	avuto
avemmo	avemmo	avuto
aveste	aveste	avuto
ebbero	ebbero	avuto

Futuro semplice	Futuro composto	
avrò	avrò	avuto
avrai	avrai	avuto
avrà	avrà	avuto
avremo	avremo	avuto
avrete	avrete	avuto
avranno	avranno	avuto

Congiuntivo

Presente

abbia
abbia
abbia
abbiamo
abbiate
abbiano

Imperfetto

avessi
avessi
avesse
avessimo
aveste
avessero

Passato	
abbia	avuto
abbia	avuto
abbia	avuto
abbiamo	avuto
abbiate	avuto
abbiano	avuto

Trapassato	
avessi	avuto
avessi	avuto
avesse	avuto
avessimo	avuto
aveste	avuto
avessero	avuto

Condizionale

Presente

avrei
avresti
avrebbe
avremmo
avreste
avrebbero

Passato	
avrei	avuto
avresti	avuto
avrebbe	avuto
avremmo	avuto
avreste	avuto
avrebbero	avuto

Imperativo

(tu)	abbi
(Lei)	abbia
(noi)	abbiamo
(voi)	abbiate
(loro)	abbiano

Infinito passato

avere avuto

Participio

Presente	Passato
avente	avuto

Gerundio

Presente	Passato
avendo	avendo avuto

lavarsi *sich waschen*

Reflexives Verb

Indicativo

Presente

mi	lavo
ti	lavi
si	lava
ci	laviamo
vi	lavate
si	lavano

Imperfetto

mi	lavavo
ti	lavavi
si	lavava
ci	lavavamo
vi	lavavate
si	lavavano

Passato remoto

mi	lavai
ti	lavasti
si	lavò
ci	lavammo
vi	lavaste
si	lavarono

Futuro semplice

mi	laverò
ti	laverai
si	laverà
ci	laveremo
vi	laverete
si	laveranno

Passato prossimo

mi	sono	lavato
ti	sei	lavato
si	è	lavato
ci	siamo	lavati
vi	siete	lavati
si	sono	lavati

Trapassato prossimo

mi	ero	lavato
ti	eri	lavato
si	era	lavato
ci	eravamo	lavati
vi	eravate	lavati
si	erano	lavati

Trapassato remoto

mi	fui	lavato
ti	fosti	lavato
si	fu	lavato
ci	fummo	lavati
vi	foste	lavati
si	furono	lavati

Futuro composto

mi	sarò	lavato
ti	sarai	lavato
si	sarà	lavato
ci	saremo	lavati
vi	sarete	lavati
si	saranno	lavati

Congiuntivo

Presente

mi	lavi
ti	lavi
si	lavi
ci	laviamo
vi	laviate
si	lavino

Imperfetto

mi	lavassi
ti	lavassi
si	lavassi
ci	lavassimo
vi	lavaste
si	lavassero

Passato

mi	sia	lavato
ti	sia	lavato
si	sia	lavato
ci	siamo	lavati
vi	siate	lavati
si	siano	lavati

Trapassato

mi	fossi	lavato
ti	fossi	lavato
si	fosse	lavato
ci	fossimo	lavati
vi	foste	lavati
si	fossero	lavati

Condizionale

Presente

mi	laverei
ti	laveresti
si	laverebbe
ci	laveremmo
vi	lavereste
si	laverebbero

Passato

mi	sarei	lavato
ti	saresti	lavato
si	sarebbe	lavato
ci	saremmo	lavati
vi	sareste	lavati
si	sarebbero	lavati

Imperativo

lavati
si lavi
laviamoci
lavatevi
si lavino

Infinito passato

essersi lavato

Participio

Presente

lavantesi

Passato

lavatosi

Gerundio

Presente

lavandosi

Passato

essendosi lavato

 essere invitato *eingeladen werden/sein*

Passiv

Indicativo

Presente

sono	invitato
sei	invitato
è	invitato
siamo	invitati
siete	invitati
sono	invitati

Passato prossimo

sono	stato	invitato
sei	stato	invitato
è	stato	invitato
siamo	stati	invitati
siete	stati	invitati
sono	stati	invitati

Imperfetto

ero	invitato
eri	invitato
era	invitato
eravamo	invitati
eravate	invitati
erano	invitati

Trapassato prossimo

ero	stato	invitato
eri	stato	invitato
era	stato	invitato
eravamo	stati	invitati
eravate	stati	invitati
erano	stati	invitati

Passato remoto

fui	invitato
fosti	invitato
fu	invitato
fummo	invitati
foste	invitati
furono	invitati

Trapassato remoto

fui	stato	invitato
fosti	stato	invitato
fu	stato	invitato
fummo	stati	invitati
foste	stati	invitati
furono	stati	invitati

Futuro semplice

sarò	invitato
sarai	invitato
sarà	invitato
saremo	invitati
sarete	invitati
saranno	invitati

Futuro composto

sarò	stato	invitato
sarai	stato	invitato
sarà	stato	invitato
saremo	stati	invitati
sarete	stati	invitati
saranno	stati	invitati

Congiuntivo

Presente

sia	invitato
sia	invitato
sia	invitato
siamo	invitati
siate	invitati
siano	invitati

Imperfetto

fossi	invitato
fossi	invitato
fosse	invitato
fossimo	invitati
foste	invitati
fossero	invitati

Passato

sia	stato	invitato
sia	stato	invitato
sia	stato	invitato
siamo	stati	invitati
siate	stati	invitati
siano	stati	invitati

Trapassato

fossi	stato	invitato
fossi	stato	invitato
fosse	stato	invitato
fossimo	stati	invitati
foste	stati	invitati
fossero	stati	invitati

Condizionale

Presente

sarei	invitato
saresti	invitato
sarebbe	invitato
saremmo	invitati
sareste	invitati
sarebbero	invitati

Passato

sarei	stato	invitato
saresti	stato	invitato
sarebbe	stato	invitato
saremmo	stati	invitati
sareste	stati	invitati
sarebbero	stati	invitati

Imperativo

(tu)	sii	invitato
(Lei)	sia	invitato
(noi)	siamo	invitati
(voi)	siate	invitati
(loro)	siano	invitati

Infinito passato

essere stato invitato

Participio

Presente

essente invitato

Passato

stato invitato

Gerundio

Presente

essendo invitato

Passato

essendo stato invitato

 comprare *kaufen*

Regelmäßiges Verb der 1. Konjugation auf -are

Indicativo

Presente	Passato prossimo	
compr**o**	ho	comprato
compr**i**	hai	comprato
compr**a**	ha	comprato
compr**iamo**	abbiamo	comprato
compr**ate**	avete	comprato
compr**ano**	hanno	comprato

Imperfetto	Trapassato prossimo	
compr**avo**	avevo	comprato
compr**avi**	avevi	comprato
compr**ava**	aveva	comprato
compr**avamo**	avevamo	comprato
compr**avate**	avevate	comprato
compr**avano**	avevano	comprato

Passato remoto	Trapassato remoto	
compr**ai**	ebbi	comprato
compr**asti**	avesti	comprato
compr**ò**	ebbe	comprato
compr**ammo**	avemmo	comprato
compr**aste**	aveste	comprato
compr**arono**	ebbero	comprato

Futuro semplice	Futuro composto	
compr**erò**	avrò	comprato
compr**erai**	avrai	comprato
compr**erà**	avrà	comprato
compr**eremo**	avremo	comprato
compr**erete**	avrete	comprato
compr**eranno**	avranno	comprato

Congiuntivo

Presente
compr**i**
compr**i**
compr**i**
compr**iamo**
compr**iate**
compr**ino**

Imperfetto
compr**assi**
compr**assi**
compr**asse**
compr**assimo**
compr**aste**
compr**assero**

Passato	
abbia	comprato
abbia	comprato
abbia	comprato
abbiamo	comprato
abbiate	comprato
abbiano	comprato

Trapassato	
avessi	comprato
avessi	comprato
avesse	comprato
avessimo	comprato
aveste	comprato
avessero	comprato

Condizionale

Presente
compr**erei**
compr**eresti**
compr**erebbe**
compr**eremmo**
compr**ereste**
compr**erebbero**

Passato	
avrei	comprato
avresti	comprato
avrebbe	comprato
avremmo	comprato
avreste	comprato
avrebbero	comprato

Imperativo

(tu)	compr**a**
(Lei)	compr**i**
(noi)	compr**iamo**
(voi)	compr**ate**
(loro)	compr**ino**

Infinito passato

avere comprato

Participio

Presente	Passato
compr**ante**	compr**ato**

Gerundio

Presente	Passato
compr**ando**	avendo comprato

 vendere *verkaufen*

Regelmäßiges Verb der 2. Konjugation auf -ere

Indicativo

Presente	Passato prossimo	
vend**o**	ho	venduto
vend**i**	hai	venduto
vend**e**	ha	venduto
vend**iamo**	abbiamo	venduto
vend**ete**	avete	venduto
vend**ono**	hanno	venduto

Imperfetto	Trapassato prossimo	
vend**evo**	avevo	venduto
vend**evi**	avevi	venduto
vend**eva**	aveva	venduto
vend**evamo**	avevamo	venduto
vend**evate**	avevate	venduto
vend**evano**	avevano	venduto

Passato remoto	Trapassato remoto	
vend**ei**/vend**etti**	ebbi	venduto
vend**esti**	avesti	venduto
vend**è**/vend**ette**	ebbe	venduto
vend**emmo**	avemmo	venduto
vend**este**	aveste	venduto
vend**erono**/vend**ettero**	ebbero	venduto

Futuro semplice	Futuro composto	
vend**erò**	avrò	venduto
vend**erai**	avrai	venduto
vend**erà**	avrà	venduto
vend**eremo**	avremo	venduto
vend**erete**	avrete	venduto
vend**eranno**	avranno	venduto

Congiuntivo

Presente	Imperfetto
vend**a**	vend**essi**
vend**a**	vend**essi**
vend**a**	vend**esse**
vend**iamo**	vend**essimo**
vend**iate**	vend**este**
vend**ano**	vend**essero**

Passato		Trapassato	
abbia	venduto	avessi	venduto
abbia	venduto	avessi	venduto
abbia	venduto	avesse	venduto
abbiamo	venduto	avessimo	venduto
abbiate	venduto	aveste	venduto
abbiano	venduto	avessero	venduto

Condizionale

Presente	Passato	
vend**erei**	avrei	venduto
vend**eresti**	avresti	venduto
vend**erebbe**	avrebbe	venduto
vend**eremmo**	avremmo	venduto
vend**ereste**	avreste	venduto
vend**erebbero**	avrebbero	venduto

Imperativo

(tu)	vend**i**
(Lei)	vend**a**
(noi)	vend**iamo**
(voi)	vend**ete**
(loro)	vend**ano**

Infinito passato

avere venduto

Participio

Presente	Passato
vend**ente**	vend**uto**

Gerundio

Presente	Passato
vend**endo**	avendo venduto

sentire *fühlen, hören*

Regelmäßiges Verb der 3. Konjugation auf -ire

Indicativo

Presente	Passato prossimo	
sent**o**	ho	sentito
sent**i**	hai	sentito
sent**e**	ha	sentito
sent**iamo**	abbiamo	sentito
sent**ite**	avete	sentito
sent**ono**	hanno	sentito

Imperfetto	Trapassato prossimo	
sent**ivo**	avevo	sentito
sent**ivi**	avevi	sentito
sent**iva**	aveva	sentito
sent**ivamo**	avevamo	sentito
sent**ivate**	avevate	sentito
sent**ivano**	avevano	sentito

Passato remoto	Trapassato remoto	
sent**ii**	ebbi	sentito
sent**isti**	avesti	sentito
sent**ì**	ebbe	sentito
sent**immo**	avemmo	sentito
sent**iste**	aveste	sentito
sent**irono**	ebbero	sentito

Futuro semplice	Futuro composto	
sent**irò**	avrò	sentito
sent**irai**	avrai	sentito
sent**irà**	avrà	sentito
sent**iremo**	avremo	sentito
sent**irete**	avrete	sentito
sent**iranno**	avranno	sentito

Congiuntivo

Presente	Imperfetto
sent**a**	sent**issi**
sent**a**	sent**issi**
sent**a**	sent**isse**
sent**iamo**	sent**issimo**
sent**iate**	sent**iste**
sent**ano**	sent**issero**

Passato		Trapassato	
abbia	sentito	avessi	sentito
abbia	sentito	avessi	sentito
abbia	sentito	avesse	sentito
abbiamo	sentito	avessimo	sentito
abbiate	sentito	aveste	sentito
abbiano	sentito	avessero	sentito

Condizionale

Presente	Passato	
sent**irei**	avrei	sentito
sent**iresti**	avresti	sentito
sent**irebbe**	avrebbe	sentito
sent**iremmo**	avremmo	sentito
sent**ireste**	avreste	sentito
sent**irebbero**	avrebbero	sentito

Imperativo

(tu)	sent**i**
(Lei)	sent**a**
(noi)	sent**iamo**
(voi)	sent**ite**
(loro)	sent**ano**

Infinito passato

avere sentito

Participio

Presente	Passato
sent**ente**	sent**ito**

Gerundio

Presente	Passato
sent**endo**	avendo sentito

 apparire *erscheinen*

3. Konjugation
Stammerweiterung -isc optional

Indicativo

Presente	Passato prossimo	
appaio/apparisco	sono	apparso
appari/apparisci	sei	apparso
appare/apparisce	è	apparso
appariamo	siamo	apparsi
apparite	siete	apparsi
appaiono/appariscono	sono	apparsi

Imperfetto	Trapassato prossimo	
apparivo	ero	apparso
apparivi	eri	apparso
appariva	era	apparso
apparivamo	eravamo	apparsi
apparivate	eravate	apparsi
apparivano	erano	apparsi

Passato remoto	Trapassato remoto	
apparii/-arsi/-arvi	fui	apparso
apparisti	fosti	apparso
apparì/-arse/-arve	fu	apparso
apparimmo	fummo	apparsi
appariste	foste	apparsi
apparirono/-arsero/-arvero	furono	apparsi

Futuro semplice	Futuro composto	
apparirò	sarò	apparso
apparirai	sarai	apparso
apparirà	sarà	apparso
appariremo	saremo	apparsi
apparirete	sarete	apparsi
appariranno	saranno	apparsi

Congiuntivo

Presente
appaia/apparisca
appaia/apparisca
appaia/apparisca
appariamo
appariate
appaiano/appariscano

Imperfetto
apparissi
apparissi
apparisse
apparissimo
appariste
apparissero

Passato	
sia	apparso
sia	apparso
sia	apparso
siamo	apparsi
siate	apparsi
siano	apparsi

Trapassato	
fossi	apparso
fossi	apparso
fosse	apparso
fossimo	apparsi
foste	apparsi
fossero	apparsi

Condizionale

Presente
apparirei
appariresti
apparirebbe
appariremmo
apparireste
apparirebbero

Passato	
sarei	apparso
saresti	apparso
sarebbe	apparso
saremmo	apparsi
sareste	apparsi
sarebbero	apparsi

Imperativo

(tu) appari/apparisci
(Lei) appaia/apparisca
(noi) appariamo
(voi) apparite
(loro) appaiano/appariscano

Infinito passato

essere apparso

Participio

Presente	Passato
apparente	apparso

Gerundio

Presente	Passato
apparendo	essendo apparso

cercare *suchen*

1. Konjugation
Stammauslaut + -h vor -e und -i

Indicativo

Presente	Passato prossimo	
cerco	ho	cercato
cerchi	hai	cercato
cerca	ha	cercato
cerchiamo	abbiamo	cercato
cercate	avete	cercato
cercano	hanno	cercato

Imperfetto	Trapassato prossimo	
cercavo	avevo	cercato
cercavi	avevi	cercato
cercava	aveva	cercato
cercavamo	avevamo	cercato
cercavate	avevate	cercato
cercavano	avevano	cercato

Passato remoto	Trapassato remoto	
cercai	ebbi	cercato
cercasti	avesti	cercato
cercò	ebbe	cercato
cercammo	avemmo	cercato
cercaste	aveste	cercato
cercarono	ebbero	cercato

Futuro semplice	Futuro composto	
cercherò	avrò	cercato
cercherai	avrai	cercato
cercherà	avrà	cercato
cercheremo	avremo	cercato
cercherete	avrete	cercato
cercheranno	avranno	cercato

Congiuntivo

Presente
cerchi
cerchi
cerchi
cerchiamo
cerchiate
cerchino

Imperfetto
cercassi
cercassi
cercasse
cercassimo
cercaste
cercassero

Passato	
abbia	cercato
abbia	cercato
abbia	cercato
abbiamo	cercato
abbiate	cercato
abbiano	cercato

Trapassato	
avessi	cercato
avessi	cercato
avesse	cercato
avessimo	cercato
aveste	cercato
avessero	cercato

Condizionale

Presente
cercherei
cercheresti
cercherebbe
cercheremmo
cerchereste
cercherebbero

Passato	
avrei	cercato
avresti	cercato
avrebbe	cercato
avremmo	cercato
avreste	cercato
avrebbero	cercato

Imperativo

(tu)	cerca
(Lei)	cerchi
(noi)	cerchiamo
(voi)	cercate
(loro)	cerchino

Infinito passato

avere cercato

Participio

Presente	Passato
cercante	cercato

Gerundio

Presente	Passato
cercando	avendo cercato

10 compiere *vollenden*

2. Konjugation
Stammauslaut -i entfällt vor -i

Indicativo

Presente	Passato prossimo	
compio	ho	compiuto
compi	hai	compiuto
compie	ha	compiuto
compiamo	abbiamo	compiuto
compite	avete	compiuto
compiono	hanno	compiuto

Imperfetto	Trapassato prossimo	
compivo	avevo	compiuto
compivi	avevi	compiuto
compiva	aveva	compiuto
compivamo	avevamo	compiuto
compivate	avevate	compiuto
compivano	avevano	compiuto

Passato remoto	Trapassato remoto	
compii/compiei	ebbi	compiuto
compisti	avesti	compiuto
compì/compiè	ebbe	compiuto
compimmo	avemmo	compiuto
compiste	aveste	compiuto
compirono/compierono	ebbero	compiuto

Futuro semplice	Futuro composto	
compirò	avrò	compiuto
compirai	avrai	compiuto
compirà	avrà	compiuto
compiremo	avremo	compiuto
compirete	avrete	compiuto
compiranno	avranno	compiuto

Congiuntivo

Presente
compia
compia
compia
compiamo
compiate
compiano

Imperfetto
compissi
compissi
compisse
compissimo
compiste
compissero

Passato	
abbia	compiuto
abbia	compiuto
abbia	compiuto
abbiamo	compiuto
abbiate	compiuto
abbiano	compiuto

Trapassato	
avessi	compiuto
avessi	compiuto
avesse	compiuto
avessimo	compiuto
aveste	compiuto
avessero	compiuto

Condizionale

Presente
compirei
compiresti
compirebbe
compiremmo
compireste
compirebbero

Passato	
avrei	compiuto
avresti	compiuto
avrebbe	compiuto
avremmo	compiuto
avreste	compiuto
avrebbero	compiuto

Imperativo

(tu)	compi
(Lei)	compia
(noi)	compiamo
(voi)	compite
(loro)	compiano

Infinito passato

avere compiuto

Participio

Presente
compiente

Passato
compiuto

Gerundio

Presente
compiendo

Passato
avendo compiuto

Verben mit Präposition

Die folgende Liste enthält häufig verwendete Verb-Präposition-Kombinationen, die als feste Verbindung bestehen.

▸ accadere **a** qu. — A lui sono accadute cose terribili.
jdm widerfahren, jdm passieren — *Ihm sind schreckliche Dinge widerfahren.*

abbinare **con/a** qc. — Questa cravatta non la puoi abbinare a questa camicia!
mit etw. kombinieren — *Diese Krawatte kannst du nicht mit diesem Hemd kombinieren!*

abusare **di** qc. — Tu abusi della mia pazienza.
etw. missbrauchen — *Du missbrauchst meine Geduld.*

accordare **con** qc. — La fede non si accorda con la ragione.
in Einklang mit etw. bringen — *Der Glaube ist mit der Vernunft nicht in Einklang zu bringen.*

allontanarsi **da** qu./qc. — Ti stai allontanando dall'argomento.
sich von jdm./etw. entfernen, von jdm./etw. abweichen — *Du weichst gerade vom Thema ab.*

ammontare **a** qc. — La somma ammonta a 2000 euro.
sich auf etw. belaufen — *Der Betrag beläuft sich auf 2000 Euro.*

approfittare **di** qc. — Approfittiamo dell'occasione.
etw. ausnutzen, von etw. Gebrauch machen — *Wir machen von der (günstigen) Gelegenheit Gebrauch.*

arrabbiarsi **con** qu. — Ci arrabbiamo con nostro figlio.
sich über jdn. ärgern — *Wir ärgern uns über unseren Sohn.*

▸ badare **a** qc. — Chi bada oggi ai bambini?
auf etw./jdn. achten, sich um etw./jdn. kümmern — *Wer kümmert sich heute um die Kinder?*

basarsi **su** qc. — Ci basiamo solo sui fatti.
sich auf etw. gründen, sich auf etw. berufen — *Wir berufen uns nur auf Tatsachen.*

▸ chiedere **di** qu. — Hanno chiesto di me?
nach jdm. fragen — *Haben sie nach mir gefragt?*

cominciare **da** qc. — Oggi cominciamo dalla grammatica.
mit/bei etw. anfangen — *Heute fangen wir bei der Grammatik an.*

commerciare **in** qc. *mit etw. handeln*	Un mio amico commercia in arte. *Einer meiner Freunde handelt mit Kunst.*
confidarsi **con** qu. *sich jdm. anvertrauen*	Ti sei confidata con la tua amica? *Hast du dich deiner Freundin anvertraut?*
consistere **in** qc. *in/aus etw. bestehen*	L'esame consiste in una prova scritta. *Die Prüfung besteht in einer schriftlichen Arbeit.*
contare **su** qu./qc. *sich auf jdn./etw. verlassen, mit jdm./etw. rechnen*	Purtroppo non posso contare su di te. *Ich kann mich leider nicht auf dich verlassen.*
convenire **a** qu. *sich für jdn. lohnen*	A Giorgio conviene accettare l'offerta. *Für Giorgio lohnt es sich, das Angebot anzunehmen.*
credere **in** qu./qc. *an jdn./etw. glauben, auf jdn./etw. vertrauen*	Credo in lui perché è fidato. *Ich vertraue ihm, weil er zuverlässig ist.* Crediamo nell'amicizia. *Wir glauben an die Freundschaft.*
▸ derivare **da** qc. *von etw. herkommen/abstammen*	L'italiano deriva dal latino. *Italienisch stammt vom Lateinischen ab.*
diffidare **di** qu./qc. *jdm./einer Sache misstrauen*	Lui diffida di tutti. *Er misstraut allen.*
dimettersi **da** qc. *von etw. zurücktreten*	Mi sono dimesso dalla mia carica. *Ich bin von meinem Amt zurückgetreten.*
discutere **di** qc. *über etw. diskutieren*	Discutiamo sempre di politica. *Wir diskutieren immer über Politik.*
distinguersi **da** qu./qc. *sich von jdm./etw. unterscheiden*	I giovani si distinguono dagli adulti. *Die Jungen unterscheiden sich von den Erwachsenen.*
domandare **di** qu. *nach jdm. fragen*	Hanno domandato del mio capo. *Sie haben nach meinem Chef gefragt.*
dubitare **di** qc. *an etw. zweifeln*	Dubito della sua onestà. *Ich zweifle an seiner Ehrlichkeit.*
▸ fidanzarsi **con** qu. *sich mit jdm. verloben*	Due settimane fa mi sono fidanzato con Maria. *Ich habe mich vor zwei Wochen mit Maria verlobt.*

fondarsi **su** qc. *sich auf etw. gründen*	Il tuo sospetto non si fonda su niente di concreto. *Dein Verdacht basiert auf nichts Konkretem.*
▸ giocare **con** qu./qc. *mit jdm./etw. spielen*	Giochiamo con i nostri amici. *Wir spielen mit unseren Freunden.*
godere **di** qc. *etw. genießen*	Godiamo della tranquillità di quest'albergo. *Wir genießen die Ruhe dieses Hotels.*
guardarsi **da** qu./qc. *sich vor jdm./etw. hüten*	A Roma, guardati dai borsaioli! *Hüte dich in Rom vor Taschendieben!*
▸ immischiarsi **in** qc. *sich in etw. einmischen*	Non ti immischiare in questa cosa! *Misch dich nicht in diese Angelegenheit ein!*
influire **su** qu./qc. *jdn./etw. beeinflussen*	Il clima influisce molto sulla vegetazione. *Das Klima hat einen großen Einfluss auf die Vegetation.*
informarsi **su/di** qu./qc. *sich über jdn./etw. informieren*	Mi sono informato sugli orari di partenza dei treni. *Ich habe mich über die Abfahrtszeiten der Züge informiert.*
insistere **su** qc. *auf etw. bestehen/beharren*	Lui insiste sempre sul proprio punto di vista. *Er beharrt immer auf dem eigenen Standpunkt.*
▸ lagnarsi/lamentarsi **con** qu. *sich bei jdm. beklagen/beschweren*	Ci siamo lamentati con il direttore. *Wir haben uns beim Direktor beklagt.*
▸ mancare **di** qc. *an etw. mangeln*	Renzo manca di intelligenza. *Renzo mangelt es an Intelligenz.*
mirare **a** qc. *nach etw. streben*	Sara mira al riconoscimento artistico. *Sara strebt nach künstlerischer Anerkennung.*
misurarsi **con** qu. *sich mit jdm. messen*	Mi misuro solo con atleti al mio livello. *Ich messe mich nur mit Athleten auf meinem Niveau.*
▸ odorare **di** qc. *nach etw. riechen*	La giacca odora di pelle. *Die Jacke riecht nach Leder.*

▸ parlare **a/con** qu. .... *zu/mit jdm. sprechen*	Hai parlato ieri a Sergio? *Hast du gestern mit Sergio gesprochen?*
partecipare **a** qc. .... *an etw. teilnehmen*	Parteciperemo con piacere al ricevimento. *Wir werden gerne am Empfang teilnehmen.*
partire **da** qc. .... *von etw. abfahren/ausgehen* (auch übertragen)	Partiamo dall'ultima crisi. *Gehen wir von der letzten Krise aus.* Parto da Roma. *Ich fahre von Rom ab.*
passare **a** qc. .... *zu etw. übergehen*	È meglio passare subito al dolce. *Es ist besser, sofort zum Dessert überzugehen.*
pensare **a** qu./qc. .... *an jdn./etw. denken*	Penso sempre ai miei debiti. *Ich denke immer an meine Schulden.*
persistere **in** qc. .... *auf etw. bestehen/beharren*	Tonio persiste nel suo proposito. *Tonio besteht auf seinem Vorhaben.*
preoccuparsi **per/di** qu./qc. .... *um jdn./etw. besorgt sein*	Non preoccuparti per il ritardo. *Mach dir keine Sorgen wegen der Verspätung.*
provvedere **a** qc. .... *für etw. sorgen, sich um etw. kümmern*	Oggi provvedo io alla spesa. *Heute kümmere ich mich ums Einkaufen.*
puzzare **di** qc. .... *nach etw. stinken*	Il motore puzza di olio bruciato. *Der Motor stinkt nach verbranntem Öl.*
▸ raccontare **di** qu./qc. .... *von/über jdn./etw. erzählen*	Ho raccontato della mia vacanza. *Ich habe von meinem Urlaub erzählt.*
reagire **a** qc. .... *auf etw. reagieren*	Non reagite alle offese! *Reagiert nicht auf die Beleidigungen!*
riflettere **su** qu./qc. .... *über jdn./etw. nachdenken*	Stai riflettendo sulla mia proposta? *Denkst du (gerade) über meinen Vorschlag nach?*
ringraziare **di/per** qc. .... *für etw. danken*	Ti ringrazio della/per la gentilezza. *Ich danke dir für die Freundlichkeit.*
rinunciare **a** qc. .... *auf etw. verzichten*	Rinuncio all'eredità. *Ich verzichte auf die Erbschaft.*

risalire **a** qc. *auf etw. zurückgehen*	Questo palazzo risale all'epoca del Rinascimento. *Dieses Gebäude geht auf die Renaissance zurück.*
risentire **di** qc. *an/unter etw. leiden*	Risentiamo ancora del jetlag. *Wir leiden noch unter dem Jetlag.*
▸ sapere **di** qu./qc. *von jdm./etw. wissen, nach etw. schmecken/riechen*	So tutto di lui. *Ich weiß alles von ihm.* Questo vino sa di tappo. *Dieser Wein riecht nach Korken.*
scusarsi **con** qu. *sich bei jdm. entschuldigen*	Mi sono scusato con tutti. *Ich habe mich bei allen entschuldigt.*
servire **a** qc. *zu etw. dienen/nützen*	I soldi servono a un nobile scopo. *Das Geld dient einem guten Zweck.*
soffermarsi **su** qc. *sich mit/an etw. aufhalten*	Non soffermiamoci su questi dettagli. *Halten wir uns nicht an solchen Details auf.*
soffrire **di** qc. *an etw. leiden*	Soffro di depressione. *Ich leide an einer Depression.*
▸ tenere **a** qc. *auf etw. Wert legen*	Ci teniamo molto al nostro lavoro. *Wir legen großen Wert auf unsere Arbeit.*
tradurre **da** qc. *aus etw. übersetzen*	Ho tradotto questo testo dal greco. *Ich habe diesen Text aus dem Griechischen übersetzt.*
trattare/trattarsi **di** qc. *von etw./sich um etw. handeln*	Qui si tratta di un imbroglio! *Hier handelt es sich um Betrug!*
▸ vendicarsi **di** qu./qc. *sich an jdm./für etw. rächen*	Alessandra si vendicherà di quest'offesa. *Alessandra wird sich für diese Beleidigung rächen.*
vivere **di** qc. *von etw. leben*	Un mio amico vive di lavoretti saltuari. *Ein Freund von mir lebt von Gelegenheitsjobs.*

Sachregister